# 各领风骚
## 春秋霸主的天空

晁福林 著

人民文学出版社

图书在版编目(CIP)数据

各领风骚:春秋霸主的天空/晁福林著. —北京:人民文学出版社,2022
ISBN 978-7-02-016988-7

Ⅰ.①各… Ⅱ.①晁… Ⅲ.①中国历史—春秋战国时代—通俗读物
Ⅳ.①K225.09

中国版本图书馆 CIP 数据核字(2021)第 024215 号

责任编辑　刘　伟
装帧设计　陶　雷
责任印制　任　祎

出版发行　人民文学出版社
社　　址　北京市朝内大街 166 号
邮政编码　100705

印　　刷　三河市鑫金马印装有限公司
经　　销　全国新华书店等

字　　数　207 千字
开　　本　880 毫米×1230 毫米　1/32
印　　张　9.625　插页 3
印　　数　1—5000
版　　次　2022 年 1 月北京第 1 版
印　　次　2022 年 1 月第 1 次印刷

书　　号　978-7-02-016988-7
定　　价　49.00 元

如有印装质量问题,请与本社图书销售中心调换。电话:010-65233595

# 目 录

绪论　　1

## 第一章　王权与霸权　　1
西周王权的衰颓　　3
周厉王打开了藏獒之楗　　7
两周之际　　15

## 第二章　霸权的开场锣鼓　　29
春秋初年的列国蜂起　　31
最初的几位霸主　　40

## 第三章　齐桓公霸业　　59
一代霸主的晚年　　61
尊王与霸业　　70
攘夷与拒楚　　80
昙花一现的宋襄公霸业　　93

## 第四章　晋国霸业的兴盛　　105
一个有尧之遗风的国家　　107
晋文公创业图霸　　127
晋楚城濮之战　　142
城濮之战以后的诸侯大国　　154

## 第五章　逐鹿中原　169

一鸣惊人的楚庄王　171

邲之战与楚庄王霸业的鼎盛　187

晋景公图谋复兴　195

晋国的复霸　203

## 第六章　诸侯争霸的尾声　215

弭兵大会前后　217

吴越霸业的兴衰　233

从春秋霸主到战国七雄　253

**结语**　269

**主要参考文献**　276

**原版自序**　278

**跋**　281

# 绪　论

　　犹如洪水决堤一样，霸权迭兴造成的社会变动冲破了束缚人们思想的罗网。它掀起的波涛汹涌澎湃，数百年之后还在世间沉浮不已。

春秋——霸权迭兴的时代。

当西周王朝在风雨飘摇中战战兢兢地打发日子的时候,社会正酝酿着巨大的变革。从春秋时代开始,这场变革在政坛上就以霸权迭兴的场景,雄贯古今地呈现在人们面前。

霸权迭兴打破了沉沦在黑暗之中的单调呆板的政治格局,犹如洪水决破堤防一样,它造成的社会变动冲破了束缚人们思想的罗网,它掀起的汹涌波涛数百年后还在世间沉浮不已。

## 礼乐征伐自诸侯出

"春秋"时代因鲁国史书《春秋》而得名。这部书记载了从鲁隐公元年(前722年)到鲁哀公十六年(前479年)共计240余年的列国史事。相传孔子曾对《春秋》加以整理和删订。后人所说的"春秋"时代概念和《春秋》这部书的起讫年代并不相同,一般是把周平王东迁的公元前770年作为开始,将三家分晋的公元前453年作为结束的。春秋时代前后延续了300多年的时间。

生活在春秋末年的孔子在纵观古今政治发展的趋势之后,曾经有一段精辟的议论。他说:

> 天下有道,则礼乐征伐自天子出;天下无道,则礼乐征伐自诸侯出。自诸侯出,盖十世希不失矣;自大夫出,五世希不

失矣；陪臣执国命，三世希不失矣。天下有道，则政不在大夫。天下有道，则庶人不议。

这位深邃睿智的老夫子指出，假若天下太平，那么制礼作乐、号令征伐都要由周天子决定；假若天下昏乱，那么礼乐征伐便决定于诸侯。诸侯决定礼乐征伐的时候，大概传到十代就很少有继续下去的了；如果由大夫来决定，那就很少能传到五代。若是大夫的家臣把持国家政权，则很少能传到三代。天下太平，政权就不会掌握在大夫们的手里，这样的话，庶人就不会议论纷纷。拿《论语·季氏》篇所载孔子的这个论断来分析西周、春秋时代的局势，就会感到孔子确实掌握了时代发展的特征。

概括而言，西周时代是"礼乐征伐自天子出"的时代，春秋时代是"礼乐征伐自诸侯出"的时代。据统计，春秋时期有一百几十个诸侯国，这么多的诸侯，当然不可能每一位都掌握天下的礼乐征伐，有这种权力和威望的只不过是少数的几位。这几位就是所谓的霸主。另外，还有一些诸侯虽然未曾执掌过天下的礼乐征伐，但却在某个地区的若干诸侯国中有很大影响，往往左右部分诸侯国的局势。这些诸侯可以说是地区性的霸主。总之，霸主间也有层次的区别。霸主们在政治上所追求的目标就是取得霸权——即号令天下礼乐征伐的权力。

春秋时期的霸权，犹如江河波涛后浪推前浪。说霸主有号令天下礼乐征伐的权力，只是就一般情况而言的。其实，他的霸权也会受到限制。无论哪一位霸主，即使是最显赫的霸主在他威望最高的时候，也从来没有实现过天下一统的局面，总有一些国家对霸主耿耿于怀，和霸主明争暗斗。

由于国家实力的制约，霸权很难长久地为一国把持。就某一个国家而言，诸侯的权力往往是盛衰交替演进，最后趋向于衰竭。例如，齐国从桓公称霸，此后历经孝公、昭公、懿公、惠公、顷公、灵公、庄公、景公、悼公、简公等十公，齐侯手中的权力即已告罄，齐简公终被田常弑杀，姜齐政权名存实亡。晋的情况和齐类似，自晋文公称霸，历经九公就形成了六卿擅权的局面。孔子说诸侯号令礼乐征伐很少能传到十代以上，情况确乎如此。

春秋时期大大小小的霸主，犹如走马灯一样在政治舞台上亮相。这种霸权迭兴的局面，不仅使春秋时期的政治舞台异彩纷呈，热闹非凡，而且深刻影响着当时的社会经济和文化的发展面貌。

## 独特的历史现象

纵观中国历史，春秋时期的霸权迭兴是"前不见古人，后不见来者"的一种独特的现象。霸权实质上是周代分封制度的异化。周初分封诸侯的目的是把子弟亲戚分封出去建立侯国以作为周王室的藩篱。进入东周时期以后，周王室衰弱，日益强大的诸侯国对周天子桀骜不驯，逐渐形成尾大不掉、本末倒置的局面。

这种局面在殷商时代是不可能出现的，因为那个时代还没有实行分封制度，殷商社会结构的基本特征是以商王朝为核心的方国联盟。这种局面在西周时期也是不可能出现的，因为当时的分封制度基本上处于发展巩固时期，周王的权力还相当强大。关于周代分封诸侯，史学大师王国维在《殷周制度论》中曾经指出：

> 新建之国皆其功臣昆弟甥舅，本周之臣子，而鲁卫晋齐四国，又以王室至亲为东方大藩。夏殷以来古国，方之蔑矣。由是天子之尊，非复诸侯之长而为诸侯之君。（《观堂集林》卷十）

西周初年和中期，各诸侯国在周王朝的卵翼之下发展壮大，周天子有至高无上的威望。作为"诸侯之君"，周天子对诸侯颐指气使；作为"王之荩臣"（《诗经·文王》）——即向周王尽忠之臣——的诸侯，则对周天子俯首听命。西周时期的铜器铭文中屡有"对扬王休"、"对扬天子皇休"一类的习惯用语，意为宣扬周王的辉煌美德，显示了西周王权的尊严。

霸权迭兴的现象，在春秋以后的历史时期也从来没有出现过。自战国以后的漫长的中国古代社会里曾有"挟天子以令诸侯"局面的出现。粗看起来这种局面和春秋时期的霸权雷同，其实两者有实质性的差别。

东汉末年军阀混战的时候，汉献帝处境十分艰难，袁绍的谋臣沮授劝他奉迎天子，这样就可以"挟天子而令诸侯，畜士马以讨不庭"（《三国志·魏书·袁绍传》注引《献帝传》），袁绍怕事事受皇帝限制而拒绝了这个建议。曹操听从荀彧建议，亲自去接回汉献帝，此后便以汉帝名义号令天下，取得了政治上的极大优势。然而，汉献帝虽然和周天子一样，是最高权力的象征，但其处境却极不相同。汉献帝只是曹操手中的傀儡与玩偶，受到严格控制。汉献帝的妃子董贵人因受牵连而要被曹操诛杀，献帝以董贵人怀孕为理由多次恳请曹操赦宥而不获准。汉献帝的伏皇后及其二子亦被杀害，献帝哀叹自己"不知命在何时"（《后汉书·皇后纪下》）。

春秋时期的周天子尽管威风锐减，失去了往日的尊贵荣华，但始终没有成为哪一位霸主的附庸。周王室虽然逐渐衰弱，但始终有自己独立的经济、军队和官僚机构，所以进入东周时期以后周王朝尚历经二十五王，绵延四个多世纪。周王室对于诸侯一直有很大影响，直到战国初年田氏代齐以后很久还要恳请魏武侯介绍而经周安王册封，才算被诸侯承认。贾谊的《过秦论》讲秦王统一天下大业是"振长策而御宇内，吞二周而亡诸侯"，尽管周王室已是弹丸之地，但仍排在诸侯之前。我们可以做这样的比喻，那就是在霸权迭兴的春秋时代，尽管阴云遮蔽，可是周天子却仍如太阳一样高悬在霸主们头上；相比之下，汉献帝对于曹操来说，只不过是他手中所拎的一盏精制的宫灯而已。

另外，曹操"挟天子以令诸侯"的目的是为以魏代汉创造条件。慑于形势，曹操把代汉称帝的任务留给儿子完成，可见他念念不忘将汉献帝取而代之。春秋时期的霸主们所揭橥（音猪）的旗帜上书写的是"尊王攘夷"，即使是最显赫的霸主也没有取周天子而代之的"非分"之想。春秋霸主中只有楚庄王曾问鼎周室，有不轨的苗头，但王孙满却给他一个当头棒喝，说道："周德虽衰，天命未改。鼎之轻重，未可问也！"（《左传》宣公三年）拥兵于成周城下的楚庄王不敢造次，只得讪讪而返。

## 争霸推动历史的发展变化

以上这些比较，是仅就若干表面现象而言的，其实，就本质而言，春秋时期的霸权迭兴和后世的"挟天子以令诸侯"还可以举出许多区别。我们现在自可不必深究，所需要强调的只是霸权迭兴仅仅存在于特定的历史时代——即分封制度趋于衰落和瓦解的春秋时代。它是时代的标识，又是时代的产物。

在我国上古时代的政治发展中，春秋时期的霸权迭兴廓清了弥漫在社会之上的沉闷气氛，为社会结构的变革和政治的发展注入了活力。体现西周时期王权尊严的黄钟大吕虽然庄重肃穆，但它毕竟是行进中的慢板，给人以压抑之感。霸权迭兴则似一首威武雄浑的进行曲，它跌宕起伏，具有一往无前的勇猛气势。

由西周时期王权独尊的一统天下发展到春秋时期霸权迭兴的多头政治，带给社会最重要的变化是诸侯国之间前所未有的多种形式的激烈竞争。在激烈竞争中，大国争霸，小国图存。它们都在不同程度上采取了一些改革政治、发展经济的措施。春秋时期的每一位霸主，可以说都是以强盛的国力为其后盾的。孟子曾经这样说明霸主产生的条件："以力假仁者霸，霸必有大国。"（《孟子·公孙丑上》）他认为依靠武力并凭借着仁义之道的人可以称霸，这样的霸主必定产生于大国。

春秋时期仁义的概念很庞杂，往往被作为美德的代称，"尊王攘夷"作为一种美德，应当包括在当时的仁义范畴之中。大国诸侯凭借雄厚的实力和"尊王攘夷"的旗号才可以争当霸主。在激烈的霸权争夺中，为了发展本国的政治与经济以增强争霸的实力，各诸侯国普遍重视贤才，士的阶层的影响日益扩大，这就为思想文化的发展开辟了道路。对中国古代学术和思想产生巨大影响的诸子百家，如果追溯其渊源，那就可以说许多主要的学派——如儒家、墨家、法家、兵家等，早在春秋后期就已粗具规模。诸侯争霸所形成的重视贤才的社会风气和相对自由的学术发展环境，与诸子百家的出现应当是有关系的。

据《春秋》记载，在242年间，列国间的战争共483次，朝聘会盟450次。这些战争和朝聘会盟基本上都是围绕着争夺霸权而进行的。战争对经济造成了一定的破坏，朝聘会盟则往往加重中小国家民众的负担。晋国称霸的时候，鲁对晋即毕恭毕敬，"鲁之于晋也，职贡不乏，玩好时至，公卿大夫相继于朝，史不绝书，府无虚月"（《左传》襄公二十九年）。为了求得霸主的庇护，鲁国的公卿大夫不断去晋朝拜，并带去贡品和精美的玩物，晋国史书经常载有这类事情，晋国府库无月不受鲁国贡品。这个例证可以说明登上霸主宝座的诸侯，不仅有称霸的美名，而且也很有实惠。如果说霸权迭兴带来了历史进步的话，那么，这个进步主要由广大民众付出了巨大代价才换取的。

霸权迭兴加速了地区性统一的步伐，并进而为中国的统一创造了条件。在西周时期的分封制度下，诸侯国的疆域和规模相差无几，所以有"天子之地一圻，列国一同"（《左传》襄公二十五年）的说法。一圻即方千里；一同即方百里。春秋霸主之国往往拥地数圻，这即是争霸战争中对中小国兼并的结果。正如郑国子产所说："若无侵小，何以至焉？"（《左传》襄公二十五年）又如晋国叔侯所说："若非侵小，将何所取？"（《左传》襄公二十九年）在霸权迭兴过程中，东方诸小国多为齐国吞并，北方诸小国多归于晋，江淮和汉水流域诸小国多并于楚，秦霸西戎时则将西北诸小国兼并。春秋初期的一百几十个国家到春秋末年则只剩下了几个大国和十余个中等国家，可以说已经实现了区域性的统一。

争霸战争和朝聘会盟加强了各地区的联系，促进了诸族的融合。居住于周边的蛮、夷、戎、狄诸族在春秋初期多次侵袭中原地区，多次使中原地区的一些中小国家处于危殆状态。以齐桓公为典型的诸侯霸主"攘夷"之后，才改变这种情况。《公羊传》僖公四年曾有这样的概括：

> 夷狄也，而亟病中国。南夷与北狄交，中国不绝若线。桓公救中国而攘夷狄，卒怗荆，以此为王者之事也。

意思是说，夷狄屡次为害于中原国家，南夷与北狄交替着侵害中原，使中原国家像千钧一发一样危险。齐桓公救援中原诸国并攘除了夷狄，又制服了荆楚，这真是后世称王者一样的作为。春秋中后期，霸主们往往迁徙诸少数族，使得华夏族与少数族犬牙交错，杂居共处，开垦荒地，发展经济。这对于华夏族的形成和发展具有积极意义。总之，春秋时期的霸权迭兴并非赳赳武夫们的一场无谓的争斗，而是一系列推动历史发展的重要事件的组合。

## 群星璀璨的时代

清人赵翼诗云："江山代有才人出，各领风骚数百年。"春秋时期的霸权迭兴造就了一代杰出人才。赫然凛然彪炳于史册的是那个时代最重要的几位霸主。《荀子·王霸》篇称齐桓、晋文、楚庄、吴阖闾、越勾践为"兵劲城固、敌国畏之"、"威动天下、强殆中国"的五霸；《墨子·所染》篇也称这五位是"霸诸侯、功名传于后世"的杰出人物。在当时的政治、军事舞台上，春秋五霸各自演出了威武雄壮的大场面。

这些霸主多有自身的不平凡的坎坷经历。在登上高位以后，他们往往以不屈不挠的意志和出奇制胜的谋略建树丰功伟绩。后世的文臣武将在五霸的业绩面前常有高山仰止之叹。除了这些最显赫的霸主以外，春秋初期的郑庄公、齐僖公、鲁庄公、楚文王、晋献公，春秋中期的晋襄公、晋景公、晋悼公、秦穆公、宋襄公，春秋后期的吴王夫差等也都是不世出的雄主，他们建功立业的史乘上往往有惊人之笔，为后人称道之处多有所见。

几乎没有什么例外的一件事实是，每一位霸主周围都有几位才智闪灼的人物为其辅佐。仅就《墨子·所染》篇举出的人物看，齐桓公有管仲、鲍叔，晋文公有舅犯、郭偃，楚庄王有孙叔、沈尹，吴王阖闾有伍员、文义，越王勾践有范蠡、大夫种。

假若根据相关史载详细列举,那么这个名单将大大延长。这些人物多以计谋和方略为霸业做出重要贡献,犹如众星捧月一样为霸主们增光添彩。不仅霸主们的周围人才济济,就是一些中小国家里也往往涌现出具有远见卓识的人物,郑国的子产、鲁国的曹刿、卫国的石碏、随国的季梁、虞国的宫之奇、宋国的向戌等便是其中的典型。他们对于霸权迭兴的历史进程也都有突出的贡献。不仅政治家、军事家直接参与了霸权迭兴的历史进程,就连思想家、科学家、文学家等等也都或多或少地与霸权迭兴有所联系。如果用群星璀璨来形容霸权迭兴时代的人才辈出,那是毫不过分的。

霸权迭兴的历史是由春秋时代具有不同意志、欲望、目的、信念的人的活动构成。在各具特色的个人里面,对霸权迭兴的历史进程影响最大的,应当说是那些能够号令天下礼乐征伐或左右某一区域里若干国家局势的霸主。如果说霸权迭兴是一场威武雄壮的多幕历史剧的话,那么,这些霸主就是主要的剧作者,也是主要的演员。环境影响人,人也在创造环境。由于个人经历的差别和诸侯国各具特色的文化传统的影响,所以霸主们各自的认识能力、情感、性格、习惯等等也都是千差万别的,并不都是一副"西楚霸王"式的武夫面孔。我们的考察应当反映出霸主们各自的特色,如果可能的话,还应当让这些特色折射出历史发展的七彩之光。

春秋三百余年间,诸侯争霸,高潮迭起。其前期,齐桓公称霸可谓霸权的第一个巅峰,演出了"九合诸侯""一匡天下"的辉煌一幕;中期,晋、楚两大强国长期占据了争霸的历史舞台,晋文公和楚庄王都以其显赫霸业而彪炳史册;后期,从东南地区崛起的吴、越两国犹如直刺青天的两柄利剑,造成了霸权迭兴历史的最后一个高潮。打开春秋时期的历史卷册,我们会发现繁富而有趣的历史事件、各具特色的人物,纷至沓来,令人目不暇接。我们的叙述将努力在纷繁的头绪中梳理一条线索,显示出霸权迭兴的历史全貌。

# 第一章

# 王权与霸权

公元前481年,孔子见到人们猎获的麒麟,喟然长叹:"吾道穷矣!"于是绝笔不再删订《春秋》。孔子礼赞王道,然而一部春秋史却是王权跌落的伤心史。王权的衰微与霸权的兴盛都是这位伟大哲人无可奈何的事情。

王权，在西周时期人们的社会观念里是至高无上的权力。《诗经·北山》篇所说的"溥天之下，莫非王土；率土之滨，莫非王臣"，就是这种观念的集中表达。然而在两周之际，王权却如日薄西山，已经气息奄奄，而霸权却如一轮初升的圆月隐然在柳梢之后，预示着无限生机。

## 西周王权的衰颓

如果要追本溯源的话，那么可以说中国上古时代的王权是有悠久历史的。按照有些古文字学家的考证，最初的"王"字起源于斧钺之形，表示着征伐和杀戮的权力。我国新石器时代后期的文化遗址中常有制作精细的大型玉钺或石钺出土，可以推测，那个时代已经有了最初的王权。

### 光彩熠熠的王冠

夏商时代是方国联盟的时代，夏商之王实际上是各方国首领——后世称之为"诸侯"——的大酋长，其权力对于各方国来说还很有限。到了周代，情况有了很大变化。王不仅是诸侯之长，而且是诸侯之君，其威信已经远远超过夏商之王。

如果从武王灭商正式开创周王朝算起，直到幽王之灭，那么，西周时期前后共历经12位王。前期是武王、成王、康王、昭王和穆王；中期是共王、懿王、孝王和夷王；后期是厉王、宣王和幽王。这12王，除了懿王与孝王、孝王与夷王之间以外，其他的都是父子相传继位。周王号称周天子，有着特殊尊贵的身份。

为了表示自己的尊严，周王的服饰与常人是不同的，其中最典型的是他那称为"冕旒（音流）"的光彩熠熠的王冠。

冕旒的形制是在圆管状的冠上加以覆版，称为"延"。延要后高前低，略向前倾，表示居高临下。冠和延外面呈黑色，里面是朱红色。延的前端垂有彩色丝线做成的组缨，穿挂着彩色的玉珠，叫做旒。天子有12旒，每旒有12个玉珠，所以共有144个玉珠。①这些溢光流彩的玉珠悬在延的前端，不仅是豪华的装饰，而且表示着王的神秘与尊严。周王接见诸侯的时候，可以透过旒的空隙观察诸侯，而诸侯则不容易看见王的喜怒之色，其用心可谓良苦。②

西周时期（特别是其前期）的周王不仅生前以"天子"自居，头戴冕旒，作威作福，而且死后被尊为神灵，享受祭祀。诸侯和臣民对周天子莫不毕恭毕敬，顶礼膜拜。不仅成、康、昭、穆诸王时期的情况如此，就是到了稍后的周夷王时期，天子威风还依然存在。周夷王有病的时候，诸侯们都在本国的山川举行祭典，为其祈祷免灾。③齐哀侯只知田猎游玩，荒淫不守礼法，周夷王就召集诸侯，当众把齐哀侯烹杀于鼎，使得诸侯们面面相觑，战栗不已。

分封制度下的周代社会结构，犹如一座巨大的金字塔，周王居于最顶端。随着诸侯国势力的增长，周王的地位在西周后期已经面临着挑战。周懿王以后，王室内部矛盾加剧，王位继承制度出现了不正常的情况。

懿王死，其弟继位为孝王。④孝王死后，诸侯拥立懿王的太子燮继位为夷王。夷王依靠诸侯的力量得以继位的事实，表明诸侯的影响已经增强。按照礼仪，诸侯朝觐天子要在堂下拜见，天子则在堂上，周夷王却"下堂而见诸侯"⑤，表示对诸侯礼数有加。古代的礼学家常认为周夷王失了天子之礼，所以诸侯才敢于有僭越非分之举。其实，周夷王何尝不想有天子的威严，只是由于诸侯影响增强，才不得不纡尊降贵，到堂下去接见诸侯。可以说，从夷王开始，周天子那光彩熠熠的王冠上已经有了些阴影。

尽管诸侯的影响增强，但是终西周之世，在社会权力结构中，王权仍然居于主导地位。周夷王时期，周王室军事力量颇强盛。夷王曾命令王朝卿士虢（音国）公率六师军队讨伐戎人，获马千匹。这个时期的彝铭《虢季子白盘》记载，夷王在位的第十二年正月曾命虢季子白讨伐猃狁（音险允），在洛河岸边折敌首五百，俘敌五十，大获全胜。另据这个时期的一件簋（音鬼）铭记载，在讨伐猃狁的战争中，随虢季子白出征的一位武将，由于作战勇敢，"折首执讯"——杀敌和俘敌——很多，而受到赏赐。还有一件簋铭记载，为了打败南淮夷的入侵，夷王曾派人进行追赶和抗击，凯旋的周军在长杆上挂着敌人的头颅，约在一百之数，又抓获40名俘虏，还夺回了原先被南淮夷俘去的400名周人。

号称"中兴之主"的宣王时期，更是战绩辉煌、武功相当可观的时代。彝铭《兮甲盘》记载，周宣王五年（前823年）宣王亲自率军讨伐猃狁，名"兮甲"的武将随从出征，因"折首执讯"而受到奖赏。宣王时期，周军"薄伐猃狁，至于大原"⑥，一直攻打到今甘肃平凉一带，使周王朝西部局势得以稳固。周宣王曾经注目于经营南方，多次向南征伐。《诗经·采芑》篇记载，宣王时期的武将方叔曾率3000辆战车去讨伐"蛮荆"。这个时期的一件簋铭记载，宣王曾命武将率领"左右虎臣正（征）淮夷"，不仅杀戮和俘获了许多敌人，而且"殴俘士女、羊牛，俘吉金"，战果相当可观。对位于淮河流域的徐方的征伐是宣王率南仲、尹吉甫、程伯林父等大臣所进行的，结果是"四方既平，徐方来庭"⑦。周宣王还曾命令召伯虎率军征伐江汉地区，征服了许多方国。《诗经·江汉》叙述这次征伐的情况是：

| 江汉汤汤， | 江汉的水势汤汤， |
| 武夫洸洸。 | 武夫们勇猛顽强。 |
| 经营四方， | 在四方规划创业， |
| 告成于王。 | 报告成功于周王。 |
| 四方既平， | 四方已经平定， |
| 王国庶定。 | 周王国幸而安康。 |
| 时靡有争， | 战争就这样平息， |
| 王心载宁。 | 王心充满了吉祥。 |

从对外战争的情况看，宣王虽然也曾有过失利，但总的来说还是战绩卓著，足可"王心载宁"而踌躇满志的。

假若仅从对外征伐的成绩看，可以说在西周后期，至少到宣王的时代，还是捷报频传，喜讯不断的。周天子的光彩熠熠的王冠，并没有为此而逊色。然而，宣王之后的形势却急转直下，继宣王之位的幽王，只做了11年的天子，就被申侯联合犬戎的部队打得落花流水。骊山一战，周幽王身首离异，王冠落地，赫赫宗周，顷刻瓦解。

西周王朝的覆灭，主要原因不在于周边方国和少数族势力的侵入和进攻，而在于周王朝内部的变化。西周时期最后一位周天子的王冠落地，只是王权坍塌的一个标识，其祸根是早在夷王、厉王时期就已经埋下了的。

## 周厉王打开了藏漦之椟

这是一个古老而又神奇的传说。

据说在夏朝末年有一个褒国（今陕西勉县东南），这个国家所祭祀的神突然变化成两条龙。飞龙升腾，扬爪掉尾，桀骜怒鬣（音列），来到夏朝的王庭之上。这两条龙能说人语而自报家门，说自己是褒国的两位先君。夏王对这飞来的神龙诚惶诚恐，不知是祸还是福，就急忙让负责占卜的卜人推断吉凶。夏王问是否将龙杀掉或赶走，或让龙留居王庭，结果是这样做都不吉利。龙所吐的涎沫称为漦（音离），据说是龙的精气之所在。夏王卜问如果请龙吐漦而珍藏之是否吉利，结果是这样做大吉。于是夏王便举行隆重典礼，陈列玉帛，并在简策上书写祷告的辞句念给龙听，请龙吐漦。两条龙吐漦之后离去，夏王即将龙漦珍藏在椟中，并为之举行郊祭。

藏漦之椟被视为宝物，夏亡之后传于殷，又传至周。历代之王都不敢打开此椟，偏偏周厉王闲极无聊，不听臣下谏劝，硬将此椟打开观看。开椟之后，神奇的龙漦流到王庭，再也无法收回。周厉王让宫廷中的妇人都裸身而欢呼。在一片聒噪声中，只见龙漦顷刻间变化成一只硕大的玄鼋（音元），直闯入厉王的后宫中去了。据说后来幽王的宠妃褒姒的出身与这只玄鼋很有关系。

这个瑰奇的传说最初记载在《周书·训语》篇，西周末期史伯向郑桓公分析周王朝形势时曾予援引，见于《国语·郑语》。假若拂去其上的怪诞尘雾，那么这个传说便可以启发人们考虑两个问题。首先，漦是龙的精气，实为王权的一种象征。它历经夏、商、周三代，到厉王时流淌于外化为玄鼋，预示着夏商以来的王权已到了穷途末路。龙漦化玄鼋，从某种角度看，似乎象征着王权与霸权的递变。其次，藏漦之椟历三代而不敢打开，说明它在人们心目中是神奇的宝物。周厉王不信邪，偏偏要打开来看个究竟，可见他是一位有勇气反对传统的人物。

在史载中，周厉王是一位声名不佳的暴君形象。据《国语·周语》记载，对于厉王的暴虐，"国人"颇多批评指责。厉王不仅不悔过改正，反而让卫巫监视批评者。被卫巫指责为有诽谤周王言论的人都要被杀掉，使得国人不敢相互交谈，路上只能以目示意。周厉王沾沾自喜，以能"弭谤"而自豪。邵公以"防民之口甚于防川"的道理劝谏，厉王置之不理。这样过了三年，发生国人暴动，厉王只得逃奔于彘（音治，今山西霍县东北）。国人暴动和厉王奔彘是人所共知的史实，似可不必深究，可是有些相关的事情却处于若明若暗之中，颇有探讨的必要。

引起国人批评指责的厉王的恶政，是他任用一位名叫荣夷公的人为王朝卿士。荣夷公本为荣国之君，入周王朝为卿士是合乎常例的举动，何以引起不满呢？这是因为他在厉王支持下实行了"专利"政策。周大夫芮良夫曾对厉王任用荣夷公实行"专利"一事严厉抨击。从芮良夫的话里我们可以窥见所谓"专利"的内容。据《国语·周语》记载，芮良夫曾对周厉王说：

> 夫荣夷公好专利而不知大难。夫利，百物之所生也，天地之所载也，而或专之，其害多矣。天地百物，皆将取焉，胡可专也？……今王学专利，其可乎？匹夫专利，犹谓之盗，王而

行之，其归鲜矣。

芮良夫认为天地百物，人皆可以取之，不必专为王所利用，假若专利，那就是盗取，一定不会有好结果。然而，按照传统观念，应当是"溥天之下，莫非王土"的，天地百物由王专利乃是合乎情理的事情，为什么到周厉王时期反而成了强盗行径呢？

根本原因在于贵族实力的增强。周初分封的时候，各级贵族都占有了一定数量的田地，但山川林泽之利还属王有，周王朝还设置不少官员加以管理，见于彝铭的就有"司虞"、"司场"、"牧"、"司林"、"司录（麓）"、"司九陂"等，[⑧]分别管理山泽、场圃、牧场、森林、山麓、陂池。到了西周中期以后，山林川泽逐渐为贵族所蚕食。西周中期的《卫鼎》铭文就记载了贵族占有森林的情况。所谓"溥天之下，莫非王土"，到了西周后期只成了一句口头禅，已经没有多少实质意义。厉王"专利"，实际上是企图失而复得，将山川林泽之利收归王有。"专利"政策引起了包括各级贵族在内的广泛的社会阶层的激烈反对。芮良夫的一番话就主要是贵族阶层的心声。

在国人暴动中扮演主要角色的，其实是贵族和平民。《国语·周语》记载，周厉王强制实行"专利"政策以后，"国人莫敢出言，三年，乃流王于彘"。可见国人是参与了暴动的。所谓"国人"，主要指国都范围内的下层贵族和上层庶人。[⑨]

除了国人之外，参加暴动的还有"公卿"这样的高级贵族。《史记·十二诸侯年表》说"公卿惧诛而祸作，厉王遂奔于彘"。"公卿惧诛"，表明厉王和一些高级贵族的矛盾已经相当尖锐。《荀子·成相》篇有"郭（虢）公长父之难厉王流于彘"的说法，作为王朝卿士的虢公长父似乎也参加了暴动。

除了国人、公卿之外，一些政府官员和军队也参加了暴动。西周后期的一件彝铭说驱逐厉王的有"邦人、正（政）人、师氏人"。所谓"邦人"，即指国人；"正（政）人"指官吏；"师氏人"指军队，因为师氏是军事长官的名称。

参加暴动的国人、公卿、政府官员和军队，均居于王都地区，那么，王畿以外的诸侯对暴动持什么态度呢？《国语·周语》有"诸侯不享，王流于彘"的话，指诸侯们反对周厉王任用荣夷公并推行"专利"政策，便不来朝觐周天子，所以厉王才被驱逐到彘邑。"诸侯不享，王流于彘"的事实表明，诸侯是支持各阶层的人反对厉王的。

用高压手段"弭谤"，以杀戮无辜来防民之口，周厉王的这些暴政受到反对，是理所当然的事情。可是，平心而论，周厉王还算不得一位荒淫肆虐的无道昏君。他继位的第十二年曾经铸造了一件簋，铭文记载了他的话，其中有"余虽小子，余亡康昼夜，经雍先王，用配皇天"⑩，意思说自己虽然年轻，但还是不分昼夜地勤劳，常以先王为榜样来顺应天命。厉王后来铸造的钟铭曾记载他率军向南征伐，使"南夷、东夷具见，二十又六邦"，有26个南夷和东夷的国家进见，表示顺服。⑪这些铭文说明周厉王曾有志于使周王朝强盛。周厉王的失误在于他错误地估计形势，认为只要靠强制手段实行"专利"，就可以使王室实力大增，结果是自己被赶出了京师。

有一则外国神话说，人们打开了装魔鬼的瓶子，使得魔鬼横行，再也无法将其收回了。周厉王打开藏漦之椟的传说，可以说与这个神话有异曲同工之妙。不过，周厉王放出的不是魔鬼，而是龙的精气。周厉王毕竟没有神力将龙漦收回，他也没有良策扭转王权的颓势。

## 共和行政之谜

相传周武王灭商以后,曾经向商纣王的太师箕子询问治理天下的办法。箕子向周武王讲了九类大法。在其第六项中,箕子说了这样几句很有名的话:

> 惟辟作福,惟辟作威,惟辟玉食。臣无有作福、作威、玉食;臣之有作福作威玉食,其害于而家,凶于而国。[12]

"辟",指君主。箕子认为只有君主才能作威作福和食用精美食品,假若臣下这样做了,那就会有害于国家。这段话未必为箕子所说,但它郑重地载入周人文献,说明它是符合周人思想的。如果说这段话在西周前期和中期很灵光的话,那么到周厉王时期就不大灵验了。被国人赶走的周厉王在汾河岸边的彘邑一住就是14年之久,可怜兮兮地被人称为"汾王"。

厉王居彘邑14年,这样长的时间里,宗周镐京的最高权力由谁来支配呢?

关于这个问题,汉朝的大史学家司马迁在《史记·周本纪》中说,厉王逃走之后"召公、周公二相行政,号曰共和",认为是召公和周公相互商量着共同执掌政权的。按照这种解释,他们所号称的共和实为近世民主共和概念里"共和"之义的滥觞。历代的学问家,如韦昭、杜预、司马光、崔述等,都同意《史记》中的这种说法。

司马迁之后过了400多年,到了晋武帝太康年间,在一座古墓里发现了一部写在竹简上的史书,称为《竹书纪年》。它上面说厉王奔彘以后,不是召公、周公执政,而是"共伯和干王位",即共国的国君名和者摄王政。由于是共伯和执政,所以后世谓共和行政。历代学问家,如郦道元、苏辙、罗泌、顾炎武、梁玉绳等,都同意《竹书纪年》中的这种说法。

作为泱泱大国的周王朝,在共和行政的长达 14 年之久的时间里,由谁执掌最高权力,这本来是不会成为什么问题的,但由于《史记》和《竹书纪年》有不同的记载,所以便使学问家聚讼千年,成了一桩历史之谜。

当代学者对于这个历史之谜的看法亦颇有分歧。[13]经过不断探讨和深入研究,论者逐渐倾向于《竹书纪年》的说法,并且考证出共伯和即卫国诸侯——卫武公。[14]《纪年》的说法所以为研究者赞许,因为无论是古代文献记载,或者地下出土的彝铭材料,都为它提供了较多的佐证;相反,《史记》关于共和行政的说法却缺乏旁证材料,正如清代学者梁玉绳评论的那样,只是"史公之单说"[15]。

共伯和以诸侯的身份而入主王室,这是由王权到霸权递变历史中必须重视的一件史实。关于共伯和的情况,《吕氏春秋·开春》篇说:

> 王者厚其德,积众善,而凤皇(凤)圣人皆来至矣。共伯和修其行,好贤仁,而海内皆以来稽矣。周厉之难,天子旷绝,而天下皆来谓(或本作"请")矣。

战国时期成书的《鲁连子》也有类似的记载:

> 共伯名和,好行仁义,诸侯贤之。周厉王无道,国人作难,王奔于彘,诸侯奉和以行天子事。

这些记载表明,共伯和历来以高尚的德行而在诸侯中享有崇高威信,所以厉王奔彘以后能被诸侯推举以行天子之事。春秋时期以博闻强识著称的楚国的左史倚相曾说卫武公严以律己，遍告国中卿大夫和普通士民都规劝和监督自己。⑯卫武公——即共伯和——曾作有一篇自我勉励的诗，即《诗经·抑》篇，其中说：

| 有觉德行， | 只要有正直的德行， |
| 四国顺之。 | 四方诸侯就会顺从。 |
| 訏谟定命， | 颁行伟大的计划， |
| 远犹辰告。 | 宣告深远的谋略。 |
| 敬慎威仪， | 要谨慎于自己的威仪， |
| 维民之则。 | 因为你是民众的榜样。 |

卫武公十分强调谦逊、恭谨和注重个人修养，这或许与他的不平凡的经历有关。

据《史记·卫世家》记载，卫武公名和，是卫僖侯的次子，很为卫僖侯所喜爱，得到卫僖侯不少赏赐。卫武公是个不贪图钱财的人，他把所得赏赐都用来结交士人。卫僖侯死后，太子共伯余继位为卫君。卫武公率领士人攻击共伯余，获得胜利。共伯余走投无路，便跑到卫僖侯的墓道中自杀身亡。由于武公在卫国民众中很有威信，所以卫人便拥立他为卫侯。卫武公继位以后，果然不负众望，把卫国治理得很好，老百姓也都安居乐业。这种经历使他特别注重"维民之则"，使自己的言行足可为民众效法。

按照周代通例，诸侯可以入周王室任职，当然，这多是与周室关系密切的国家的诸侯。卫与周关系密切，历代卫君多以"伯"相称，指卫侯为东方诸侯之伯。史书上有卫武公"入相于周"⑰和"入为三公"⑱的说法，地下出土的彝铭材料证明这些说法是基本正确的。厉王时期的彝铭记载共伯和曾任周王朝的"师"职，又担任过"司马"，皆为军事职务。汉时，司马为"三公"之一。共伯和担任司马,与文献中的"入为三公"之说应当是吻合的。司马之职管辖王畿地区的军事力量。彝铭记载的师晨、师俞等"师"职官员,皆出自共伯和手下,[19]应当是王畿地区的中级军官。参加国人暴动的有"师氏人"——即师职官员管辖之人,如果据此而推测师晨、师俞以及共伯和支持或纵容手下的人员参加了暴动,应当说是可信的。再从共伯和一贯强调施惠于民的主张看,他对周厉王的"专利"政策当不会持赞成态度。

共伯和政治生涯的惊人之笔,不在于他以非常手段夺取了卫侯的权位,甚至也不在于他"入为三公"以至支持国人暴动,而在于他敢执政称王,"行天子事"。共和行政时期的一件簋铭载有"伯和父若曰"的辞句,这在金文中相当罕见,因为一般只有周王的语言才冠以"若曰"。这簋铭表明共伯和跟周公摄政时一样,也是称了"王"的。[20]

共和十四年(前828年),周厉王在彘邑死去,共伯和审时度势,不失时机地将权位移交给周宣王,自己返归卫国。《庄子·让王》篇有"共伯得乎共首"的说法,指共伯和不留恋天子之位而自愿逍遥得志于共山之首。共伯和的儿子所铸造的一件钟铭上说共伯和"永终于吉",看来他是善终了的。共伯和长寿,95岁时才辞世。

"共和行政"这个历史之谜的揭穿,有助于理解王权与霸权的递变。共伯和以诸侯身份不仅入周王朝任职,而且"行天子事"达14年之久,这样事情亘古未有,它相当深刻地说明周代王权到了这个时候已经陷入了十分尴尬的境地。尽管到宣王时期周天子也曾荣光了一阵,但周代王权毕竟无法返老还童。赫赫宗周的覆灭,早在共和行政时期已见端倪。除此之外,共和行政还表明诸侯的实力和影响在西周后期已经有勃兴的势头。

然而，王权的跌落和诸侯势力的勃兴，这只是问题的一个方面。从另一个方面看，共和行政毕竟是在周王朝的旗帜下进行的。共伯和没有采取过任何行动（甚至也没有想过），要让周王朝寿终正寝。住在彘邑的周厉王虽然只是一个向隅而泣的可怜虫，但仍是正统之所在。待他一死，共伯和就急忙交出政权，皈依于传统轨道。如果说共和行政是对周代王权的一次冲击的话，那么其成果相当有限。尽管从诸侯势力兴起的角度看，可以说共和行政是春秋霸权的开始，但由王权转到霸权，毕竟还有着相当长的路程要走。

## 两周之际

东周和西周交会之际，社会激烈动荡，王权进一步削弱，面临着严重的危机，而霸权则萌生，显示了大有希望的生机。

### 龙漦衍化的美女

天灾与人祸相伴，这在历史上是屡见不鲜的现象。周幽王在位的时候就是一个典型时期。他继位的第二年王都镐京及周围地区就发生了大地震，《诗经·十月之交》有这样的描述：

| 烨烨震电， | 闪光的响雷震电， |
| 不宁不令。 | 使天下骚动不安。 |
| 百川沸腾， | 百川如沸水腾涌， |
| 山冢崒崩。 | 山岭猝然崩坍。 |
| 高岸为谷， | 高崖下陷为深谷， |
| 深谷为陵。 | 深谷突起耸入天。 |

地震之后，流经王畿地区的渭水、伊水、洛河皆枯竭。天下大旱，民不聊生，贵族们趁机夺取民众的田地，拆毁民众的墙屋，加重赋役，使民众田地满是污秽草莱。㉑见到这种情况，周大夫伯阳父曾经十分痛心地预言周将灭亡。他指出，过去伊水、洛河枯竭，夏朝随之灭亡；大河枯竭，商朝随之灭亡，如今王畿地区山崩川竭，这都是亡国之兆。

岐山之下的周原是周族兴盛的根基之地，岐山在周人的心目中也就有了神圣性质。就在伯阳父发出慨叹的那一年，岐山突然崩塌，成了周王朝走上衰世末路的又一征兆。

幽王时期，戎狄势力强盛。周幽王曾派大臣伯士率军讨伐六济之戎，大败，伯士被打死。据文献记载，"幽王之时，西戎、东夷交侵中国，师旅并起"，"四夷交侵，中国皆叛，用兵不息"，"戎狄叛之，荆舒不至"㉒，真是一个外患频仍的时代。秦本是周王朝用以抵御戎族的重要力量，周宣王时曾支持秦庄公伐西戎，收回了被西戎侵占的秦的祖业之地——犬丘（今甘肃省天水市境）。到了幽王时期，戎族势力卷土重来，包围了犬丘，抓走秦襄公的哥哥世父，使周王朝西境告急。

外患频仍的根源往往与内乱时期的国力衰弱有关。幽王时的内乱莫过于幽王之宠幸褒姒。

关于褒姒的出身，还要从周厉王打开藏漦之椟的神话传说谈起。宝椟被打开之后，龙漦出来化为玄鼋，闯入厉王后宫。一位刚七八岁的后宫小妾触碰到了这只玄鼋。光阴荏苒，过了些年，这位童妾到及笄许嫁的时候，却突然有了身孕，并生下一名女婴。王宫之妾，无夫而生育，上下哗然，皆谓罪过。这位触碰过玄鼋的王宫之妾非常害怕，急将女婴抛弃到宫外的路上，只盼望能有好心人收养她。

这时正值宣王时期，社会上流传着这样的童谣：

檿弧箕服，实亡周国。㉓

意思是"檿（音衍）弧"（用桑木做的弓）和"箕服"（用箕木制的箭袋）要把周国灭掉。宣王得知这童谣，心中好不懊恼。这时候，有一对夫妇恰巧到镐京城中卖"檿弧箕服"，于是宣王命令将其拘捕，游街示众来羞辱他们。这对夫妇不敢在镐京停留，便连夜逃走。逃走时，听到有女婴在路上啼哭，就带她逃了出去。这名女婴就是王宫小妾所抛弃的孩子。这对夫妇逃到褒（今陕西省勉县东南）国，将女婴抚养长大，起名为褒姒。只见她出落得如花似玉，成了远近闻名的美人儿。

周幽王初年，出兵征讨褒国。周军压境，褒君万分焦急，听人献策，遂将褒姒奉献于周以免褒国之难。周幽王得褒姒㉔，万分欣喜。大概由于爱屋及乌的缘故，褒姒所生的伯服也就备受幽王宠爱。

幽王的王后出自申国，称申后，所生的宜臼，本为太子。昏庸的幽王竟废掉申后和太子宜臼，改立褒姒为后，立伯服为太子。幽王任用虢石父为王朝卿士，执掌朝政。虢石父和褒姒联合，狼狈为奸，图谋私利，排斥异己，引起贵族和国人阶层的普遍怨恨。关于幽王的昏庸，《史记·周本纪》载有一则流传很广的所谓"烽火戏诸侯"的故事：

褒姒不好笑，幽王欲其笑万方，故不笑。幽王为烽燧大鼓，有寇至则举烽火。诸侯悉至，至而无寇，褒姒乃大笑。幽王说之，为数举烽火。其后不信，诸侯益亦不至。……西夷犬戎攻幽王。幽王举烽火征兵，兵莫至，遂杀幽王骊山下，虏褒姒，尽取周赂而去。

这个故事屡经小说家演义，敷衍出许多动人情节，颇能引人入胜。可是究其实际，故事疑窦很多。论者多指出，烽火之事出自战国秦汉时代对匈奴的防御，尚无材料可以证明西周时代已经有了烽火报警之事。《史记》之中每有小说家言羼入，烽火戏诸侯之载，当即此类。虽然这个故事值得质疑，但幽王宠幸褒姒并因此而乱了朝政则还是事实。另外，幽王时期，王权已无多少威信可言，王室有了危难，诸侯不来救援，也是事实。后人演义出烽火戏诸侯的故事，应当说是不足为怪的事情。

### 史伯的神机妙算

古人分析历代王朝兴衰时，常有女宠祸国之论，商亡于妲己、周亡于褒姒，就是此论的两个典型例证。只要稍加剖析就可以知道，这种论调是站不住脚的。古代的有识之士已不苟同这种论调，其最早者，当为周幽王时期任太史之职的史伯。他曾经给郑桓公详细论述过周幽王时期的社会局势，显示出他高瞻远瞩的洞察力。

郑桓公名叫"友"，是周厉王的小儿子、周宣王的庶弟。周宣王时期，他被封在郑（今陕西省华县境）。郑是西周王畿内的诸侯国，是周王朝最晚分封的一位诸侯。郑桓公是一位有才能的人物，老百姓都拥戴他。他当郑侯的第三十三年，周幽王召他到王室任职，命为司徒，管理土地和赋税。

郑桓公任司徒之职以后，政绩显著，他"和集周民，周民皆说，河雒之间，人便思之"[25]。幽王时期，周室王政大坏，诸侯离心离德，天灾人祸频仍。在这种情况下，郑桓公颇为自己的前途担忧，便去向以具有远见卓识而闻名的史伯请教。

"请问老先生，现在王室颇多灾难，我害怕将来玉石俱焚、蒙难以殁,想寻求一个可以免于死难的安身立命的处所,是否有良策?"郑桓公十分虔诚地向史伯询问。

史伯见郑桓公笃厚,又深得周王畿地区和东方各地民众的拥戴,便不推辞,诚心地点拨说:"安身立命之所不在镐京王畿地区,而在雒邑以东的大河和济水以南的区域。"今日的黄河,古称河或大河。济水源于河南济源王屋山,曾和黄河并行入海,后来其下游为黄河所夺。史伯所说的河、济以南地区位置在今豫西一带的郑州以西和以南。

"这怎么可以?"郑桓公诧异地问。他知道这个地区有号称强盛的虢、郐(音快)两国,怎么能插足其间呢?

"只有这里才行。"史伯肯定地说,"您想想,成周雒邑附近哪里有合适的地方?成周以南有荆蛮、申、吕、应、邓、陈、蔡、随、唐;以北有卫、燕、狄、鲜虞、潞、洛、泉、徐、蒲;以西有虞、晋、隗、霍、杨、魏、芮;以东的远处有齐、鲁、曹、宋、滕、薛、邹、莒。这些除了周王的子弟和亲戚以外,都是蛮夷之人。它们依靠亲属关系而专横跋扈,或自恃是蛮夷而愚妄。这些地区都很难插足。"

"那么,虢、郐也是和周室关系密切的大国,难道可以挤进去吗?"

"虢、郐的确是大国。但是,两国的国君却只凭借国家地势的险要而为所欲为,从来不注重德行的修养。他们骄傲、奢侈又贪得无厌。所以说只有这里合适。"

听了史伯的指教,郑桓公茅塞顿开。但他对如何采取具体行动还拿不准主意,所以又说:"请问如何施行?"

"请你先以周室多灾多难为借口,请求让妻儿老小暂居虢、郐之地,把财货宝物也都寄存那里,并给虢、郐之君一些恩惠。你是王朝司徒,又得百姓拥护,昏庸的虢、郐之君贪图小利,岂有不许之理?等你站稳了脚跟,就率领着成周的军队讨伐虢、郐,恐怕是攻无不克的。占领虢、郐以后,再图谋向四周发展,依山带河,据险而守,郑国不愁不能巩固。"史伯这番话擘肌分理,切实可行,确为精辟高论,直说得郑桓公连连称是。

"请老先生谈谈周王室的形势,如何?"郑桓公实际上是在问郑国在什么时候向东迁居合适。

"王室恐怕是一定要弊败的。"史伯开始就做出了这样的判断,"《泰誓》上说过:'民之所欲,天必从之。'周王室的弊败是民心所向的事情。如今周王抛弃高明昭显的贤人不用,偏去信任那些邪恶之人,怎么能使政权长久呢?如今申、鄫两国诸侯和西戎的势力强盛,并且联合起来对付周室,我看周的存亡,在最近三年里就会见分晓。你若要逃避灾难,何不早些动手,假若迟缓,就将无济于事。"

郑桓公对史伯之言信服得五体投地。他急忙趁幽王高兴时打了招呼,不说逃避灾难,而说去东方为王室藩篱,遂得幽王允许。在郑桓公的安排下,郑国民众迁徙到成周雒邑以东,虢、郐两国献出十个城邑给郑。于是郑国就从西部王畿迁居于河济之南,立足发展,后来终成春秋初年的头等强国,郑桓公的孙子——郑庄公还成为最初登上霸主舞台的著名人物之一。

三国时期,诸葛亮隆中对策,预料三分天下,为蜀汉政权勾勒出蓝图,其卓见成为千古佳话。然而,史伯为郑国发展所做的谋略足可与隆中对策相颉颃,并且其时代要比诸葛亮早出近千年。古人之智谋,真是不可轻视。

史伯对于形势的分析虽然也提到幽王"弃聘后而立内妾"[26],即抛弃经过正式的婚嫁聘礼所立的王后而让内妾——褒姒为后,认为这对周王室造成了危害,但威胁最大的是申、缯等诸侯和西戎的势力。后来的历史发展,多应验了史伯的预言。可以说史伯是我国古史上很早就能够神机妙算的人物。[27]他对郑桓公的忠告对于后来郑国的霸业而言,实有筚路蓝缕之功。

## 二王并立与霸权的萌芽

和"共和行政"一样,两周之际的王权情况也是被《竹书纪年》弄乱了的糊涂账。

按照《史记·周本纪》的说法,事情本来是简单明了的。周幽王被杀死于骊山之下以后:

> 于是诸侯乃即申侯而共立幽王太子宜臼,是为平王,以奉周祀。平王立,东迁于雒邑,辟(避)戎寇。

一切都是那么正常。太子继位,诸侯诚惶诚恐地拥戴周天子。只是"戎寇"有些不知趣,常来骚扰,为躲避戎寇,平王才东迁于雒邑。如果说有波折,那也只不过像一粒小石子在如镜的湖面上所激起的小涟漪而已。

事实果真如此吗?尽管《史记》的这种说法不怎么符合两周之际的社会形势,但由于没有新的材料可资佐证,所以在相当长的时间里只好人云亦云。既然博雅如太史公者尚且如是说,难道还会有错吗?

从地下挖出来的《竹书纪年》似乎是故意与《史记》作对,它偏偏提出了与《史记》大不相同的看法,所叙述的两周之际史事与《史记》的相关记载大异其趣。请看《竹书纪年》的叙述:

> 平王奔西申,而立伯盘以为太子,与幽王俱死于戏。先

是，申侯、鲁侯及许文公立平王于申，以本太子，故称天王。幽王既死，而虢公翰又立王子余臣于携。周二王并立。二十一年，携王为晋文公（侯）所杀，以本非嫡，故称携王。[28]

从这个叙述里，我们细绎其义，可以指出以下几点《史记》所未涉及的史实。第一，幽王为宠幸褒姒而废申后和太子以后，太子宜臼即逃奔于其外祖父申侯的西申。第二，宜臼称王的时间并非如《史记·周本纪》所言在幽王死后，而是在幽王死前就被申侯、鲁侯、许文公等拥立于西申，时称"天王"。第三，幽王死后，虢公翰拥立的"携王"与"天王"二王并立。这次周二王并立的局面长达十年之久，直到晋文侯二十一年（前760年）"携王"被杀才告结束。显而易见，这些史实并非无关大局的细微末节，而是影响甚巨的重大事件。

出土于西晋太康年间的《竹书纪年》，是司马迁所没有见到过的史料。司马迁撰写两周之际和东周列国历史时，大有文献不足征的慨叹。他指出，诸侯国的历史记载多毁于秦火。对于此事，太史公曾连呼"惜哉！惜哉！"[29]。"巧妇难为无米之炊"，司马迁写两周之际的史事，过于简略且多讹误，自是有其苦衷的。假若他当年得见《竹书纪年》的材料，那么，《周本纪》中关于两周之际史事的叙述就可能不是现在这个样子。

《竹书纪年》所揭示的"二王并立"的史实，相当集中地说明了诸侯势力增长的情况。周幽王废申后和太子宜臼，当然是昏庸之举；立伯服为太子，也不会为舆论所赞许。然而，作为最高权威的周天子毕竟拥有废立王后和太子的权力。幽王的做法虽不合乎情理，但却无悖于传统礼法。申侯、鲁侯和许文公本应唯幽王马首是瞻，但却对其决断置若罔闻。他们拥立宜臼为"天王"，无疑是和幽王唱对台戏。西周一代，诸侯权力之勃兴以此事为最。可是，诸侯们虽然对幽王大不敬，但却依然皈依于周天子的大纛之下。申侯他们尊"天王"，虢公则尊"携王"，无论是"天王"，或是"携王"，都还是周天子的旗号。

打着"尊王"的旗号来挖周天子的墙脚，春秋霸主所惯用的手段早在"二王并立"之时就已经露出了端倪。申侯他们不经周幽王同意而拥立"天王"，后来"天王"摇身一变而成了名正言顺的周天子，此事表明申侯他们必然得到了天下诸侯的拥戴。春秋霸权的萌芽盖在乎此。

"二王并立"局面使周代王权在人们心目中的地位进一步跌落，也使得贵族和大臣们陷于极大的苦闷和彷徨之中，追随"天王"乎？跟从"携王"乎？实在难以定夺。贵族和大臣们的这种心情，在《诗经·小雅》的一些篇章中有很好的表达。例如《雨无正》云：

| 周宗㉚既灭， | 镐京已经溃灭， |
| 靡所止戾。 | 没有地方可去安处。 |
| 正大夫离居， | 长官大夫离居， |
| 莫知我勚。 | 没人知道我的劳苦。 |
| 三事大夫， | 三事大夫， |
| 莫肯夙夜。 | 不肯早晚事奉天子。 |
| 邦君诸侯， | 邦君诸侯， |
| 莫肯朝夕。 | 也不肯早晚觐见周王。 |

镐京溃灭以后，贵族和大臣们无所适从，不仅王朝中的正大夫、三事大夫这些官员不再恭敬周王——"天王"或"携王"，而且邦君诸侯也不再早晚觐见。特别是"靡所止戾"一句，相当典型地表现了对王权迷惘的心态。

除了《雨无正》以外，在这个时期的其他诗篇中，此种心态也多有流露。如《节南山》谓"我瞻四方，蹙蹙靡所骋"——我瞻天下四方，穷蹙蹙的没有地方驰骋；《小旻》谓"我视谋犹，伊于胡底"——我看那些谋划策略，不知道将何所归依。这些诗句的意思和《雨无正》的"靡所止戾"如出一辙。以"雨无正"名篇，其含义是不知雨落何方，或者说是不知道哪块云彩会下雨，所比喻的就是人们不知道"天王"与"携王"究竟谁是周王室正统。

在《诗经·正月》中有这样的诗句："哀我人斯，于何从禄。瞻乌爰止，于谁之屋。"意思是可怜我这个人，我往哪里去谋取禄位。瞻那乌鸦在寻找落处，不知道它将落在谁家的屋。《后汉书·郭太传》曾称引这些诗句，李注云"言不知王业当何所归"，深得诗句意旨。和《雨无正》等篇一样，《正月》也反映了那个时代各阶层人们对于王权的失望情绪。

两周之际，周天子对于诸侯的"家长"尊严已经消失，笼罩在周天子头上的神圣光环正逐渐隐退，人们对他失望可以说是十分必然而又自然的事情。平王东迁雒邑的因素是多方面的，但寻求晋、郑、鲁、卫等诸侯国的保护则是其中最主要的一项。春秋初年的周桓公说："我周之东迁，晋、郑焉依。"[31]可见晋、郑两国是周室东迁的主要依靠。当时，晋、郑两国的诸侯——晋文侯、郑武公实是周王室的庇护者。为了感谢晋文侯，周平王曾经隆重赏赐他，并发布了一篇命辞——即我们今天所能见到的《尚书·文侯之命》篇。其中说道：

　　汝多修，扞我于艰；若汝，予嘉。

意思是你立下很大的战功，在我困难的时期来保卫我；像你这样的人，乃是我所衷心赞美的。郑武公和卫武公因救援周室有功，曾分别被周平王命为"卿士"和"公"[32]。

在两周之际,申、鄫、鲁、许、晋、郑、卫等国都曾在政治舞台上发挥重要作用。这些国家的诸侯都是当时显赫一时的人物。他们之中虽说没有一个人可以称得上"霸主",但毕竟为霸主的出场开辟了道路,预示了霸权将以咄咄逼人的气势创造社会历史发展的新格局和新场面。

**注释:**

① 关于冕旒的形制,《周礼·弁师》云:"掌王之五冕,皆玄冕,朱里,延纽。五采缫十有二就,皆五采玉十有二。"郑注谓冕旒用玉珠二百八十八枚,孙诒让《周礼正义》卷六十引江永说谓"用玉二百八十八,如此繁重,恐首不能胜,郑所计用玉,每冕皆当去其半"。江说可取。《礼记·礼器》篇亦曾述冕旒形制。

② 《大戴礼记·子张问入官》篇:"古者冕而前旒,所以蔽明也。"《晏子春秋·外篇》:"冕前有旒,恶多所见也。"后儒以王者圣明,不视丑恶之事物来解释旒的作用,当属臆测之词,并无根据。

③ 这种祭祀,古人称为"望祭"。《左传》昭公二十六年:"至于夷王,王愆于厥身,诸侯莫不并走其望,以祈王身。"杜注:"愆,恶疾也。"

④ 孝王为懿王之弟,这是《礼记·郊特牲》正义引《世本》的说法。据《史记·周本纪》记载,孝王则为懿王的叔父。然无论如何,传子制在懿孝之际有所不行,仍是事实。

⑤ 《礼记·郊特牲》。

⑥ 《诗经·六月》。

⑦ 《诗经·常武》。

⑧ 关于这些职官的具体情况,请参阅张亚初、刘雨著《西周金文官制研究》第10—11页,中华书局1986年版,北京。

⑨ 西周春秋时期,"国人"概念有下移趋势。其初义指国都城中之人,春秋时期将国都城内外之人以及本国疆域内之人都称为国人。西周后期和春秋时期,国人地位极为重要,往往左右政局。春秋时期的王子朝谓"万民弗忍,居王于彘"(《左传》

昭公二十六年），所用"万民"的概念，应当和当时的国人概念相同。

⑩ 见 1978 年于陕西省扶风县出土的《胡簋》铭文。

⑪ 这件钟铭原称《宗周钟》。周厉王《胡簋》发现之后，专家论定此钟亦为周厉王所作，依铭文的内容，应称为《胡钟》。

⑫ 见《尚书·洪范》篇。此篇为战国时人的述古之作。这段话所述王权情况是符合周人思想的。

⑬ 例如范文澜先生赞成《史记》之说，认为《纪年》所说的"共伯和干王位"，"可断言必无其事"（《中国通史》第一册第 95 页，人民出版社 1978 年版，北京）。顾颉刚先生则说，"予累加探讨，知从《史记》不如从《纪年》"（《史林杂识初编》第 204 页，中华书局 1963 年版，北京）。

⑭ 童书业先生说："卫，姬姓，武公本西周末之显诸侯，又为东方诸侯之伯，而较齐鲁诸国为近于王室，人为王官，与问王政，自为极可能之事。"（《春秋左传研究》第 38 页，上海人民出版社 1980 年版）

⑮ 梁玉绳《史记志疑》卷三。

⑯ 见《国语·楚语上》。

⑰ 《诗经·淇奥》序。

⑱ 《汉书·地理志》注引孟康语。

⑲ 见《师晨鼎》《师俞簋》铭文。

⑳ 杨树达先生说："非王而称某某若曰者，仅此伯和父之铭。《尚书》除王若曰之外有微子与周公称若曰，周公之称在其摄政时。天子自称小子，此伯和父亦是，故此人即共伯和也。"（《积微居金文说》第 138 页，科学出版社 1952 年版，北京）

㉑ 《诗经·瞻印》：、"人有土田，女反有之。"《诗经·召旻》："天笃降丧，瘨我饥馑，民卒流亡，我居圉卒荒。"《诗经·十月之交》："彻我墙屋，田卒污莱。"都是幽王时期社会情况的写照。

㉒ 依次见《诗经》的《苕之华》《何草不黄》《渐渐之石》诸篇之序。

㉓ 《国语·郑语》。

㉔ 周得褒姒的时间，从传说的时代和伯服年龄等方面来分析，应当是宣王时期的事情。为避免繁细考证，今暂以《国语》所载而申述。

㉕ 《史记·郑世家》。

㉖《国语·郑语》。

㉗ 关于史伯的言论,当然也可以推测是《国语》的作者所假托,甚至史伯也属子虚。然而,《史记·郑世家》述郑开国之事全依《国语·郑语》,可见博雅如太史公者尚且相信史伯其人其事。在没有相反的证据之前,我们对《国语·郑语》所载宁信其有,似较稳妥。

㉘《左传》昭公二十六年疏引《汲冢书纪年》。

㉙《史记·六国年表》序。

㉚ "周宗",《左传》昭公十六年引作"宗周",当为其本。

㉛《左传》隐公六年。"晋、郑焉依"即晋、郑是依。

㉜ 见《左传》隐公三年和《史记·卫世家》。

# 第二章

## 霸权的开场锣鼓

　　瘦死的骆驼比马大,由于王权尚为庞然大物,所以霸权初起时也就难免常现窘况。对于霸权迭兴局面的开创,最初几位霸主实有筚路蓝缕之功。

在戏曲舞台上,帅将武臣的出场往往要费一番周折。先是一通"急急如律令"般的锣鼓,然后又是几组龙套呼号而上,最后才是主要角色亮相。春秋霸主——特别是著名的"春秋五霸",并非一开始就登上政治舞台的。他们上台之前,也有一通开场锣鼓。

## 春秋初年的列国蜂起

春秋初年是诸侯争霸的酝酿和准备时期,东周王朝和列国力量的对比发生了不少变化。

### 从《诗经·黍离》谈起

《诗经》中有一篇悯伤悼亡的著名作品——《黍离》。这首诗一共三章,其第一章是:

| | |
|---|---|
| 彼黍离离, | 那里是行行的黍子, |
| 彼稷之苗。 | 那里是稷子的苗。 |
| 行迈靡靡, | 我迈着沉重步伐慢走, |
| 中心摇摇。 | 愁思在心中飘摇。 |
| 知我者, | 我的那些知音, |
| 谓我心忧; | 知道我心中烦恼; |

不知我者， 那些不了解我的人，
谓我何求。 却怪我在求索寻找。
悠悠苍天！ 杳渺的苍天哪！
此何人哉？ 这是什么样的人哟？

这首诗的含义，古人释解得很清楚。《诗序》谓："周大夫行役，至于宗周，过故宗庙宫室，尽为禾黍。闵周室之颠覆，彷徨不忍去，而作是诗也。"

骊山烽火之后，历经两周之际的战乱纷扰，宗周残破，昔日的钟鸣鼎食之地化作一片丘墟，生长着行行列列的黍稷之苗。生于斯、长于斯的贵族大夫，从东都雒邑来此故地重游，吟赋《黍离》，忧伤情思溢于言表。看那赫赫宗周，倾覆瓦解，重游旧地的周大夫难免有人事代谢无常之叹，正所谓"今人不见古时月，今月曾经照古人"[①]了。

黍离之思表明，在春秋时期人们的心目中，周王朝已经今非昔比，那凛然的王权已经成了过眼云烟。《黍离》是《诗经》十五国风里面的《王风》的首篇。大家知道，西周时期的周王室的诗篇列入《诗经》的雅、颂，而春秋时期周王室的诗篇则列入十五国风。东汉时期的大学问家郑玄曾解释其间的原因，他说：

平王以乱故，徙居东都王城，于是王室之尊与诸侯无异。其诗不能复《雅》，故贬之，谓之王国之变风。[②]

由于东周王朝已不再具有实际上的天下"共主"的地位，"王室之尊与诸侯无异"，所以东周王畿地区的诗歌，也就被"贬"入国风。如果用"一落千丈"来形容东周王朝与西周王朝的差距，大概也不过分。然而，东周王朝虽说比西周一落千丈，但是和诸侯相比，又是怎样的情况呢？简单说来，东周王朝一方面落到了和诸侯平起平坐的地位，另一方面它的地位却相当优越。虽然对诸侯来说它算不得鹤立鸡群，但总非一般诸侯可比，特别是在春秋初期，它仍是一支不可小觑的力量。

东周王朝在周平王的时候，还有方600里的土地。关于它的地理形势，清代学问家顾栋高在《春秋大事表》卷四中说：

> 西有虢，据桃林之险，通西京之道，南有申、吕，扼天下之膂，屏东南之固，而南阳肩背泽路，富甲天下，辗辕伊阙，披山带河，地方虽小，亦足王也。

东周王朝集中在今河南省洛阳及其周围的济源、修武、登封、鲁山、汝阳、宜阳、新安等处。雒邑作为周王朝的东都，不仅地居天下之中，地理形势优越，而且驻有周王朝的八师重兵，贮藏着天下的大半赋税收入。另外，雒邑地区的手工业和商业自古以来就很发达，是一个经济繁荣、物阜民康的地区。周平王东迁雒邑，经济方面的考虑，应当是其因素之一。

周平王在位51年，连同其后的桓王、庄王、僖王，共约百年之久。这期间的周王朝尚有不可忽视的军事力量。周平王曾派军队远戍申、甫、许等地③。其中的"申"，不是位于今河南省南阳的申国，而应当是位于今西安市以东的申国——即《竹书纪年》所提到的太子宜臼所奔往的"西申"④。这表明平王时期周王朝并未完全放弃西部王畿地区，至少还有若干据点为周所控制，并能派军队去守卫。平王和桓王时代，周王朝曾出兵伐卫、伐晋、围魏、伐宋。当时的"王师"成分，除了有西周以来的成周八师的遗存以外，还有随同平王东迁的力量。

### 瘦死的骆驼比马大

平王东迁的时候,有不少贵族追随他。这从伯舆跟王叔陈生争讼的事情里,可以明显地看出来。

春秋中期周灵王在位时,王朝卿士伯舆、王叔陈生争夺执政大权,周灵王袒护伯舆,王叔陈生怒而出走,到了黄河岸边,灵王派人请他返归,他也拒不回周。灵王无奈,只得请晋国出面调停。晋派执政大臣士匄(音盖)处理双方争讼。在周王宫廷之上,伯舆的属大夫瑕禽跟王叔陈生的家宰作为双方代表进行辩论,由士匄裁决。王叔陈生的家宰蔑视伯舆,说道:

"筚门闺窦的小户人家想要凌驾于他上面的人,居于高位的人也就很难相处了。"所谓"筚门闺窦",指柴草做门、只有上尖下方的圭形门洞的穷苦人家。王叔陈生以"王叔"相称,当出自王族,故而其家宰嘲笑伯舆微贱。

瑕禽不甘示弱,随即针锋相对地说:"从前平王东迁,我们七个姓的人家有资格跟随天子,为天子准备了祭祀用的牺牲,平王信赖他们,并赐给他们用骍牷——即赤牛——祭神而进行隆重盟誓的盟约。盟约上有'世世无失职'的话,让这七姓人家世代担任重要职务。假若是筚门闺窦的小户人家,那么他们能够来到东方住下吗?而且周天子又怎么能够信赖他们呢?"

士匄说:"天子所右,寡君亦右之;所左,亦左之。"他知道王叔陈生理屈,便以晋君跟周天子的态度保持一致为理由,委婉地判明了双方是非。

这场争讼最后以王叔陈生逃奔晋国为结局。我们所注目的是瑕禽的那篇语言。它表明平王东迁时得到了许多贵族支持。春秋初期,周王朝尚有一定实力,这是原因之一。另外,在春秋初期,晋、楚等国尚未勃兴,戎、狄多被秦、虢、晋等国牵制,并未对周王朝造成很大威胁,所以周王朝在这种形势下尚能保持较大影响。

"瘦死的骆驼比马大",春秋初年的周王朝尽管已经衰败,成了"破落户",但其天下"共主"之名却还是长期保有的。就从这一点来说,它在政治上的优势乃是所有的诸侯国,包括那些显赫的霸主在内,都不敢小看的。

周桓王的时候,卫国的公子州吁受到卫桓公宠爱,鲁隐公四年(前719年)州吁弑君自立,民众不服,州吁的党羽石厚就向父亲石碏请教如何能使州吁的君位稳固。

"王觐为可。"石碏认为只有设法去朝觐周王,这样才能取得天子认可的"合法"地位,从而使地位稳固。

"怎样才能去朝见周王呢?"石厚知道周天子不会随便接见下臣,所以又问如何设法让周王答应接见州吁。

石碏建议说:"现在陈桓公正受到周王宠爱,而卫国与陈国关系不错,如果能先去陈国朝见,然后请陈桓公代为请求,周王便一定会接见。"

当然,石碏的建议只是一个计谋。他想利用州吁和石厚离卫赴陈的机会,除掉造成卫国内乱的这两个祸根。然而石碏却是利用了周天子的威望,才得以大义灭亲的。"王觐为可",说明天下"共主"之名还有相当作用。

天下"共主"之名,实际上还有影响。周桓王的时候,纪(今山东省寿光市南)国屡受齐国威胁。鲁桓公六年(前706年)纪侯到鲁国朝见,请求鲁国向周天子求取"王命",从而让齐善待纪国。鲁见无利可图,遂拒绝了纪侯的请求。纪侯无奈,只得谋纳王后以自固,还是想靠周天子的威望来保护自己。

从周平王的时代开始,晋国实际上分为翼和曲沃两国,相互征战,内乱不止。周桓王曾派尹氏、武氏助曲沃庄伯伐翼。周僖王时,曲沃武公以宝器赂献于周,周僖王便派虢公册命曲沃武公为晋君,列为诸侯。可见周王对晋的内政有很大影响。

春秋初期的周王朝和诸侯相比,就处在这样的地位:就实力而言,它和诸侯不相上下;就政治优势而言,它要高出诸侯一头。春秋霸主每以"尊王"相标榜,其奥妙就在于对周天子这种政治优势的利用。至于利用得成功与否,那就要看霸主本人的眼光和能力了。

**四个文化圈**

春秋列国的政治地理,呈现着犬牙交错的状态。那个时期的国家,都以都邑为中心。当时的人认为,"凡邑,有宗庙先君之主曰都,无曰邑"⑤。所谓的"都",往往就是一些大一点的城邑。若干都邑连同周围的郊野地区,就是一个诸侯国。由于地广人稀,国的疆界既不明确也不固定。人们可以知晓某个国家的大概位置,但却很难划出一条准确的国界线。

犬牙交错的春秋列国,可以分成不同的文化区域,我们称之为"文化圈"⑥。同一个文化圈的国家,往往具有地域邻近、政治经济交往频繁、社会心理近似、风俗习惯相近等共同特征。按照我们的考察,春秋时期大致可以分为四个文化圈。

**周文化圈** 也可以称之为中原文化圈。它以东迁以后的周王朝为中心,包括了周围的郑、卫、曹、陈、许、申等国。宋国虽然是殷人后裔,但在漫长的世代里,已经接受了周文化的许多影响,所以也可以把它划在这个文化圈。周文化圈的国家多保存有夏、商、周三代文化遗产。也许是历史文化传统负担过重的缘故,所以除了春秋初期的郑国以外,这个文化圈的其他国家多不强盛。

然而,这个文化圈的诸侯国文化艺术比较繁荣。《诗经》的十五国风,属于这个文化圈的就占了大部分。鲁襄公二十九年(前544年)吴国的公子季札到鲁国聘问,聆听了用各国乐曲伴奏所演唱的诸国诗歌。他用"勤而不怨"评价《周南》《召南》,用"忧而不困"评价卫国诗歌。[7]"勤而不怨"指人们勤劳而不怨恨;"忧而不困"指忧愁而不窘迫。这两个评论虽说是针对部分地区而发的,但若用来概括周文化诸国的精神风貌,还是大体相当的。

这个文化圈地处中原,国势又多不强,所以在后来的大国争霸过程中就成为强国相互争夺的焦点。为了在强国的夹缝中谋求生存,许多国家涌现出卓越的政治家和外交家。后来"百家争鸣"时的纵横家源于这个地区,应当不是偶然的事情。这个文化圈产生的霸主,以郑庄公和宋襄公最为著名,但都历时不长,宋襄公更是昙花一现式的人物,和悠久的文化传统相比,其霸业可谓是"厚积而薄发"了。

**齐鲁文化圈** 齐、鲁为自西周以来的东方大国。在齐、鲁以南的泗水流域,有邾、莒、滕、薛、鄫、任等诸侯国,史称"泗上十二诸侯"[8]者,也包括在这个文化圈之内。另外,作为周王朝在北方的最重要封国的燕,由于戎狄的阻隔,而与中原各华夏诸侯国较少往来,比较而言,在春秋和稍后的历史时期里却和齐国有不少交往,也可列入齐鲁文化圈。

齐文化和鲁文化在春秋时期各具鲜明特色。就发展趋势而言,齐文化重在开创和发展,鲁文化则偏重于继承和吸收。齐国得渔盐之利,又注重发展冶铁、纺织等手工业,所以是春秋时代富庶强盛的国家之一。早在春秋初年,齐庄公、齐僖公即被称为"小伯(霸)"⑨,后来的齐桓公更为"五霸"之首。显而易见,齐的霸业是以强盛的国力为后盾的。

鲁国是保存周的传统文化最多的诸侯国,也是"万世师表"孔子的故乡。鲁为保存和继承古代文化作出了重大贡献。春秋初期,鲁亦为强国。《诗经·閟宫》对鲁僖公曾有这样的颂扬:

| 泰山岩岩, | 泰山的积石岩岩, |
| 鲁邦所詹。 | 是鲁国的边境。 |
| 奄有龟蒙, | 包括了龟山和蒙山, |
| 遂荒大东。 | 边境还扩展到极东。 |
| 至于海邦, | 那些靠海的邦国, |
| 淮夷来同。 | 连淮夷都来朝觐会同。 |
| 莫不率从, | 没有谁敢不服从, |
| 鲁侯之功! | 这都是鲁侯之功! |

在春秋初期的霸主舞台上,鲁庄公、僖公均有一席之地。齐、鲁两国文化不仅影响着周围许多国家,而且它们之间也不断进行交流和影响。孔子对齐鲁文化持肯定态度,他有"齐一变,至于鲁;鲁一变,至于道"⑩的说法,认为齐、鲁文化距离他所推崇的"道"的境界并不太远。

**秦晋文化圈** 秦、晋两国本来联系不多,但入春秋以后,相互往来日增,"秦晋之好"遂为人们所艳羡。

从两周之际开始,秦国在赫赫宗周的废墟上迅速兴起,虽然它偏居西方,不常参加诸侯盟会,甚至被视为夷狄,但仍然在独霸西戎的基础上,锐意向东发展,只是由于强晋的阻拦,才没有收到显著成效。秦和东方诸国的通使聘享虽然较少,但和晋国文化的交流却达到了十分密切的地步,所以说秦晋文化的相通之处多有所见。

关于秦地风俗,汉代大史学家司马迁曾有这样的概括:

> 其民犹有先王之遗风,好稼穑,殖五谷,地重,重为邪。⑪

他认为这个地区因为土地厚重,所以民众致力于农作,并畏惧而不敢为奸邪之事。关于晋地的风俗,《诗经·蟋蟀》序说:

> 其风俗,忧深思远,俭而用礼,乃有尧之遗风焉。

这种"忧深思远,俭而用礼"与秦地的"重为邪"是一致的,均指民众遵守礼法,以国事为重。在"先王遗风"的熏陶下,秦、晋两国的霸主都具有重礼仪、守信用、开通豁达等特色。从晋文公开始,晋国的不少君主都在霸主舞台上亮相,成为霸权迭兴的一个重要策源地。

**楚文化圈** 这个文化圈所波及的区域相当广泛,淮水流域和长江下游的一些国家,如吴、越、徐、舒等以及巴蜀地区的小国,都属于它的范围。楚在春秋时期是雄踞于长江流域的泱泱大国。中原霸主每每彪炳"尊王攘夷",这"攘夷"的一项重要内容就是抑制楚国势力的北上。

楚初起时只是一个地僻势弱、无足称道的蛮夷小国,据说周成王只把方圆五十里的一块蛮荒之地封给楚的先祖。⑫周成王在岐阳(今陕西省岐山县境)会盟诸侯时,楚君熊绎被指派看守庭院中燃烧的祭神火堆,还没有资格参加正式盟会。然而,入春秋以后,楚却迅速崛起,问鼎中原,以震撼人心的磅礴气势登上霸主舞台。楚不仅敢于和赫然有名的齐桓公相对抗,而且和北方强大的晋国进行了历时颇久、互有胜负的霸权争夺。在春秋霸主的风云际会中,楚国君主往往咄咄逼人,反映了楚文化积极进取的风貌。

春秋后期，当中原霸主"疲惫"的时候，吴、越霸主登上历史舞台，为霸权迭兴骤添一阵紧锣密鼓，反映了吴越地区实力的增强。楚与吴越多有联系，吴越文化的兴起与楚文化的影响密切相关。

这四个文化圈的情况表明，春秋列国并非一盘散沙，而是分成若干中心而呈凝聚状态的。无论是周文化、齐鲁文化，或是秦晋文化、楚文化，它们都以兼容并蓄的恢宏气度产生着强大的吸引力和凝聚力。从文化史的角度看，霸权迭兴实际上也是各种文化的交替繁盛，霸权争夺也是诸种文化争妍斗艳在政治上的反映。如果把春秋社会比作一只稳重而典雅的大鼎，那么，周文化就是这鼎的华美纹饰，而齐鲁文化、秦晋文化和楚文化则是大鼎的具有无比承受力的三足。

## 最初的几位霸主

春秋初年，从周文化和齐鲁文化圈涌现出来的最初几位"霸主"，就其影响而言，若和齐桓、晋文等"春秋五霸"相比，那不啻是"小巫见大巫"了，他们还算不得严格意义上的真正的霸主。然而，他们毕竟是那个时期最有影响的诸侯。既然"老虎"尚未登场，那么"猴子"暂称"大王"又有何妨？况且，史书亦曾说他们是"小霸"了呢。

### 初试锋芒

一个有趣的现象是，春秋时期的贵妇人往往有些怪脾气，郑武公的夫人——武姜就是很典型的一位。

　　武姜是两周之际颇有影响的申国诸侯的女儿,很有些娇气。生第一个孩子时难产,她就不喜欢这个名叫"寤生"的孩子。第二个孩子共叔段生得容易,就受到武姜的喜爱。武姜曾向郑武公请求立共叔段为太子,被拒绝。寤生继位为郑庄公。

　　这位郑庄公,在位43年,南征北战,屡建功绩。他曾经率军伐卫、讨宋、侵陈、占许,还打败过周、虢、卫、蔡、陈五国联军,在春秋初期的政治舞台上出尽了风头。取得这些功绩固然依靠了郑的强盛国力,但与郑庄公本人的才能也极有关系。郑庄公善于审时度势、谋划策略,是一位工于心计的人物。

　　郑庄公继位后碰到的头一个难题,是武姜为共叔段请求制(今河南省荥阳市境)邑。制,是一座险要处所,如果被共叔段控制,将会对郑庄公造成很大威胁。郑庄公不便直截了当地拒绝母亲的请求,于是便委婉地说:"制是危险的地方,从前虢国的诸侯虢叔曾经死在那里,所以不能把制给弟弟作为封邑。请您再考虑别处,除制以外,其他地方将唯命是从。"这个回答有理有据,又没有使武姜难堪。武姜只得另外请求把京(今河南省荥阳市东南)给共叔段为封邑,郑庄公痛快地答应下来。

　　为了剿灭共叔段的势力,郑庄公不急不躁,很有耐心地等待时机完全成熟。共叔段居住到京邑以后,郑大夫祭仲曾经向郑庄公报告共叔段大修京邑、图谋不轨的情况,并且一针见血地指出了其危害。祭仲说:

　　"凡是都邑,假若城垣周围超过'百雉'(即三百丈),那就是国家的祸患。按照先王的规定,大的城邑不超过国都的三分之一;中等的,不超过五分之一;小的,不超过九分之一。现在京的城邑过大,超过了规定,国君将不堪忍受。"

"姜氏想这么办，怎么能避开危害？"庄公直称母亲为"姜氏"，他对武姜的厌恶于此可见。

"姜氏哪有满足的时候？不如及早安排。蔓延的野草尚且不能锄掉，何况是您受宠的兄弟呢？"祭仲劝郑庄公立即采取行动。

"多行不义必自毙。您姑且等待吧。"郑庄公预料共叔段的骄横行为还会继续下去，所以用"多行不义必自毙"来指明共叔段自取覆灭的下场。

事情果如庄公所料，共叔段不仅加大京的城邑，而且让郑国西部和北部的边境地区听命于自己。郑大夫公子吕劝郑庄公除掉共叔段。郑庄公以"不义，不昵，厚将崩"⑬作为回答。认为共叔段多行不义之事，必然不能团结其众，势力虽说雄厚，也一定会崩溃。

鲁隐公元年（前722年），共叔段整治城郭、修缮武器、增加士卒，准备偷袭郑都。武姜作为内应，届时将打开城门让共叔段的军队入城。郑庄公直到掌握了偷袭日期，才认为时机成熟。他于是先发制人，命公子吕率200辆战车讨伐京邑。京邑的人背叛共叔段，共叔段被迫逃奔到鄢（今河南省鄢陵县境），郑庄公亲自率军伐鄢。这年五月，共叔段失败，逃出郑国，到卫国的共（今河南省辉县）邑居住。

郑庄公先是忍耐、退让，然后又深藏不露而等待时机，最终是当机立断，一举成功。因为受到宠幸而暂时得势的纨绔子弟共叔段哪里是老谋深算的郑庄公的对手？

如何处置图谋帮助共叔段篡位的武姜，是郑庄公面临的又一个棘手问题。他本来将武姜赶出国都，让她迁居城颍（今河南省临颍县西北），并发誓说："不及黄泉，无相见也！""黄泉"即黄土下之泉，指阴间。郑庄公决心不见武姜。然而，在当时的社会伦理观念中，"孝"是十分重要的观念之一⑭。郑庄公是一个很要"面子"的人。他亲自率军赶走了共叔段，可是又自我表白说，"寡人有弟，不能和协，而使糊其口于四方"⑮，生怕别人说他不友爱于兄弟。现在，他赶走武姜，必会有不孝于母的恶名，假若接回武姜，但又有誓言在先，违背誓言而和武姜相见，难免为人耻笑，真是进退两难。有一位叫颍考叔的地方官，献上"阙地及泉，隧而相见"的计策，劝庄公掘地及泉，在隧道中和武姜相见。郑庄公照此办理，果然圆满解决难题，为自己赢得了"孝"的名声。

郑庄公靠智谋翦除心腹之患以后，去掉了对于君位的威胁，稳固了国内局势，下一步就要在霸主舞台上初试锋芒了。

如何教训一下依旧摆谱儿、显威风的周天子，是郑庄公耿耿于怀的一桩大事。郑庄公和其父郑武公一样，也是周王朝里执掌大权的"卿士"，然而周平王却不怎么欣赏他，常把一些政务交给虢公处理，并不专任郑庄公。这使郑庄公颇为恼火，便去质问，平王却矢口否认。郑庄公为此而强要周、郑交换人质，以此作为凭信。周平王无奈，只得派自己的儿子——王子狐到郑为人质，郑庄公也派公子忽赴周。

鲁隐公三年（前720年）周平王去世之后，郑庄公派祭仲率领军队强夺周王畿内的温（今河南省温县南）地的麦子，又夺取成周地区的谷物。郑庄公的强硬态度使周天子既折了威风，又损失了谷物。周郑关系虽趋于恶化，但郑庄公毕竟达到了目的，提高了自己在周王朝中的地位。

鲁隐公九年（前714年），宋殇公不按规定来朝见周天子，郑庄公便以周王的"左卿士"的身份，代宣王命，去讨伐宋国，并于次年二月和六月召集齐僖公、鲁隐公两次会盟。郑、齐、鲁三国军队打败宋军。郑庄公"以王命讨不庭"，俨然以霸主自居。然而蔡、卫、郕等国诸侯竟敢违背"王命"而不派军助战，这说明郑庄公还必须采取其他措施来提高自己的威信。

违背礼法的诸侯国除了宋以外，还有许（今河南省许昌市东）国。鲁隐公十一年（前712年），郑庄公先和鲁隐公会见，然后率领郑、齐、鲁三国军队攻占了许国，许庄公逃奔卫国避难。郑庄公派许大夫百里奚事奉着许庄公的弟弟——许叔居住在许都东部以安抚许国民众，派郑国的公孙获驻扎在许都西部。郑庄公对百里奚和公孙获各有嘱咐，中心意思是说这次占领许国，并非郑国跟许过不去，而是"天祸许国，鬼神实不逞于许君，而假手于我寡人"，即上天降祸于许国，鬼神也对许的国君不满意，所以才借我的手来惩罚许君。尽管如此，郑国并不想长期占领许国，只是靠这件事情来稳固郑国的安全而已。

占领许国的胜利并没有冲昏郑庄公的头脑。他冷静地估计到以后许会复国，所以嘱咐公孙获在自己死后马上离开许国，在许期间不要把器用财贿放在许国。郑庄公说："王室而既卑矣，周之子孙日失其序。"认为周王室已经衰弱，作为周王子孙的姬姓诸侯一天天丢掉所承受的功业。

纵观郑庄公的作为，可以看到他虽然在霸主舞台上初试锋芒，但其态度却是十分谨慎的。

### 一箭射尽天子威风

明代的著名学问家李贽曾经把周代王权衰颓过程中具有标识意义的两件事情，联系在一起加以评论道：

夷王足下堂，桓王箭上肩。[16]

《礼记·郊特牲》篇曾记载周夷王为了表示对诸侯礼数有加而下堂会见诸侯。这是周代王权开始衰弱而诸侯影响开始增强的一个标识。王权的跌落经历了一个很长的时期，周夷王之后的厉、宣、幽诸王依然有天子威风，宗周陨灭以后，周平王东迁雒邑，依然可以对诸侯摆摆架子。然而，到了周平王的孙子——周桓王在位的时候，天子威风却锐减。其转折点就是周、郑的繻葛之战，李贽所说的"桓王箭上肩"就是这次战争中的事情。

"初生牛犊不怕虎"，周桓王一上台就想给专权的郑庄公一点颜色看看。他的祖父周平王原想让虢公也当王朝卿士，分走一些郑庄公手中的权力，但终究没能实行。桓王上台后，就想立即实施这个设想。

郑庄公毕竟是一位乖巧的角色。他认为和年轻气盛的周桓王硬顶，不会有什么好处。假若桓王果真恼怒，那就很可能罢免自己的王朝卿士职务，"初生牛犊"往往是不计后果的呢。为了保持自己政治上可以用"王命"号令诸侯的优势，郑庄公不再用强硬手段"教训"周天子，而是想办法和周天子改善关系。

鲁隐公六年（前717年），郑庄公亲自到王都去朝拜周桓王，可是周桓王却摆着架子对他不加礼遇。见到满脸堆笑的郑庄公碰了周桓王的硬钉子，在王朝做官的周桓公急得直摇头。他对周桓王说："我们周室东迁，依靠的就是晋国和郑国。如今好好优礼郑国以鼓励后来的人，还恐怕人家不来，何况不加礼遇呢？您这样做，郑国一定不会再来朝见了。"

周桓公的估计不完全正确，因为他没有把郑庄公的度量这个因素考虑在内。除了对郑庄公的朝见不加礼遇之外，周桓王还在鲁隐公八年（前715年）正式任命虢公忌父为右卿士，使他与作为左卿士的郑庄公抗衡。这无疑是给郑庄公的又一个难堪。然而，郑庄公深谙"小不忍则乱大谋"之类的道理。他尽管对周桓王怀恨在心，但仍旧泰然处之。就在桓王任命虢公以后不久，郑庄公还引荐齐僖公和自己一起去朝觐周桓王，显出一副"大人不记小人过"的样子。

周桓王全然不察郑庄公的良苦用心，误以为郑庄公的妥协忍让是软弱可欺，于是便在鲁桓公五年（前707年）宣布剥夺郑庄公王朝卿士的职位，郑遂不朝周。周桓王又以郑不朝觐为借口率领诸侯国的军队向郑国进攻。郑庄公在忍无可忍的情况下率军迎敌，双方在繻葛（今河南省长葛市东北）摆开战场。

在战场上，周桓王率领主力作为中军；虢公林父率领右军，其中包括蔡、卫两国的军队；周公黑肩率领左军，其中包括陈国军队。按照周代以来的传统作战方法，双方都要把军队分为左、中、右三军，主将居中军，左右两军作为两翼而配合进攻，双方的中军都处在突出的地位。

郑国的子元根据周桓公所部署的传统阵式，提出不用中军突出、两翼配合的老式阵法，并且分析了对方的弱点。他说："如今陈国正发生内乱，百姓都没有战斗意志。要是先遭到攻击，陈军一定溃逃，届时周王一方面要照顾陈的溃兵，另一方面又要指挥和郑军作战，必定措手不及。蔡、卫的军队见陈溃逃，也一定支持不住而争相退却。这以后我们便可以集中兵力攻击周王的中军，成功就有了把握。"

郑庄公接受了子元的建议，把军队部署成两翼靠前、中军稍后的"鱼丽之阵"，像张网捕鱼一样准备打击敌军。

郑庄公命令曼伯率"右拒"——即右边方形阵势；祭仲率领"左拒"——即左边的方形阵势；原繁和高渠弥协助自己指挥中军。郑军在部署时把战车排列在前面，步卒填补战车间的空隙，构成便于声张军威的密集队形。郑庄公和曼伯、祭仲约定,"旝(音侩)动而鼓"——见到中军主将的大旗挥动就击鼓进军,让"右拒""左拒"先发动冲锋。

战斗开始后,果然如子元所料,陈、蔡、卫三国的军队先行溃逃,使得周桓王所在的中军一片混乱。郑庄公率领中军猛冲过去,"右拒""左拒"在追赶逃军过程中向中间夹击,周军抵挡不住,只得败退逃逸。郑军将领祝聃平时练得一手好箭法,追赶时,他一箭射中周桓王肩膀。桓王疼痛难耐,不能指挥军队[17],周军溃败得更不像个样子。

祝聃建议乘胜追击,将周军彻底打垮,说不定还可以活捉周天子呢。这时候,郑庄公却说出一派出乎人们意料之外,而又在情理之中的言论:

君子不欲多上人,况敢陵天子乎?苟自救也,社稷无陨,多矣![18]

他认为,一般的君子尚且不希望逼人太甚,何况敢于欺凌天子呢?假若能够挽救自己,使郑国免于灭亡,这就足够了!按照这种想法,郑庄公命令郑军停止追击,并且在当天夜间派遣祭仲去慰问周桓王,同时问候他的左右随从。

周桓王敢于领军去和气焰正盛的郑国较量,足见尚有一定的力量。然而,繻葛之战中,祝聃一箭却射尽了天子威风。桓王以后,再没有一位周天子敢于率军出来和称雄的诸侯较量。王权和霸权是有矛盾的,繻葛之战实质上就是这两种权力的较量。

繻葛之战以后,郑国威望大增。鲁桓公六年(前706年)北戎伐齐,齐国请郑派兵支援,郑庄公便派太子忽率军救齐,大败戎师。齐僖公为表示感谢,曾想把女儿给太子忽为妻。

第二年，郑庄公决心解决盟、向两邑的问题。原来在鲁隐公十一年（前712年）的时候，周桓王为了"教训"一下郑庄公，便强从郑国索取了4个邑，而把属于苏氏的12个邑给郑。这12个邑本不为周王所有，所以只是一张空头支票。当时郑庄公作了忍耐，吃了哑巴亏。繻葛之战的胜利为郑庄公壮了胆量，他便率军去进攻那12邑之中的盟（今河南省孟州市南）、向（今河南省济源市南）。盟、向两邑请求和郑媾和，郑庄公允许，但不久盟、向两邑又背叛了和郑的约定。这年秋天，郑庄公联合齐、卫两国讨伐盟、向。周桓王见自己的势力抵挡不住郑、齐、卫三国联军，只好把盟、向两邑的居民迁到王城（今河南省洛阳市）居住，而将这两处地方给郑。

鲁桓公十一年（前701年），为郑国强盛作出重大贡献的郑庄公辞世。终春秋之世，郑国虽然算不得头等强国，并常为"霸主"所欺凌，但由于其经济发达，又有子产等政治家支撑局面，所以郑仍属强国之列，一直拥有相当可观的力量。在霸权迭兴的政治舞台上，郑实是不可或缺的重要配角。

## 齐僖小霸

大凡称为"霸主"的诸侯，都要在两个方面有突出的业绩：一是有强盛的武功，二是能主持诸侯间的会盟。春秋时期最负盛名的霸主齐桓公能够"九合诸侯"，就是一个明证。这些会盟，如果仅从诸侯这一阶层的情况看，那么，既有两国诸侯间的小规模的会盟，也有多至十几位诸侯的大规模的会盟。会盟已经成为当时诸侯间进行政治和外交方面的联络与斗争的重要方式。

春秋初期，郑庄公既能四面出击而建树赫赫战功，甚至灭掉了许国，又在繻葛之战中打掉了周天子的许多威风。在强盛武功这方面，可以说当时的诸侯无人与之匹敌。然而在会盟诸侯方面，他却没有什么建树。

在这方面比郑庄公略胜一筹的是齐僖公。《国语·郑语》称齐僖公为"小伯（霸）"，这应当是一个重要原因。

齐僖公是齐国自太公望始封以来的第十三位君主。他继位的时候，齐与其他诸侯国的关系紧张，齐僖公通过会盟以改善齐与诸侯国的关系，提高了齐的威望。

郑是春秋初年影响甚巨的一个大国，齐僖公首先向郑频送秋波。他先和郑庄公在庐（今山东省济南市长清区西南）会盟，然后又于鲁隐公三年（前720年）和郑庄公一起在石门（今山东省济南市长清区西境）重温庐之盟的盟约。

齐与鲁虽然为邻国，但由于文化传统的差别，两国之间多有龃龉。鲁隐公六年（前717年），齐僖公和鲁隐公在艾（今山东省新泰市西北）会盟，双方表示弃恶结好，建立起友善关系。第二年，齐僖公派弟弟夷仲年到鲁国聘问，巩固艾之盟所取得的成果。齐僖公采取主动措施与郑、鲁两个大国协调和改善关系，这对于齐国地位的提高是很有好处的。

为了继续结好郑，齐僖公还致力于斡旋宋、卫两国与郑和好。原来，卫国和郑世有战争。鲁隐公四年（前719年）卫国的公子州吁弑杀卫桓公而自立为卫君，为了转移国内民众的视线并在诸侯间哗众取宠，便想联合宋国一块打败郑国，因为宋殇公这时也与郑有隔阂。宋殇公是宋宣公的儿子。宋宣公认为，"父死子继，兄死弟及，天下通义也"[19]，所以他死的时候让弟弟继位，即为宋穆公。宋穆公是一位注重情义的人，他死的时候让宋宣公的儿子继位（即宋殇公），而不让自己的儿子——公子冯继位，公子冯十分气恼，便逃到郑国。郑准备支持公子冯返宋和宋殇公争夺君位。州吁遂联合了宋、陈、蔡、卫四国军队伐郑，围攻郑国都城的东门达五日之久。郑国遂与宋、卫等国结怨。鲁隐公八年（前715年），齐僖公先和郑庄公谋议，郑表示愿意和宋、卫捐弃前嫌。随后，齐僖公就约请宋、卫两国诸侯在瓦屋（今河南省温县西北）会盟。盟会时，齐僖公讲明了郑庄公的态度，让宋、卫两国不必再担心郑会报复东门之役，宋、卫表示愿意和郑媾和。

瓦屋之盟的成功，使齐僖公声誉大增。古人认为，"小伯（霸）"即"小主诸侯盟会"[20]。瓦屋之盟和在此前后由齐僖公主持的诸侯盟会，表明他已经具有了"小霸"的地位。郑庄公为感谢齐僖公，便主动引荐齐僖公去朝觐周天子。齐僖公在修好郑与宋、卫的关系以后，为了不冷落近邻的大国——鲁国，便不失时机地把瓦屋之盟的情况派使臣到鲁国通报，以表明他对齐鲁关系的重视。鲁隐公派大夫众仲回答说："君主您使三国捐弃相互报仇的图谋，安定了他们的百姓。这都是君主您的恩惠！我们鲁国的国君岂敢不尊奉君主您的明德？"这番回答表明了鲁对齐僖公的重视。

在瓦屋之盟以后，齐僖公的外交活动依然频繁。鲁隐公九年（前714年）齐僖公和鲁隐公会盟于防（今山东省费县东北）。鲁桓公二年（前710年）齐、鲁、陈、郑四国诸侯会盟于稷（今河南省商丘市境）。第二年，齐僖公除了和鲁桓公会盟于嬴（今山东省莱芜市西北）之外，又和卫宣公"胥命"——即诸侯约见而不歃血盟誓——于蒲（今河南省长垣市境）。

鲁桓公十一年（前701年），齐、卫、郑、宋四国诸侯会盟于恶曹（今河南省延津县东南）。诸侯会盟是一项严肃的政治活动。会盟之前先由召集人选定会盟日期和地点，通告有关国家。按照会盟的方法，要在会盟处凿地为坎，挖成穴洞，再把牛、羊、马等牺牲杀于坎上，将牺牲的左耳割下放在盘里盛起来，将牲血用叫作"敦"的容器盛起来。会盟时，先宣读盟约以祷告神灵，然后由参加会盟的人逐一饮点牲血（即歃血），再把盟约的正本放在牺牲之上一并埋在坎中，盟约的副本由参加盟会的诸侯带回本国。在迷信神灵的气氛中，盟约往往具有某些神圣性质，从而具有一定的约束力。齐僖公是春秋初期成功地利用了多次会盟而进行外交活动的一位著名的诸侯。

齐僖公在位33年，于鲁桓公十四年（前698年）去世，其子继位为齐襄公。齐国的势力在襄公时期继续稳步发展，但齐襄公荒淫无道，和其妹文姜（鲁桓公夫人）私通，并在鲁桓公到齐聘问的时候，派力士杀死鲁桓公。齐襄公晚年，齐国内乱，直到齐桓公继位，内乱才告停息。齐桓公终于整顿内政，称霸于诸侯。

如果追本溯源的话，可以说齐桓公的皇皇霸业是早在齐僖公的时期就奠定了基础的。

## 鲁庄公的"金仆姑"

唐朝诗人卢纶在《和张仆射塞下曲》的诗作中，曾用春秋时期诸侯的武器名来喻指良矢和旌旗，说道：

鹫翎金仆姑，燕尾绣蝥（音矛）弧。[21]

"蝥弧"是郑庄公的旗名。郑军攻打许国都城的时候，那位曾经劝郑庄公和其母武姜和好的颍考叔曾经举着"蝥弧"先登上敌城。"金仆姑"是鲁庄公的矢名。在和宋国打仗的时候，鲁庄公曾经亲自用"金仆姑"射中宋将南宫长万。"金仆姑"与"蝥弧"并称，这也就喻指着鲁庄公的武功可与郑庄公相媲美。

鲁庄公是鲁国自周公旦始封以来的第十七位国君。他继位的时候，虽然鲁国力量尚强，但亦为强齐所威胁。鲁庄公三年（前691年）纪（今山东省寿光市南）国分裂，纪侯的弟弟纪季带着一块地方投靠了齐国。纪屡有被齐吞并的威胁，纪侯多次求救于鲁。鲁庄公亲自到滑（今河南省睢县西北），想会见郑君，求得郑的支援以共同救援纪国。此时正值郑国内乱，所以郑推辞不干。鲁庄公权衡利弊，终于决定不在纪国问题上和齐抗争。纪国不久即被齐兼并。

对齐的另一次退让是郕（今山东省宁阳县北）的归属问题。郕本来是鲁国北部边境地区的小国。鲁本欲联合陈、蔡两国军队灭掉郕国，但陈、蔡两国军队不至，因此鲁庄公就在鲁庄公八年（前686年）联合齐国军队围攻郕国，郕国却单独向齐国投降而附庸于齐，使鲁国兼并郕的计划破灭。鲁庄公的弟弟仲庆父建议进攻齐军，夺取郕邑，鲁庄公没有同意。他主张"姑务修德，以待时乎"，即姑且致力于修养德行以等待时机。

待机而动的策略是完全正确的，因为不久鲁庄公就等到了齐国内乱的机会。鲁庄公八年（前686年）冬天，齐襄公被弑杀，管仲和召忽事奉公子纠投奔鲁国。鲁欲支持公子纠返齐继位，可是终因动作迟缓而耽误。次年鲁庄公率军伐齐，和齐军在乾时（今山东省临淄西）作战，鲁军大败。鲁庄公丢掉自己的战车，乘坐轻车逃归。虽然初试身手就吃了败仗，但鲁庄公并不气馁，而是秣马厉兵，准备和齐再度交战。

发生在鲁庄公十年（前684年）的齐鲁长勺之战是一场著名的战争。这年春天，齐军讨伐鲁国，鲁庄公准备迎战，曹刿请求进见。他的同乡劝告说：

"有吃肉的人在那里谋划，你又去掺和什么？"古代大夫以上的贵族每日必食肉。儒学大师孟子曾有"七十者可以食肉"[22]的说法。可见一般庶人非至70岁的高龄，是难以吃到肉的。当时说的"肉食者"就是贵族。

"肉食者鄙陋不通，不能作长远考虑。"显然，曹刿对"肉食者"的无能是深有了解的。但是，鲁庄公并非一般的"肉食者"，而是一位具有相当谋略的人物。他接见了曹刿，并回答依靠什么来作战的问题。鲁庄公说：

"暖衣饱食，不敢独自享受，一定分给别人。"他以为这样做就可以得到人们拥护。

"小恩小惠不能周遍，普通人更不能得到国君的赏赐，因此老百姓是不会跟从的。"

"祭祀时用的牺牲玉帛，一定要按照规定，不敢擅自增加，对神灵的祷告必定诚信。"鲁庄公认为这样做可以受到神灵保佑。

"一念之诚不能代表一切，神灵不会降福。"

"大大小小的案件，虽然不能——洞察，但必定按照情理处置。"

对于鲁庄公的最后一次回答，曹刿十分满意，因为它涉及了统治者对民众的态度问题。曹刿说："这是为百姓尽力的一种诚意，这才是克敌制胜的依靠。"于是曹刿便和鲁庄公同乘一辆战车，在长勺（今山东省曲阜北）迎击气势汹汹而来的齐军。《左传》庄公十年关于这次战争记载道：

> 战于长勺，公将鼓之。刿曰："未可。"齐人三鼓。刿曰："可矣。"齐师败绩。公将驰之。刿曰："未可。"下，视其辙，登轼而望之，曰："可矣！"遂逐齐师。既克，公问其故。对曰："夫战，勇气也。一鼓作气，再而衰，三而竭。彼竭我盈，

> 故克之。夫大国，难测也，惧有伏焉。吾视其辙乱，望其旗靡，故逐之。"

对于这段脍炙人口的文字，我们无须多做解释，曹刿那机智善谋的形象便跃然纸上。从这个记载里可以看到曹刿能够重视民众的力量，确实是那个时代的真知灼见。

然而，事情需要从多方面去观察，况且事情是在变化着的，"三十年河东复河西"，人的思想变化何尝不是如此呢？《左传》的记载表明，曹刿在长勺之战以后就留在了鲁庄公身边，由原来的普通人变成了"肉食者"。鲁庄公二十三年（前671年），齐国举行祭社神的典礼，在典礼上还要检阅军队。鲁庄公欲应邀而往，一方面密切鲁与齐的关系，另一方面也可以亲自观察齐军虚实。这本来是一件好事，但曹刿却劝谏说：

> 不可。夫礼，所以整民也。……非是，君不举矣。君举必书，书而不法，后嗣何观？[23]

他认为"礼"是用来整顿民众的。如果不合乎礼，国君就不应当有什么举动，因为国君的举动必定会被记载下来，假若记载下来不可效法的事情，那么后嗣子孙该怎么看呢？曹刿这番说教的中心是让鲁庄公非礼勿行，非礼勿动。长勺之战时睥睨礼法、敢作敢为的勇者，只过了十几年的时间就成了循规蹈矩、畏首畏尾的懦夫，这该与曹刿社会地位的变化有直接关系。

我们还是回过头来说说长勺之战时的鲁庄公吧。

曹刿的进谏对于长勺之战的鲁军获胜起了无可置疑的重大作用，但是战争的实际指挥者还是鲁庄公。曹刿所提出的正确建议的实施，也还是非鲁庄公不可的。如果只看到了曹刿那光彩炫目的议论，而认为鲁庄公只是一位目光短浅的庸人，那将是误解。从大量事实看，鲁庄公乃是一位善于纳谏、足智多谋的开明人物。

为了报复长勺之战的失败，齐国联合宋国军队不久就向鲁发动进攻。鲁庄公亲自率军迎击，在乘丘（今山东省兖州市境）和宋军作战。他用名叫"金仆姑"的箭射中宋军主将南宫长万，并将其活捉。

第二年，宋为了报复乘丘之役而发兵攻鲁。鲁庄公率军抵御。在长勺之战中，鲁庄公听从曹刿建议，采取后发制人的策略大败齐军；这次抵御宋军入侵则采取了先声夺人的办法，当宋国军队还没有布好阵势的时候，鲁庄公就率领鲁军掩杀过去，同样大败宋军。

虽然鲁庄公接连两次打败宋军，但他依然保持清醒头脑，抓住时机尽力和宋保持关系。鲁庄公十一年（前683年）秋天，宋国发生大水灾，鲁庄公马上派使臣前去慰问，表现出政治家应有的风度。鲁庄公十三年（前681年），鲁庄公采取主动措施和齐修复关系，双方会盟于柯（今山东省阳谷县东北），表示媾和。

在齐桓公霸业鼎盛之前，鲁庄公实是当时政治舞台上一位叱咤风云的人物。鲁庄公十四年（前680年）齐桓公召集诸侯在鄄会盟，翌年，第二次鄄之会。这两次会盟是齐桓公霸业的开始，然而鲁庄公皆未参加，尚有与齐抗衡的意味。只是由于后来鲁势稍衰，鲁庄公才成为齐桓公霸业的伙伴。

鲁庄公在位32年，是以武功强盛著称的鲁国君主。和一般君主的"坐而论道"不同，鲁庄公可以在战场上纵横驰骋、射雕擒敌。除了长勺之战和乘丘之役的辉煌胜利以外，鲁庄公还曾打败过强暴肆虐的戎人。《春秋经》庄公十八年有"公追戎于济西"的记载，言鲁庄公追逐戎寇一直到济水西岸。鲁庄公的"金仆姑"实在是其强盛武功的一个象征。

注释：

① 李白《李太白诗》卷二十《把酒问月》。

②《诗经·王风》郑笺《王城谱》。

③ 见《诗经·扬之水》及序。

④ 近年在河南省南阳市北郊出土了一批春秋初年的申国青铜器，其报道见于《中原文物》1984年第四期。这批青铜器有"南申伯"的记载，证明春秋初期的位于今南阳的申国是南申，并提醒人们考虑在两周之际还应当有另外的申国存在。《竹书纪年》记载的"西申"，应当不在今河南省南阳市。史载，最初的申侯曾娶妻于郦山，此申侯之国当距郦山不远。《国语·郑语》说幽王"欲杀太子以成伯服，必求之申，申人弗畀，必伐之"，后来幽王果然在郦山之下丧生，证明此"申"国即在郦山之下。从地理位置上看，既然位于今南阳之申国为"南申"，那么位于郦山之下的申国应即"西申"。这与《竹书纪年》所载若合符契，应属可信。

⑤《左传》庄公二十八年。

⑥ 李学勤先生曾经把东周时列国划分为七个文化圈，见其所著《东周与秦代文明》（文物出版社1984年版，北京）一书的"导论"部分。李先生的论证相当精辟。考虑到春秋只是东周时代的一个阶段，所以我们在"文化圈"的划分上采取了四分法。

⑦ 见《左传》襄公二十九年。

⑧《战国策·楚策一》，又见《韩诗外传》卷十第六章。

⑨《国语·郑语》。

⑩《论语·雍也》。

⑪《史记·货殖列传》。

⑫ 春秋时期，楚国的令尹子西曾对楚昭王说："楚之祖封于周，号为子男五十里。"（《史记·孔子世家》）

⑬《左传》隐公元年。

⑭ 周人常将"孝"和其所极为推崇的"德"并称。《尚书·酒诰》有"用孝养厥父母"之句。《诗经》中常见对"孝"的颂扬。如《闵予小子》谓"于乎皇考，永世克孝"；《下武》谓"永言孝思，孝思维则"；《既醉》谓"孝子不匮，永锡尔

类"等。春秋时人亦将"孝"作为不可须臾离的一种高尚品德。

⑮《左传》隐公十一年。

⑯ 李贽《史纲评要》卷二。

⑰《左传》桓公五年:"王卒大败,祝聃射王中肩,王亦能军。"王引之《经义述闻》卷十七谓"亦"字为"不"字之误。今从王说。

⑱《左传》桓公五年。

⑲《史记·宋世家》。

⑳《国语·郑语》韦昭注。

㉑《全唐诗》卷二七八。

㉒《孟子·梁惠王》。

㉓《左传》庄公二十三年。

# 第三章

# 齐桓公霸业

作为春秋时代首屈一指的显赫霸主,齐桓公在其晚年却啜饮人生的苦酒。这是不是他英雄本色的一种衬映呢?

春秋时期，人们对于齐桓公及其主要辅佐——管仲有很高的评价。孔子两位著名的学生子路和子贡颇怀疑这种评价的正确性，认为管仲算不得仁者。孔子指出，齐桓公曾经"九合诸侯"，即多次主持诸侯会盟；又"霸诸侯，一匡天下，民到于今受其赐"[①]，即称霸诸侯，而使天下一切得到匡正，民众到今天还受到他的好处。管仲作为齐桓公的助手，当然就是仁者。

孔子所论，确实道出了齐桓公霸业的特色，那就是多次会盟诸侯，转变了人们的社会观念，使"霸权"得到社会舆论的承认和肯定。

### 一代霸主的晚年

齐桓公在位43年。要提纲挈领地了解他的皇皇霸业，最好还是从他的晚年生活谈起。

#### 齐桓公的三难

据《韩非子·难三》篇说，有人曾经设隐语问齐桓公："一难、二难、三难，是什么意思？"

齐桓公语塞，无以为对。还是管仲看出了其中的奥妙，替他回答说：

"一难，指的是忧患临近而却疏远士人；二难，指的是国君常常离开国都而到海边游玩；三难，指的是国君年老而迟迟不立太子。"

"说得好！"齐桓公由衷地赞赏管仲对于事情的洞察。这"三难"的确是齐桓公晚年所疏忽的重大问题，他晚年生活悲剧的酿成，与此有直接关系。

可以毫不夸张地说，齐桓公是一位杰出的政治家，是叱咤风云的历史伟人。然而，他在个人生活上却只能算是一个荒淫昏聩的庸夫。

齐桓公贪婪女色。他有三位正式的夫人，分别娶自周王朝、徐国和蔡国，被称为王姬、徐嬴和蔡姬。除这三位正式夫人之外，齐桓公还有许多受宠幸的姬妾，其中地位较高、如同"夫人"一样的就有六位。这六位是从卫国来的长卫姬和少卫姬、从郑国来的郑姬、从葛国来的葛嬴、从密国来的密姬、从宋国来的宋华子。在这一大群姬妾和夫人之中，齐桓公昏昏然晕晕然是自不待多言的。

事业上的成功使齐桓公的脾气傲慢而又有些乖戾。他不允许别人违拗自己的意旨，即使女宠也不例外。鲁僖公三年（前657年）秋高气爽的时候，娉娉婷婷的蔡姬见齐桓公心境甚佳，便请他和自己一块在苑囿中的满池秋水中乘舟游玩。这位来自汝水之滨的蔡姬娴于水性，乘舟如履平川。欲博桓公欢心，她便在舟中搔首弄姿、又歌又舞，使得船只摇荡不定，齐桓公让她停下，她却撒起娇来，故意使船摇荡得更厉害，料想桓公一定会过来抚爱她。谁知桓公却大发雷霆，盛怒之下便将蔡姬狠狠斥责之后又撵回娘家。随从姬妾面面相觑，直觉得背上透出一股凉气。

册立太子是古代君主的头等大事，因为它可以在一定程度上减少最高统治集团的内部争夺与残杀，从而稳固统治秩序。可是，齐桓公在这件事情上却长期举棋不定。按照古代宗法制度的原则，嫡夫人所生的长子——即嫡长子，理所当然地应当被立为太子，成为储君。然而，齐桓公的三位正式的夫人却均无子嗣，"无巧不成书"，偏偏六位宠姬又都为齐桓公生下儿子。

　　更巧的是，这六位公子在齐国的政治舞台上都有势力和影响。长卫姬生公子无亏，因为年长，所以又称为武孟。少卫姬生公子元，后来他继位为齐惠公。郑姬生公子昭，后来继位为齐孝公。葛嬴生公子潘，后来为齐昭公。密姬生公子商人，后来为齐懿公。宋华子生公子雍。既然齐桓公没有嫡子，那么这六位公子便都有资格和可能被立为太子。到了齐桓公晚年，宠姬之间、六公子之间争权夺利的斗争十分激烈。这使齐桓公大伤脑筋。

　　齐桓公虽然争雄于诸侯和处理军政大事时斩钉截铁，但确立太子时却优柔寡断，疑虑重重。这个问题的解决，最后还是得力于管仲的帮助。齐桓公和管仲磋商的结果是立郑姬所生的公子昭为太子，并且郑重地把太子昭托付给名噪一时的宋襄公，请他帮助稳固太子的地位，以便将来继位为君。把太子托付给宋襄公，自有其道理。宋是齐的近邻，宋襄公和齐桓公关系密切，曾多次参加齐桓公主持的盟会。齐和另一近邻——鲁国时有龃龉发生，所以选择宋国作为太子的靠山，是可行的办法。另外，宋襄公有一副侠义心肠，能恪守仁义和信用。以后齐孝公继位的事实表明，桓公将太子嘱托给宋襄公，确是明智之举。

　　由于积重难返，所以齐桓公周围的权势之争并没有因为太子之立而稍停，而是更加激烈起来，并且出现了新的波折。在齐君宫殿里，有一名负责为国君和后妃们准备膳食的官员，名叫雍巫，很受长卫姬宠信。齐桓公立太子昭以后，长卫姬请雍巫设法为儿子武孟谋取太子的位置。雍巫便买通侍奉齐桓公日常生活的宦者——竖刁，他们一起对桓公百般逢迎，终于齐桓公答应立武孟为太子。

既然先立了太子昭，现在却又答应立武孟为"太子"，这势必使储君地位之争趋于激化。齐桓公晚年的昏庸以此事为甚。晚年的齐桓公对于他面临的忧患应当是清楚的，他称赞管仲关于"三难"问题的说解，就是一个证明。然而，齐桓公却没有能够悬崖勒马，反而更临近了灾难的深渊。这一方面是由于为时已晚，他已经力不从心，另一方面也因为他回天无术，依旧犹豫不决、优柔寡断。

## 尸虫出于户

大凡一代伟人，无论其功过是非，一般都有一个"圆满"结局来和其丰功伟业相辉映。然而，齐桓公却是个例外。作为最显赫的霸主，他死后却无人收尸，以致尸体上孳生的虫子都爬到了门户外边。

崇高与渺小，光荣与屈辱，辉煌霸业和悲惨结果，就这样交织在一起。

在齐桓公的晚年，他周围的佞臣对复杂激烈的宫廷内部斗争起了推波助澜的作用。对于这些佞臣的恶劣影响，管仲早有觉察。鲁僖公十五年（前645年），管仲生病，齐桓公前往探望，见病情沉重，便询问后事，说道：

"假若您有不测，那么，谁可以代替您来担任齐国之相呢？"

齐桓公很想听听为齐国霸业立下汗马功劳的这位德高望重的助手的

最后忠告。

"知臣莫若君。"管仲这样回答,是想让齐桓公谈谈自己的选择。

"雍巫如何?"齐桓公把雍巫作为第一位人选。原来,有一次齐桓公无意中说自己什么山珍海味都吃过,就是没有尝过蒸熟的婴儿的滋味,听人议论那是很好吃的呢。于是雍巫就把自己的儿子蒸熟献给齐桓公。齐桓公很赏识雍巫,所以先把他提了出来。

"杀掉自己的儿子来逢迎君主,这不合乎人之常情,所以说雍巫不合适。"

"开方如何?"齐桓公又问。

"这个人背叛自己的亲人来迎合君主的需要,这也不合乎人情。这样的人是很难接近的。"管仲对开方的评价也不高。开方事奉齐桓公十五年,一次也不回去探望亲人。其实他的老家就在离齐国不远的卫国,只有几天路程。管仲认为开方很虚伪,因此不能委以重任。

"竖刁如何?"齐桓公把侍奉自己的宦者提了出来。齐桓公生性嫉妒,对宫室的内外之别非常重视,竖刁为了靠近齐桓公,就自己对自己施以宫刑,从而被任用,为齐桓公治理宫中之事,很受桓公宠幸和信任。

"爱惜自己的身体是人之常情。像竖刁这样的人,连自己的身体都肆意摧残而不爱惜,那就很难设想他会真心诚意地对待国君。所以说,竖刁这种人是不可以令人亲近的。"

雍巫、开方、竖刁这些人的情况表明,在春秋时期的社会上已经出现了一批为仕进而不惜采取任何手段以博得君主青睐的人。这批人一般没有优越的社会地位和个人的封邑,他们只是靠自己的机敏和曲意逢迎而仕进。这种情况从一个侧面反映了国君手中权力的增长。然而，这批以胁肩谄笑为能事的小人并没有远见卓识，也不具备治理国家的政治经验，而只善于进行宫廷内部的钩心斗角与谗言诬陷。管仲不同意由这批人执掌齐国大权，是很有眼光的。

可惜，齐桓公不以管仲之言为是，据《史记·齐世家》记载："管仲死，而桓公不用管仲言，卒近用三子，三子专权。"

齐桓公在位的最后三年，"三子"——即雍巫、开方、竖刁，擅掌齐政，致使齐的霸业竟然出现了一些颓败迹象。鲁僖公十五年（前645年），楚军伐徐，齐桓公为救援徐国而召集了鲁、宋、郑、陈、卫、许、曹等国诸侯参加牡丘（今山东省聊城东北）会盟，并派兵救徐，然而徐国还是在娄林（今安徽省泗县东北）被楚军打败。翌年，齐军讨伐楚的与国——厉（今湖北省随县境），以作为报复，但没有获胜。鲁僖公十七年（前643年）齐联合徐国共同讨伐英氏（今安徽省金寨县东南），也没取得什么成果，并且英氏终为楚国所据有。这个时期，虽说齐国霸业还不能算是强弩之末，但已经今非昔比了。

"三子"的专权使齐国宫廷内部斗争日趋尖锐和复杂。管仲死后，除了已经立为太子的太子昭以外，"五公子皆求立"[②]。年老昏聩的齐桓公对宫廷内部斗争束手无策，除了答应立武孟为"太子"这样的荒唐决定以外，不曾提出任何对策。

噩运正步步向这位曾经踌躇满志、八面威风的赫赫霸主逼近。

据《韩非子·十过》篇的记载，鲁僖公十七年，齐桓公到齐国南部的堂阜（今山东省蒙阴县西北）游玩，住在堂阜南门的寿宫。这时候，雍巫率领开方、竖刁等人和一些贵族大臣作乱，将齐桓公围困在寿宫的一间屋子里，使他饥渴而死。[③]《管子·小称》篇叙述齐桓公死前的情况，说桓公被围的时候，曾经有一妇人从墙洞爬进去，见到齐桓公。桓公着急地向她询问：

"我饿得很厉害，渴得受不了，想吃点东西、渴点水，可是一连几天却没有人送一点食物和水来，这是什么原因呢？"

"雍巫、开方、竖刁那一伙人造反作乱，瓜分齐国，相互战斗拼杀，道路阻隔不通已经十来天了。即使有人想送食物和水，也来不到这里。"妇人讲明了实际情况。

齐桓公听了之后，感慨万分。他追悔莫及地说："啊！圣人的言语真有远见。假若死而无知也就算了，但如果死而有知，那么我在黄泉之下有何脸面去见管仲呢？"他深感懊悔的是没有听从管仲的劝告，疏远雍巫等佞臣。

在极度的悲痛之中，齐桓公"乃援素幭以裹首而绝"④。"幭"是古代车轼上的覆盖物，一代霸主齐桓公竟用它把自己勒死，结束了生命！

鲁僖公十七年（前643年）十月七日，齐桓公死。雍巫、竖刁等人和长卫姬等内宠联合，率领军队在齐国都城里诛杀群吏和大夫，以武力拥立武孟为君。太子昭只得逃往宋国，投奔宋襄公避难。群公子忙于争权夺利，谁也不过问齐桓公的丧事。史载：

> 桓公卒，遂相攻，以故宫中空，莫敢棺。桓公尸在床上六十七日，尸虫出于户。⑤

这种混乱局面延续多日，直到局势稍定，武孟继位之后，才于这年的十二月十四日将桓公尸体装棺殓殡。

### 余威振于殊俗

关于齐桓公不得其死的事情，春秋战国时期的许多文献都有记载和评论。他的悲剧终结留给人们以无尽的沉思。

齐桓公死后的第二年春天，宋襄公这位具有侠义肝胆的风云人物，便联合诸侯国的兵力，为了使太子昭得以返国继位而进攻齐国。这年三月，齐国民众杀掉无亏。五月，宋国军队在甗（今山东省济南市境）打败公子潘、公子商人、公子元和公子雍率领的齐军，并进入齐国都城，立太子昭为君，即齐孝公。这使得齐国内乱告一段落。

齐孝公继位以后，即为齐桓公的葬礼进行筹备。这年八月，在齐都临淄以南的牛山为齐桓公举行了隆重葬礼。齐桓公墓在西晋时期被人发掘。史载：

> 晋永嘉末，人发之，初得版，次得水银池，有气不得入，经数日，乃牵犬入中，得金蚕数十薄，珠襦、玉匣、缯彩、军器不可胜数。又以人殉葬，骸骨狼藉也。⑥

从发掘所得的丰富的随葬物品看，齐桓公已经受到了当时的齐国统治者的高度重视。

尽管荒淫和昏聩造成了晚年生活的悲剧，但纵观齐桓公的一生，他仍不失为一位杰出的历史伟人。齐桓公的英名和业绩屡为后人所怀念。鲁僖公十九年（前641年）冬天，由陈穆公发起，鲁、蔡、陈、楚、郑、齐等国在齐会盟，其宗旨是"修好于诸侯，以无忘齐桓之德"⑦，从而表达对齐桓公的怀念。

鲁昭公四年（前538年），楚灵王召集十三国在申（今河南省南阳市北）会盟，椒举向楚灵王列出夏启、商汤、周武王、周成王、周康王、周穆王、齐桓公、晋文公等八种会盟礼仪供选择。楚灵王说："吾用齐桓。"⑧他把齐桓公视为楷模，要用齐桓公会盟诸侯的礼仪。

楚国曾长期与齐为敌,齐桓公霸业的一个重要内容便是对楚国势力的遏制。然而,在齐桓公死后,楚不仅参加了以怀念齐桓公为主旨的诸侯会盟,而且楚国君主在百余年之后还念念不忘向齐桓公效法。我们可以借用汉代著名政论家贾谊在《过秦论》中的一句话来评论齐桓公对于后世的巨大影响,那就是"余威振于殊俗"。

孔子说:"齐桓公正而不谲。"⑨认为齐桓公作风正派,不用诡诈,不要手段。齐桓公所以能在诸侯间有崇高威望,与他的这种品德很有关系。"齐桓之德"对于各阶层的人们都有影响和吸引力,在王纲解纽的情况下,它在一定程度上填补了人们理想和信念的空白状态。

齐桓公的霸业是春秋时代霸权迭兴过程中的辉煌乐章。齐桓公所揭橥的"尊王攘夷",可以说是春秋霸主们的共同旗帜。在多年的政治生涯中,齐桓公不仅率军驰骋疆场,救邢、封卫、制服强楚,而且"九合诸侯""一匡天下",主持了许多次大规模的诸侯盟会,稳定了中原地区的政治局势。大史学家司马迁曾经说过齐国的豪迈气度,他指出:

> 以太公之圣,建国本,桓公之盛,修善政,以为诸侯会盟,称伯(霸),不亦宜乎?洋洋哉,固大国之风也!⑩

如果说太公尚为齐的"大国之风"奠定了基础的话,那么,齐桓公就是对齐的"大国之风"进行发扬光大的关键人物。齐国的恢弘气度对春秋列国都有影响。孟子说"五霸桓公为盛"⑪,实非虚语。

## 尊王与霸业

人们常用"时势造英雄"这句话来说明杰出人物与社会时代的关系。我们从齐桓公霸主地位确立的过程可以看到,正是春秋初期的形势和齐国的环境造就了齐桓公这样一位独步一时的杰出霸主。

### 管仲射中桓公带钩

知人善任,这是一般政治家都具备的优秀品格。然而所知遇的人、所委以重任的人并非其亲朋故旧或拥护者,而是曾经反对过自己,甚至是曾经威胁到自己生命的人,这就不是所有的政治家都能做到的了。齐桓公就是能这样做的少数政治家之一。

要说清楚这些,必须从管仲射中齐桓公带钩的事情讲起。

齐桓公名叫小白,是齐僖公的庶子。僖公死后,太子诸儿继位,即齐襄公。齐襄公是一个荒淫暴虐、喜怒无常的君主。他和自己的妹妹——即鲁桓公夫人文姜——私通,又为此而杀掉鲁桓公。齐襄公欺凌大臣,杀戮无辜,国内局势动荡不稳。他的弟弟们害怕祸乱起来及于己身,便纷纷逃往国外避难。公子纠的母亲是鲁国之女,所以公子纠的傅相管仲和召忽便事奉他逃奔到鲁国。齐襄公的另一个弟弟公子小白在鲍叔的事奉下逃奔到与齐邻近的莒国。莒国的国君对小白不加礼遇,小白在逆境中树立起远大志向,萌生了称霸的意念。[12]

鲁庄公八年(前686年),齐襄公被公孙无知弑杀。第二年春天，掌权的公孙无知到名叫雍林的地方游玩，被雍林人袭杀。雍林遍告齐国大夫说："公孙无知弑杀齐国的国君而自立，如今我们为了惩罚他而将其诛杀。请大夫们商量，选择一位公子立为齐君，我们将唯命是听。"齐国大夫以高氏、国氏两大家族最为望族。齐国正卿高傒是小白的朋友。公孙无知被杀，大夫们议立新君的时候，高、国两家商定从莒国接回小白，支持他为君。

鲁国闻知齐国内部情况后，派军队护送公子纠返齐。为了保险起见，又另派一支军队由管仲率领，在从莒至齐的道路上拦截返齐的小白一行。小白到达的时候，和管仲对阵，管仲一箭射去，只听小白大叫一声倒在车中。管仲派人通知公子纠，请他们放心。公子纠这批人知道争夺君位的对手已经毙命，便慢悠悠地在路上行走，过了六天才到达国都临淄。但这时候小白已经在临淄为高傒等大夫拥立为君，即齐桓公。

原来，管仲的那一箭正射在小白腰间的带钩上，这才使小白幸免于难。小白虽然没有受伤，但却机智地喊叫一声，顺势倒下装死，从而麻痹了对方。小白藏在有隐遮盖棚的"温车"中快速挺进，临淄城中的高、国两族作为内应迎接小白，所以小白得以率先进入城中。

鲁庄公九年（前685年）秋天，鲁、齐两国军队在乾时（今山东省临淄西）作战，鲁军大败，鲁庄公丢弃了自己的战车，乘轻车逃命。鲁大夫秦子、梁子打着鲁军的旗帜引诱齐军以掩护鲁庄公，结果鲁庄公逃归而两名大夫却成为齐军俘虏。

齐派鲍叔赴鲁，说道："公子纠是齐君的兄弟，齐君不忍心处置自己的亲人，请鲁把他杀掉。事奉公子纠的管仲和召忽是齐君的仇人，请让我把他们带回去交给国君处置。不然的话，齐将发大军围攻鲁国。"在齐的逼迫下，鲁在生窦（今山东省菏泽市北）杀掉公子纠。召忽不想返齐被戮，随即自杀。管仲请求把他囚禁而送归齐国。于是鲍叔便将管仲捆绑起来，随自己一起离鲁返齐。途中，管仲饥渴难耐，走到鲁国的毂乌这个地方的时候，他向毂乌的"封人"——即防守边界的官吏乞求食物，毂乌封人很耐心地喂他些食物，并且对管仲十分恭敬。他私下问管仲：

"假若您侥幸不死，到了齐国受重用而执掌大权，那么您将如何报答我呢？"毂乌封人想让自己给予管仲的恩惠得到丰厚的报偿。

管仲说："果真像您说的那样，由我执掌大权，那么我将任用贤人、使用有才能的人、对有功劳的人论功行赏。我凭什么来报答您呢？"管仲给了这位封人一个软钉子碰。他即使在极其困难的情况下，也要保持自己人格的尊严。⑬

鲍叔一行到齐、鲁交界处的堂阜（今山东省蒙阴县西北），摆脱鲁的监视，这才急忙解开捆绑的绳索，把事情的真相告诉了管仲。原来，这是一个计谋。鲍叔是管仲的同乡挚友，他事奉小白返齐即位以后，曾经恳切地建议任用管仲。他对齐桓公说："我很荣幸地得以跟随您。您现在已是尊贵的国君，如果您仅仅想治理好齐国就满足，那由高傒和我做您的助手也就够了，但是假若您有称霸的愿望，那就非有管仲来辅佐不可。"齐桓公听从鲍叔的建议，假装要召回管仲将其杀掉，实际上是设法让管仲返齐担当重任。

鲍叔是春秋时期著名的善举贤才的人物，也是齐桓公主要助手之一。据《吕氏春秋》记载，他与管仲交游，对管仲非常理解和信任。鲍叔曾和管仲一同到南阳做买卖，在分取赢利的时候，管仲欺骗鲍叔，故意使自己多分。鲍叔知道管仲家有老母并且贫穷，便佯装不知，并且不认为管仲贪图钱财。

《史记·管晏列传》曾记载管仲的自述，他说自己曾经为鲍叔谋划事情，但却弄得很糟糕，鲍叔却不以为这是愚笨，因为他知道时势的有利和不利是无法预料的，所以谋划事情就不能保证件件成功；自己曾经三次做官又三次被君主驱逐，鲍叔不认为这是品行不好，他知道我没有赶上好机会；我曾经参加过三次战斗而三次逃走，鲍叔不认为这是怯懦，他知道我家有老母必须由我奉养；公子纠失败以后，其辅相召忽自杀殉主，而我却幽囚受辱，鲍叔不以为这是无耻行径，他知道我不屑于计较小节而只怕功名不显于天下。管仲感叹地说：

　　　　生我者父母，知我者鲍子也！

后人曾以"管鲍"作为知交友情的代称。唐代大诗人杜甫曾有"君不见管鲍贫时交，此道今人弃如土"[14]的诗句予以赞颂。

　　对管仲有知遇之恩的岂止是鲍叔，齐桓公对管仲也是相当理解和信任的。他任命管仲为齐国之相以后，管仲说：

　　"我现在已经得到了国君您的恩宠，但是我的地位却还低下。"他又提出新的要求。

　　"把你的地位提高到高、国两位正卿之上。"

　　"我虽说尊贵了，但还贫穷。"

　　"把'三归'的收入给你。"齐桓公把"三归"[15]——即市场租税的十分之三——给管仲。

　　管仲的这些看来有些过分的要求都得到了满足，因为齐桓公深知这些要求的用意。据《韩非子·难一》篇记载，有一个名叫霄略的人看出了其中的奥妙。他说："管仲认为低贱身份的人无法统治高贵的人，所以请求地位在国、高之上。管仲又认为贫穷的人无法统治富庶的人，所以请求得到'三归'。管仲不是贪婪，而是为了便于治理国家。"

齐桓公任用管仲为相,可谓如鱼得水,对齐国的发展起了巨大的促进作用。史载,管仲能够根据齐国的实际情况,采取正确的治国方略,"通货积财,富国强兵","善因祸而为福,转败而为功"。⑯在齐桓公的时代,齐国经济飞速发展,这与管宴列的经济政策直接有关。大史学家司马迁曾经对管仲的经济思想加以概括,他在《史记·管晏列传》里指出:

> 仓廪实而知礼节,衣食足而知荣辱。上服度则六亲固。四维不张,国乃灭亡。下令如流水之原,令顺民心。

司马迁认为以上这些就是管仲的主要观点。管仲说,老百姓的仓廪装满了粮食才会知道礼仪形式,衣食充足了才会有荣辱观念。地位在上的人所穿所用都符合制度,才会使六亲坚固。如果不能抓住礼、义、廉、耻这四种纲要,那么国家就会灭亡。君主的命令应当如水灌田,让它顺乎民心。在这一派精辟的言论中,"仓廪实而知礼节,衣食足而知荣辱",更是千古名句。

齐桓公得管仲而称霸,管仲因齐桓公而显名,这种相得益彰的范例,历为后世称颂。

### 何彼秾矣,华如桃李

按照齐桓公在位长达43年之久的情况推测,他继位之时应该是一位风华正茂的年轻人。这位年轻人既有不计前嫌而任用贤才的雅量,又有远大的政治眼光。

春秋初年,是否能取得周王室的欢悦与支持,虽然跟各诸侯国的内部发展关系不大,但对于是否能够成为霸主却很有影响。纵横一时的郑庄公虽然在繻葛之战中能打掉周天子的威风,但却未能获取周天子的欢悦与支持。郑庄公既想"教训"周天子,又想利用周王的旗号,但终究没有取得多大成绩,其霸业之不果,不能说与此无关。要揭橥"尊王"的旗帜,齐桓公的时机和条件比郑庄公优越不少。他作为异姓诸侯,有资格娶周王之女为妻;他作为东方大国——齐的诸侯,与王室素无罅隙。齐桓公充分利用这些有利条件,取得很大成功。

《春秋经》庄公十一年有一条记载说:"王姬归于齐"。原来,按照周代礼制,周王之女下嫁诸侯,要由同姓诸侯主婚。周王之女先到这个诸侯国,然后由夫家来迎娶。这项规定的含义是周王居高临下,并不与诸侯平等。《左传》庄公十一年记载这年冬天齐桓公亲赴鲁国迎娶王姬——即周庄王之女。《诗经·何彼秾矣》描述了齐桓公迎娶王姬的盛况[17]。它的前两章说:

  何彼襛矣,  怎么那样秾丽呀?
  唐棣之华。  是唐棣所开的花。
  曷不肃雝,  怎不肃敬雍容呀?
  王姬之车。  是王姬所乘的车!

  何彼襛矣,  怎么那样秾丽呀?
  华如桃李。  花朵儿一样像桃李。
  平王之孙,  平王的孙女,
  齐侯之子。  齐侯的儿子!

齐桓公娶花朵儿一般的王姬,虽然没有能生下子嗣,但却对齐、周关系的加强大有好处。此后,齐桓公即以周天子懿亲的身份开始了他在政治舞台上的各项伟业。

鲁庄公十二年（前682年），宋国发生内乱。南宫长万弑杀宋闵公，宋国公族借助曹国军队的帮助，赶走南宫长万，立宋桓公。第二年春天，齐桓公为平定宋乱，召集了宋、陈、蔡、邾等国诸侯在北杏（今山东省东阿县境）会盟。遂（今山东省宁阳县西）国应邀而不赴会，会后齐派兵将遂灭掉。

两年之后，因为宋国违背了北杏之盟的盟约，齐桓公派人到周，请求允许他率诸侯国军队讨伐宋国，得到允许，便率齐、陈、曹等国军队伐宋。周王派大夫单伯去和诸侯国军队会合，终使宋国请求媾和而结束。诸侯外出讨伐，本无须周王批准，但齐桓公要这么做，目的是为了表达对天子的尊崇，并依赖王命而显示出兵讨伐的合法性质。周大夫单伯的前往，给齐桓公增添了荣耀。

北杏之盟以后的讨伐宋国的事件，是齐桓公挟王命以成霸业的一个初步行动。这年冬天，齐桓公又召集宋、卫、郑三国诸侯在鄄（今山东省鄄城县西北）会盟，单伯又到会表示对齐桓公的支持。翌年春天，再次于鄄举行会盟。除了齐、宋、卫、郑等国诸侯与会以外，没有参加第一次鄄之会的陈宣公也参加了会议。《左传》庄公十五年称"齐始霸也"，谓两次鄄之会为齐国霸业的开端。显然，齐桓公霸业一开始就是以"尊王"的旗帜为号召的。

按照古代礼制，各诸侯有时候可以得到天子"赐命"的荣宠。周代的官爵分为九个等级，称为"九命"，不同等级的诸侯在都城规模、宫室、车旗、服饰、礼仪等方面都有所区别。"赐命"一般都是周天子所颁布的奖赏诸侯的命令。能够得到"赐命"荣宠的诸侯并不多。西周时期，"赐命"主要是王权尊严的一种标识。进入春秋时期以后，"赐命"则多变为周王室利用王权的传统影响有求于某位诸侯时的一种表示。鲁庄公二十八年（前666年）周惠王"赐命"于齐桓公，就是王室有求于齐的一种表示。

周惠王是周僖王的儿子、周庄王的孙子。他继位后不久，周的五名大夫勾结周庄王的庶子子颓作乱，卫、燕两国帮助子颓伐周惠王，又曾拥立子颓为"王"。鲁庄公二十一年（前673年）郑厉公率军入定王室，杀子颓及五大夫，但此后不久，郑厉公死去，所以周惠王一直没有机会惩罚曾经拥立子颓的卫、燕两国。据《左传》记载，鲁庄公二十七年（前667年）冬天，"王使召伯廖赐齐侯命，且请伐卫，以其立子颓也"。

第二年春天，齐桓公率军伐卫，卫军战败，齐桓公"数之以王命，取赂而还"。所谓"数之以王命"，即指以周王的名义谴责卫国曾经支持子颓的事情。所谓"取赂而还"，即收取了卫国所献贿赂之后才率军归还。齐桓公既得了周天子"赐命"的荣宠，又能挟持"王命"以行征伐，还收取贿赂，得到实惠，可见这种"霸业"乃是一举数得的事情。

周天子对诸侯"赐命"是很慎重的。按照周代的传统，"王命诸侯，名位不同，礼亦异数，不以礼假人"[18]。郑厉公是平定子颓之乱以稳固惠王之位的主要功臣，然而周惠王却没有"赐命"给他，而只是去参加了郑厉公特意为惠王所举行的享礼。周惠王在享礼上把王后的鞶鉴——饰以丝带的铜镜——赏给郑厉公，还给了他虎牢（今河南省荥阳市境）以东的一块土地。可见，在一般情况下，周王对诸侯宁肯赐物、赐地，也不愿意随便"赐命"的。

**齐桓公接受了胙肉**

周王室对于齐桓公的恩宠，比"赐命"更为隆重的是"赐胙（音座）"。

这是周襄王继位初期的事情。周襄王的父亲周惠王在位的晚年宠幸惠后，欲废掉原先所立的太子郑，并立惠后所生的王子带为太子。鲁僖公五年（前655年），齐桓公召集鲁、宋、陈、卫、郑、许、曹共八国诸侯在首止（今河南省睢县东南）和太子郑会见并且盟誓，表示诸侯对太子郑的支持。此事为周惠王忌恨。周惠王便派人召见郑文公，让他去联合楚国，想以此与齐抗衡。齐桓公于首止之会的第二年，率领齐、鲁、宋、卫、曹五国军队伐郑，翌年又再次伐郑，迫使郑国请求媾和而顺从齐国。周惠王的计划遂告破灭，太子郑地位得以巩固。

鲁僖公七年（前653年），周惠王去世。太子郑惧王子带乘机争夺王位，便封锁消息而秘不发丧。他先向齐桓公求援，商量办法。第二年春天，齐桓公在洮（今山东省鄄城县西南）召集鲁、宋、卫、许、曹等国诸侯和陈国的太子款等，跟王室代表会盟，郑文公也赶来参加，表示对周王室与齐桓公的尊崇。在诸侯们的支持下，太子郑继位，即周襄王。王位确立之后，才发丧，宣告惠王死讯。

鲁僖公九年（前651年），齐桓公召集宋、鲁、卫、郑、许、曹等国诸侯在葵丘（今河南省兰考县东）会盟。盟会期间，周襄王为了表示对齐桓公的感谢，特意派遣宰孔到葵丘向齐桓公"赐胙"。按照礼制规定，"胙"——宗庙祭祖所用的肉——在周王祭祖之后，只分给同姓兄弟之国，表示其间存在着血亲关系。齐是姜姓诸侯国，并没有接受"赐胙"的资格，周襄王破例"赐胙"给齐，是表示对齐桓公的特别恩宠。衣冠楚楚的宰孔手捧胙肉对齐桓公庄重地说：

"周天子祭祀文王、武王，特意派遣我把胙肉赐给伯舅。"依照规矩，天子谓同姓诸侯曰伯父或叔父，谓异姓诸侯曰伯舅，所以宰孔称齐桓公为伯舅。

齐桓公毕恭毕敬地聆听了宰孔点明来意，便要下到堂下的东、西两阶之间，行再拜稽首之礼。只听宰孔急忙说道："请稍等一下，还有以后的命令——天子派遣我的时候嘱咐说：'因为伯舅年纪大了，所以特别追加功劳，赐给一级爵位，并且无须下阶跪拜。'"

"天子的威严不离开颜面咫尺之远，小白我岂敢接受天子的命令而不下拜？我唯恐颠坠于下，给天子带来羞辱，怎么敢于不下阶跪拜呢？"齐桓公的这一派言论对天子是何等恭敬，又是何等得体！说完之后，他就下阶行跪拜稽首之礼，然后才登上台阶接受胙肉。除了胙肉之外，周襄王还"赏服大辂、龙旗九旒、渠门赤旗"⑲给齐桓公。

对于齐桓公的这些"尊王"的表现，论者或斥之为虚伪的表现，或卑之为一场闹剧。其实，齐桓公"尊王"固然是为了称霸，但也是对那个时代社会传统观念的一种适应。齐桓公下阶跪拜天子的赏赐，不必尽为虚伪，其中也有一定程度上的虔诚因素。当年，齐桓公迎娶王姬的时候，围观的人们曾经对王姬的漂亮车儿和如花似玉般的容貌啧啧称美。这种气氛的出现，离不开王权的传统影响。齐桓公"尊王"并不是要进行虚假表演，而是要为其"霸业"锦上添花。在齐桓公的时代，如火如荼的霸权，往往会折射出一些王权的光芒。

"何彼襛矣，华如桃李"，本是形容美丽王姬和翩翩桓公的著名诗句，我们似乎可以把它移过来形容齐桓公的霸业。犹如"华如桃李"喻指王姬与桓公结合，"尊王"与霸业在齐桓公那里也是相互映衬、密不可分的。

## 攘夷与拒楚

齐桓公死后的第二年,宋国的著名哲人司马子鱼曾经评论说:"齐桓公存三亡国以属诸侯,义士犹曰薄德。"[20]认为齐桓公保存了三个国家,使它们不至于灭亡,就是这样,义士还说他德行不厚。《论语·尧曰》篇有"兴灭国,继绝世,举逸民,天下之民归心焉"的说法。可见,兴灭继绝确实是春秋时期的一种社会习尚。

### 诸夏亲昵,不可弃也

"尊王"与"攘夷",粗看起来似乎是并行不悖的两件事,实际上它们却很有关系。二者的联系,不仅在于都是实现霸权的手段,有着共同的目标,也不仅在于它们都是对社会传统观念的适应,而且表现在二者相互依存上。

在春秋时期(特别是春秋初期)戎狄势力炽盛的时候,"尊王"就要维护作为王权基石之一的分封制度下所形成的基本格局,就要有能力保护周王所分封的诸侯国不受戎狄蹂躏,因此就必须"攘夷"。要攘除戎狄的威胁,不能单靠某一个国家的力量,而必须团结起许多国家共同奋斗。要达到这个目标,就需要打出"尊王"的旗帜进行号召。在那个时代,一位霸主实现这两个目标之日,即其霸业功德圆满之时。

齐桓公在开创霸业的过程中,曾经不遗余力地"尊王",他在"攘夷"方面又有什么业绩呢?

戎族的入侵是齐桓公所要对付的主要目标。《春秋经》庄公二十年有"齐人伐戎"的记载，这是《春秋经》记载伐戎的开始。

鲁庄公三十年（前664年），齐桓公和鲁庄公在鲁济（今山东省巨野县境）会见，商量如何帮助北燕对付山戎的威胁。第二年山戎大举进攻北燕。燕派使臣到齐告急求援。齐桓公亲率大军远征救燕，并讨伐山戎，一直打到位于今河北省东北部的孤竹国一带。这里离齐国已经很远，春往冬返，历经艰难。

据说返归途中，迷失了路途。管仲认为老马识途，其智可用。于是齐军放逸老马，大家跟随其后，这才找到了途径。齐军走到山里没有水喝，齐桓公的左相隰朋说："蚂蚁冬天住在山的南坡，夏天住在山的北坡。蚂蚁窝出口处的土堆假若有一寸高，那么这个地方往下挖八尺深就会有水。"按照隰朋的建议，齐军果然掘地得水，解救了危急。㉑

齐军讨伐山戎返燕，燕庄公万分感谢，就一路送齐桓公返归，不知不觉就进入了齐国境内。齐桓公说："按照礼仪制度，诸侯送天子的时候，可以送出国境，以表示特殊的恭敬。但是诸侯之间相送，就不应当送出国境。我不能违背礼仪制度。"于是便把燕庄公所到的齐国疆域分割给燕，以此说明燕国诸侯并没有违背古礼。值得注意的是，齐桓公对燕庄公有这样的叮嘱：

  命燕君复修召公之政，纳贡于周，如成、康之时。㉒

召公奭（音示）是燕国的始封之君，齐桓公让燕君像召公的时候那样治理政事，并向周王室缴纳贡品，就如同成康之治的时候那样对周王室恭敬。显而易见，齐桓公把攘除山戎祸患的举动和"尊王"密切地联系到了一起。

"迁邢封卫"是齐桓公"攘夷"事业的又一重要业绩。

鲁闵公元年（前661年），狄人讨伐邢（今河北省邢台市西

南)国。齐桓公闻讯就想出兵救援邢国。鲍叔进谏说:

"如今去救援,太早啦。应当等邢国灭亡之后再率领齐军出发。支持处于危险之中的国家的功德,不如恢复已经灭亡的国家的功德大。晚些出发救援可以使狄人力量疲敝,将来救援时就容易成功。等到邢国灭亡之后再帮助它复国,那样名声才会真正美好。"㉓这个建议显然过多地考虑了齐国的利益。

管仲的看法和鲍叔不同。他说:"戎狄犹如贪得无厌的豺狼,其野心是不能满足的。中原华夏各国互相亲昵,是不能丢弃的。安逸等于毒药,是不能怀恋的。有一首诗说:'难道不想着回去,怕的是这个竹简上的军令文字。'竹简上的军令文字,就是同仇敌忾、忧患与共的意思,所以请听从告急简书而急速发兵去救援邢国。"

权衡斟酌之后,齐桓公还是听从了管仲的建议,立即出兵救援邢国,解救危急。

狄人攻邢不成,便于鲁闵公二年(前660年)冬天出兵讨伐卫国。卫国的君主卫懿公是一位很有些怪癖的荒唐君主。他喜欢鹤,让鹤乘坐仅大夫才有资格乘坐的轩车。狄人攻过来的时候,他把甲胄颁发给国人,让国人去打仗。这些国人都说:"让鹤去!鹤享有官爵禄位。我们哪里能作战?"卫懿公只得自己率军打仗,被狄人打得大败。

在退却的时候,卫懿公不让手下的人把自己车上的国君旗帜藏起来,所以狄人紧迫他不放。卫懿公被狄人捉住,"杀之,尽食其肉,独舍其肝"㉔。狄人攻入卫国都城,将卫国灭掉。卫国遗民在宋桓公帮助下逃过黄河,暂居于曹(今河南省滑县西南),拥立子申为君,即卫戴公。

戴公的妹妹许穆夫人听说宗国颠覆,万分悲痛,思念着去慰问其兄。她曾赋诗言志，其诗即《诗经·载驰》篇，诗中有这样两章：

| | |
|---|---|
| 载驰载驱， | 鞭打快马，车辆驰驱， |
| 归唁卫侯。 | 归去慰问卫侯。 |
| 驱马悠悠， | 驱马奔走，长路悠悠， |
| 言至于漕。 | 要急忙赶往漕地。 |
| 大夫跋涉， | 卫国大夫正艰难跋涉， |
| 我心则忧！ | 我心何等忧愁！ |
| | |
| 我行其野， | 我走过那里的田野， |
| 芃芃其麦。 | 只见那蓬蓬的小麦。 |
| 控于大邦， | 想到大国去控诉， |
| 谁因谁极！ | 不知依靠哪国，哀求哪国！ |

诗中的"控于大邦，谁因谁极"两句，反映了弱小国家受到戎狄祸害时欲得大国保护的急切心情。

齐桓公听说卫国灭于狄，便派公子无亏率领 300 辆战车、3 000 名甲士到曹地为卫戴公守卫。他赠送给戴公五套祭服和驾车的马匹，以及牛、羊、猪、鸡、狗各 300 只，还送去做门户的材料。此外，齐桓公赠送用鱼皮装饰的轩车和 30 匹上等的锦给卫戴公夫人。在齐、宋等国援助下，卫国遗民初步安顿下来。不久，卫戴公死去，其弟继位，即卫文公。

为了使邢、卫两国摆脱狄人威胁，齐桓公于鲁僖公元年（前 659 年）把邢国迁到夷仪（今山东省聊城市西），又带领诸侯于第二年在楚丘（今河南省滑县东）为卫国新建了国都。这两国迁徙之后，民众安居，经济迅速恢复。史载，卫文公穿着粗布衣服、戴着粗帛帽子，教化务农，便利商贾，任用贤能，使卫国力量迅速上升，头一年仅有30辆战车，不久就发展到300辆。"邢迁如归，卫国忘亡"[25]，当时的人对于齐桓公迁邢封卫的事业是很推崇的。

除了助燕、迁邢、封卫以外，齐桓公还曾大力帮助杞（今河南省杞县）、鄫（今山东省兰陵县西北）两国抵御淮夷的欺凌。鲁僖公十三年（前647年），齐桓公召集鲁、宋、陈、卫、郑、许、曹等国诸侯在咸（今河南省濮阳东南）会盟，商量淮夷侵犯杞国的事情。第二年又率诸侯在缘陵（今山东省昌乐县东南）筑城，将杞国迁至此处。齐桓公还赠送百辆战车和千名士卒给杞加强守卫。[26]

鲁僖公十六年（前644年）冬天，齐桓公召集鲁、宋、陈、卫、郑、许、邢、曹等国诸侯在淮（今江苏省盱眙县境）会盟，讨论救鄫，并为鄫筑城以加强对淮夷的抵御。

齐桓公联合中原诸侯国，援助弱小国家以攘除戎狄蛮夷的势力，保卫了中原地区先进的经济文化。管仲说："诸夏亲昵，不可弃也。"[27]齐桓公的"攘夷"事业，加强了各华夏诸侯国的联系，推动了"诸夏亲昵"。

### 楚国的崛起

我们在前面曾经提到过，按照地域特征、历史传统、政治联系、经济交往等方面的情况，大致可以把春秋列国分为四个文化圈。就其最为繁荣时期的序列而言，开始是周文化圈，其次是齐鲁文化圈，然后是秦晋文化圈和楚文化圈。在春秋初期，楚文化圈的国家虽然尚未达到其繁荣期，但却有了开始崛起的势头，特别是楚国的发展，尤为中原诸侯刮目相看。

楚由僻在荆蛮的蕞尔小国跃入强国之林，是楚武王、楚文王时代的事情。楚武王曾经三次讨伐号称强大的随国，并在江汉流域开拓疆土，灭掉一些小国，并把都城从丹阳（今湖北省秭归县）迁到郢（今湖北省江陵县北）[28]。

楚和中原大国开始往来是鲁庄公十年（前684年）的事情。这一年是楚文王六年。《春秋经》于此年开始记楚国史事，谓"秋九月，荆败蔡师于莘，以蔡侯献舞归"。

献舞的蔡侯即蔡哀侯。他曾娶妻于陈，息（今河南省息县）国诸侯也娶妻于陈。息侯夫人称息妫，生得如花似玉，美貌非凡。她出嫁时路过蔡国，蔡哀侯说："她是我的小姨子。"便强留息妫见面，蔡哀侯举止轻薄，对息妫很不礼貌。息侯非常恼怒，便派人对楚文王说："请楚军讨伐我们息国，我便有借口请蔡援助，楚可即便攻蔡。"楚文王答应了。

这一年九月，楚军在莘（今河南省汝南县境）打败蔡军，并将蔡哀侯俘获归楚。蔡哀侯为了报复，便在楚文王面前盛赞息妫美貌。楚文王贪婪女色，便到息国，设享礼招待息侯，趁机将其杀掉，灭息国，带回息妫。楚文王的儿子堵敖和成王即息妫所生。息妫忧郁，从不主动跟楚文王说话，楚文王问她缘故，息妫说："吾一妇人，而事二夫，纵弗能死，其又奚言？"[29] 为博息妫欢心，楚文王于鲁庄公十四年（前680年）七月率军攻入蔡国，蔡降服于楚。

相传息妫被称为"桃花夫人"，居住在楚王的"细腰宫"里面。唐代著名诗人杜牧曾有一首咏叹息妫的诗：

> 细腰宫里露桃新，
> 脉脉无言几度春。
> 至竟息亡缘底事？

可怜金谷坠楼人！㉚

居于金谷园中的西晋石崇的爱妾绿珠，曾为石崇被捕而坠楼自杀。杜牧讥刺息妫没有能够像绿珠那样自杀殉主，并认为息妫的美貌是息国灭亡的原因。其实，楚国伐蔡灭息是它北进中原政策的必然结果，息妫的恩恩怨怨，只是其中的一首哀痛的插曲。

继楚文王之后的楚成王，加快了向北方发展的步伐。鲁庄公二十八年（前666年）楚令尹子元率600辆战车伐郑，攻到郑国都城的郊外。齐、鲁、宋三国军队往援郑国，楚军这才退走。鲁僖公元年（前659年）楚军再次伐郑，翌年冬天又伐郑，俘获郑大夫聃伯。

### 召陵之盟

郑是中原华夏诸侯与楚毗邻的第一个大国。它多次受楚威胁，引起齐桓公的严重不安。鲁庄公三十二年（前662年），齐桓公曾计划召集诸侯盟会以救援郑国，并为此而和宋桓公先在梁丘（今山东省成武县东北）会见。鲁僖公元年，齐桓公召集鲁、宋、郑、邾等国诸侯会盟于荦（今河南省周口市淮阳区西北），谋划救郑。翌年，原先依服于楚的江（今河南省息县西南）、黄（今河南省潢川县西）两国转而靠齐，因此齐桓公召集宋、江、黄三国诸侯在贯（今山东省曹县南）会盟。鲁僖公三年（前657年），齐、宋、江、黄四国诸侯又在阳谷（今山东省阳谷县北）会盟，谋划伐楚。齐桓公为了拉拢鲁国，特意在阳谷之会以后到鲁国重温旧好。这年冬天，鲁派季友到齐参加盟会，加强齐鲁两国关系。这一系列外交活动，都是齐桓公积极进行的和楚较量的准备。

蔡是楚的与国，齐桓公计划先侵伐蔡国，以此作为伐楚的试探。鲁僖公三年，齐桓公寻找借口把蔡姬从齐赶回蔡国，但并未和蔡姬断绝关系，并且有意把她召回。然而蔡姬很任性，为发泄愤恨而故意请求另嫁其他国家而不返齐，于是蔡穆侯又把蔡姬嫁了出去。蔡姬虽被赶回，但名义上仍是齐桓公的一名夫人，如今被蔡另嫁他国，此事自然成了齐伐蔡的口实。齐桓公想借此而伐蔡，管仲进谏，说道：

"您现在把夫妻反目的事情作为口实，实际上这种理由是不足以攻打别国的。靠这来建功立业是不行的。"管仲劝桓公另找理由，从长计议。

"有什么好办法呢？"桓公想不出什么高招。

"逼不得已的话，可以把楚国三年不向周王室进贡苞茅作为理由去进攻楚国。这样举兵为周天子而伐楚，就能名正言顺了。待楚屈服之后，再袭击蔡国，可以给蔡国加上不派兵伐楚、违背天子命令的罪名。这样，灭掉蔡国就很容易了。"管仲提出了自己的建议。

"尊王"的旗号在当时有一定影响，管仲设想伐楚袭蔡都在"挟王命以令诸侯"的轨道上进行。这个理论的精髓用管仲的话来说就是：

> 此义于名而利于实，故必有为天子诛之名，而有报仇之实。[31]

他认为，这样做在名分上是正义的，在实际上是有利的，所以一定要有替天子诛伐的名义，而有报仇的实效。然而，齐桓公对管仲的建议不感兴趣，他的计划是先攻蔡而后伐楚。这位有谋略的霸主，有时候也不免露出其赳赳武夫本色。

鲁僖公四年（前656年）春天，齐桓公会同鲁、宋、陈、卫、郑、许、曹等国诸侯率领军队，浩浩荡荡向蔡国进攻。蔡本弱国，一触即溃，于是齐、鲁、宋等八国军队继续前进去讨伐楚国。诸侯国军队进入楚境，驻扎在陉（今河南省漯河市郾城区南）。这时候，楚成王一方面亲率大军准备抵御，另一方面派智勇兼备的使臣到诸侯国军队中进行谈判。楚国的使臣对齐桓公说：

"君主您住在北方，我们的寡君住在南方，距离遥远，风马牛不相及。没有想到君主您竟然跋涉到我国土地上，这究竟是什么缘故？"这个质问显然是一个不容易回答的问题。

机智的管仲打出了"尊王"的旗号。他回答说："以前召康公代表周天子对我们齐国的先君太公望说：'五侯九伯，你都可以征伐他们，以便辅助王室。'赐给我们先君征伐的范围——东到大海，西到黄河，南到穆陵，北到无棣。楚国应当向王室贡纳的苞茅却很长时间没有进贡，使天子祭祀缺乏物质，不能缩酒。寡人为此而来问罪。周昭王征楚而没有回去，寡人为此而来责问。"管仲先说明齐国有代王征伐的资格，又说明了这次伐楚的两项理由。"苞茅"是楚地所产的一种带毛刺的茅草。"缩酒"指用所束之茅漉酒去滓。这种茅草又称"菁茅"㉜，为楚应贡物品之一。

"贡品没有送去，这是寡君的罪过。今后岂敢不按时贡纳？至于昭王没有回去的事情，您还是去问水边上的人吧！"楚使臣的这个回答是很乖觉的。从"尊王"的角度看，不贡苞茅只是轻微的小过，所以使臣承认下来；周天子南征而死，则是"罪莫大焉"的事情，所以使臣推诿而不做正面回答。

这年夏天，楚成王派屈完领兵到诸侯军驻地。齐桓公命令诸侯国的军队稍退而驻扎在召陵（今河南省漯河市郾城区东），表示有和解迹象。

齐桓公把诸侯国军队列成威风凛凛的战阵，并和屈完同乘一辆战车观看。

"我们起兵，难道是为了我吗？先君建立的友好关系应该继续，贵国和敝国共同友好，怎么样？"齐桓公不无自豪地说。

"君主您惠临敝国为我们求取幸福，承蒙您安抚寡君，共同友好，这正是寡君的愿望。"屈完不卑不亢地回答。

齐桓公指着杀气腾腾的战阵说："用这样的军队来作战，谁能够抵御他们？用这样的军队来攻城，什么样的城池攻克不了？"

"君主您如果用德行安抚诸侯，谁敢不服？但若使用武力，那么楚国将把方城山作为城墙，把汉水作为护城河，您的军队虽多，也没有用得上的地方！"屈完所说的方城山即今连绵数百里的桐柏山、大别山。高山大河，气势雄浑，相比之下，诸侯国军队的气势就相形见绌了。屈完的有力回答击垮了齐桓公的恫吓。作为外交辞令，屈完的这一番语言不啻是千古绝唱了。[33]

当时，齐楚双方基本上处于势均力敌的情况，谁也没有把握取胜，因此双方妥协，由屈完代表楚国和齐、鲁、宋等国诸侯在召陵会盟，然后退兵。齐桓公虽然没有能够完全折服楚国，但却在一个时期里遏制了楚国向北发展的势头。从这个意义上说，召陵之盟是齐桓公霸业的一个重要进展。

"五霸，桓公为盛"

所谓"霸权"，实际上是春秋霸主在诸侯间发号施令的权力。这种权力往往与诸侯间的会盟有密不可分的关系。一个强大的霸主，往往能够多次召集并主持诸侯会盟。这在春秋时期应当是一个通例。齐桓公在这个方面的业绩相当突出。他在位43年，曾召集和主持大小会盟22次。情况如下：

一、齐桓公五年的北杏之会，有五国参加。

二、同年的柯之会，有两国参加。

三、齐桓公六年的鄄之会，有五国参加。

四、齐桓公七年的第二次鄄之会，有五国参加。

五、齐桓公八年的幽之会，有九国参加。

六、齐桓公十一年的鄄之会，有三国参加。

七、齐桓公十九年的幽之会，有五国参加。

八、齐桓公二十二年的鲁济之会，有两国参加。

九、齐桓公二十四年的梁丘之会，有两国参加。

十、齐桓公二十五年的落姑之会，有两国参加。

十一、齐桓公二十七年的荦之会，有五国参加。

十二、齐桓公二十八年的贯之会，有四国参加。

十三、齐桓公二十九年的阳谷之会，有四国参加。

十四、齐桓公三十年的召陵之会，有九国参加。

十五、齐桓公三十一年的首止之会，有九国参加。

十六、齐桓公三十三年的宁母之会，有五国参加。

十七、齐桓公三十四年的洮之会，有八国参加。

十八、齐桓公三十五年的葵丘之会，有八国参加。

十九、齐桓公三十七年的阳谷之会，有两国参加。

二十、齐桓公三十九年的碱之会，有八国参加。

二十一、齐桓公四十一年的牡丘之会，有八国参加。

二十二、齐桓公四十二年的淮之会，有九国参加。

以上这些情况表明，齐桓公的霸业是与诸侯会盟相始终的。会盟是当时一种庄严慎重的政治、外交活动。会盟时，诸侯订有盟约，并要对神灵盟誓而遵守盟约。在下一次会盟时，诸侯们往往要重温前次会盟的盟约。尽管违背盟约的事情时有发生，但霸主有权征伐违背盟约的诸侯。盟约作为道义上的一种约束，还是有一些实际意义的。《孟子·告子下》载有齐桓公召集的葵丘之会所订盟约的主要内容：

> 初命曰：诛不孝，无易树子，无以妾为妻。再命曰：尊贤育才，以彰有德。三命曰：敬老慈幼，无忘宾旅。四命曰：士无世官，官事无摄，取士必得，无专杀大夫。五命曰：无曲防，无遏籴，无有封而不告。曰：凡我同盟之人，既盟之后，言归于好。

这个记载实在是一份非常珍贵的材料，它使我们得以窥见齐桓公霸业某些侧面以及那个时代的社会道德观念。

葵丘之会盟誓的五项内容有四项是关于诸侯国内部事务的。其第一项是对宗法制度的维护，强调了"孝"的观念和太子的地位。诸侯不要换易已经建树的太子，也不要把姬妾升格为嫡妻。第二项强调按照"德"的标准来举荐贤才。第三项提倡敬老慈幼和帮助羁旅在外的宾客。第四项提倡任用贤士做官，提高官吏办事效率，对大夫不要轻易杀戮。第五项讲诸侯国之间不要随意设防，不要禁止别国到自己国家籴粮，不要有了封疆之事而不相互通告。这些内容的主旨在于维护会盟各国内部的稳固和各国间的团结。春秋时期，荐举贤才是进步的社会潮流，是对"世卿世禄"制的有力冲击。齐桓公葵丘之会盟约所提出的"尊贤育才""士无世官"具有为这股潮流推波助澜的积极意义。葵丘之会的盟约表明，尽管齐桓公打出了"尊王"的旗帜，可是他却在这面旗帜上写了不少顺应时代潮流的新内容。

齐桓公之所以能够成为赫赫霸主，首先在于他拥有得天独厚的优越条件。齐作为源远流长的东方大国，其发展为齐桓公登上霸主舞台奠定了坚实基础。除了这个优越的客观条件以外，齐桓公个人的才能和努力也是不可缺少的重要因素。

豁达大度、善于纳谏，是齐桓公性格的一个重要特点。他在当时位居霸主，是一位很有影响的人物。据说他曾经很喜欢穿紫色衣服，人们都模仿他，使得国人尽服紫衣，致使市场上紫色的布价格倍增，五匹没有染色的布还抵不上一匹紫布。对于这种习尚，齐桓公不是沾沾自喜，而是感到忧虑，怕民众为紫衣而靡费钱财。后来他听从管仲的劝告，不仅自己不服紫衣，并且向大家表示自己讨厌紫色衣服的难闻气味。很快，官员们和国人都不再穿紫色衣服。

还有一个传说，谓齐桓公为了提高管仲的威望，曾对群臣说："寡人将立管仲为仲父，赞成的人进得门来站在左边，不赞成的人站在右边。""仲父"意为长辈，是齐桓公对管仲的尊称。

大臣中有一位名叫东郭牙的人，既不站在左边，也不站在右边，而是居中而立。齐桓公询问原因，东郭牙却反问道：

"靠着管仲的智慧，能谋取天下吗？"

"能。"齐桓公对此毫不怀疑。

"靠着管仲的果断，他敢处置大事吗？"东郭牙又提出了一个问题。

"敢。"齐桓公又是完全肯定的回答。

"既然管仲的智慧能谋取天下，他又敢于处置大事，那么，您把国家的权力全部交给他，以管仲的才能，凭借您的权势来统治齐国，君主难道没有危险吗？"东郭牙向齐桓公敲响了警钟。

"讲得好！"齐桓公若有所思地回答。

这个传说见于《韩非子·外储说左下》，其中可能有战国术士增饰的成分。然而齐桓公普遍选用贤才，并非只用管仲一人，则是事实。齐桓公任用的大臣，除管仲之外，尚有鲍叔、隰朋、高傒、弦商、宁戚、公子成父、东郭牙等,㉞形成了人才济济的局面。

尽管齐桓公晚年由于贪婪女色和宠幸佞臣而使他走向了个人生活的悲剧终结,但纵观一生业绩,齐桓公仍是春秋时期最有影响的霸主。孟子赞许说"五霸,桓公为盛",是很有道理的。齐桓公充分利用了时代和环境所赋予他的优越条件,在霸权迭兴的历史舞台演出了蔚为大观的一幕。

## 昙花一现的宋襄公霸业

我们谈过齐桓公霸业,不可不附带说说宋襄公。这不仅是因为宋襄公是齐桓公的挚友,与齐桓公霸业多有联系,而且因为他是齐桓公死后试图填补霸权空白状态的一位很有特色的人物。

### 退飞的鹢鸟

《左传》记载有这样一件事情。

鲁僖公十六年(前644年)春天,从天上掉下几块石头,落到宋国,又有六只称为"鹢"的水鸟退着飞过宋国都城。对这怪异现象,宋襄公大感不解,便向正在宋国聘问的周王朝的内史叔兴询问是何吉凶先兆。

叔兴回答说:"今年鲁国将有大的丧事,明年齐国将内乱,君主您将会得到诸侯拥护,但却不能保持到最后。这就是所预兆的内容吧。"叔兴悉知各诸侯国情况,所以便信口谈来,其实连他自己都不怎么相信这些预言。

从宋襄公那里退下来以后,叔兴告诉别人说:"国君询问得实在不恰当。这是有关阴阳的事情，并不与人事吉凶有关。吉凶是由人的行为所决定的。我之所以这样回答，是由于不敢违背国君的缘故。"从这个事情里可以看到宋襄公是一位相当迷信的人物，所以叔兴才不得不信口预言吉凶来敷衍他。

"鹢"又称为鹎，形状和鹭鸶鸟相似，有着苍白色的羽毛，善于飞翔。古代船头上常画着鹢，可见鹢是一种善飞的水鸟。关于鲁僖公十六年所发生的两件自然现象，《左传》有很正确的解释，它谓：

陨石于宋五，陨星也。六鹢退飞，过宋都，风也。

天上掉下石头，那是陨星坠落；六只鹢鸟退着飞过宋都，那是因为风大，吹得它们后退。尽管风大，但鹢鸟却不停止飞翔，这种拼搏精神诚然可嘉，然而不顾形势一味蛮干，这种"知其不可而为之"的做法却又令人可笑。看看宋襄公的作为，会觉得他颇像这种鹢鸟。

建立储君并由太子继位，是周代以来的君位继承的定制。宋襄公却偏偏要搅乱这种"定制"。宋桓公病重的时候，太子兹父——即后来的宋襄公——坚持要让他的庶兄目夷立为储君，准备继承君位。他对父亲说："目夷年长并且好行仁义，请君父您立目夷！"宋桓公见他说得恳切，便征求目夷的意见。目夷急忙推辞，说："能谦让国君的位置，还有比这再大的仁义吗？要说仁义的话，太子比我强得多。我在哪方面都不如太子，并且舍嫡而立庶，这又不合乎君位继承的传统。"为了避免纠缠，目夷就快步退了出去。鲁僖公九年（前651年）宋桓公卒，太子兹父继位，即宋襄公。

宋襄公继位的时候，正值齐桓公霸业鼎盛。为了表示对齐桓公霸业的支持，他在尚未举行父亲的葬礼、自己正在服丧的时候，就前往参加齐桓公召集的葵丘之会。此后，齐桓公召集的碱之会、牡丘之会、淮之会，宋襄公都亲自参加，是齐桓公霸业的一个亲密伙伴。后来，齐桓公和管仲把太子昭托付给宋襄公照料，充分说明这两位著名的政治家对宋襄公的信任。宋襄公不负所望，果然率领曹、卫、邾等国诸侯，攻到齐国，于鲁僖公十八年（前642年）立太子昭为君。这副热心肠，大有然诺重于千金的气派。

宋襄公对于周围的小国屡以"霸主"姿态出现。鲁僖公十五年（前645年）宋襄公为了清算旧怨而出兵伐曹。宋襄公出兵安定了齐孝公君位之后，更是趾高气扬。滕（今山东省滕州市西南）国国君婴齐对宋稍有不满，即被宋襄公拘执。鲁僖公十九年（前641年）夏天，宋襄公召集曹、邾两国国君在曹南（今山东省曹县南）会盟。鄫（今山东省枣庄市东）是微弱的东夷诸国之一，没有资格参加曹南之盟，所以曹南会盟以后鄫子——即鄫国国君——前往邾国，请求和邾结盟，但却被邾文公抓了起来。邾文公派人赴宋询问如何处置鄫子，宋襄公让邾杀掉鄫子作为牺牲来祭祀次睢（今江苏省徐州市铜山区境）这个地方的社神。担任司马之职的目夷进谏宋襄公，询问这样做的理由。

"杀掉鄫子可以使东夷诸国慑服。"宋襄公念念不忘的是建树自己的霸业。

"古时候，连六畜都不能用来作为牺牲祭祀，小规模的祭祀也不杀大牲口，何况敢于用人呢？"目夷想让宋襄公取消杀掉鄫子的决定。

"以人牲为祭能表示对神灵的虔诚。"宋襄公强词夺理。

"祭祀是为人祈福。百姓是神的主人。杀人祭祀，有谁来享用？现在宋国召集一次会盟就侵害了两个国家的国君，又要用人来祭祀邪恶昏乱的鬼神，依靠这些寻求霸业，不也是很难吗？得以善终就算幸运了。"目夷的这番话真是一针见血，说得宋襄公哑口无言。暴戾的宋襄公尽管心怀不满，但也不便对作为他兄长的目夷发作，只是不听其谏劝就算了。

宋国的国君是殷商后裔。大规模的人殉人祭是殷商时代一种社会习尚，关于这些，无论是考古发掘材料，或是甲骨卜辞的记载，都有丰富的材料可以证明。㉟然而时移俗易，事过境迁，随着岁月流逝，人殉人祭在春秋时期已经作为历史陈迹而为多数人们所不齿。宋襄公让杀掉鄫子以祭次睢之社，含有恢复人祭传统的用意。尽管其直接目的是慑服东夷诸国，来个"杀鸡给猴看"，从而建树其霸业，但这毕竟是一种历史倒退。目夷所说的"民，神之主也"㊱，是当时重视"人"的价值这种社会潮流的反映。宋襄公显然是在逆历史潮流而动。

春秋时期，"以力假仁者霸，霸必有大国"㊲，即称霸者必须以自己的国家实力为基础，借助于提倡仁义为号召，才能达到目的，霸主必定产生于大国。孟子的这个论断，在当时来说，具有普遍性。宋国虽然不能算作小国，但和齐、晋、楚等国比起来，毕竟差了一个等级，其国力甚至不能和郑、鲁等国相侔。宋襄公孜孜于建树霸业，确实不自量力。他曾在诸侯间扬言要召集诸侯进行会盟，鲁国的一位很有影响的大臣臧文仲评论说："使自己的欲望顺从大家，是可以的，但要强迫别人顺从自己的欲望，那就很少有成功的可能。"他认为宋襄公本无威望，要强迫别人尊其为霸主，那是不会成功的。

宋襄公有自己的小算盘。他想借助于齐、楚两大国的威望，成就自己的霸业。齐孝公为宋襄公所扶植而立，支持宋襄公自然不在话下，关键是楚国能不能支持。齐桓公死后，郑、陈、蔡等国逐渐投靠楚国，楚的影响渐渐增强。鲁僖公二十一年（前639年）春天，宋襄公和齐孝公、楚成王在鹿上（今山东省巨野县西南）会盟。他请求楚国允许一时归附楚国的中原诸侯奉自己为盟主，楚成王答应。能够让齐、楚两大国支持自己，宋襄公的霸业在鹿上之盟已达顶峰。

当宋襄公踌躇满志的时候，目夷却忧心忡忡。他说："小国争当盟主，这只能是灾祸。宋国恐怕会因此而灭亡！失败得晚一点就算运气了。"这番话是宋襄公周围难得的一点清醒的声音，可是醺醺然的宋襄公哪里能听得进去！

### 霸主梦

鲁僖公二十一年秋天，宋襄公和楚成王以及服楚的陈、蔡、郑、许、曹等国诸侯在盂（今河南省睢县境）会盟，以实现自己的霸主梦。楚成王表面上应允，实际上却很恼火。他对臣下说："区区宋国不自量力，竟然召我前往，我定要去好好教训他一番。"于是便率领精兵强将心怀叵测地前往盂地。

宋国的目夷尽管对宋襄公争当霸主的野心十分不满，但总不能坐视自己的弟弟前往吃亏受辱而不顾。他劝谏说：

"楚作为蛮夷之邦，虽然强盛，但却历来不讲信义。请您率领兵车前往赴会，以防遭受袭击。"

"不可。"宋襄公一口回绝，"我已经和诸侯们约定不带兵车赴会。自我约定，又自我毁弃，断不可为！"他把信用看得高于一切。

目夷见宋襄公只带了几名随身侍从扬长而去，只得连连摇头叹息。他对宋国的大臣们剖析形势，并说了一个重要意思：

> 君虽不言国，国，固臣之国也。㊳

他认为虽然国君不考虑国家安危，但我们应当考虑，因为国家毕竟是我们臣下的国家。和"溥天之下，莫非王土"㊴的观念比起来，"国，固臣之国也"的提法应当是一个很大进展。目夷以保卫国家为己任，他和臣民们增设守城器械，加强巡视瞭望，防备楚军入侵。

果然不出目夷所料，楚成王在盂之会上动了武力，拘捕宋襄公，并气势汹汹地对随从宋襄公的人说：

"你们若不归服楚国，我将杀掉你们的国君，剿平你们的国家！"

宋人已得目夷派人送去的消息，知道宋国已经有所戒备，遂有恃无恐地回答："我们依赖社稷的神灵，宋国已经有人主持国政，并戒备森严。我们还害怕什么呢？"

楚成王不信宋人所言，便带着被逮捕起来的宋襄公去讨伐宋国。在宋都城下，楚成王见宋果真早有准备，便撤军返归。

这年冬天，楚成王思忖即使杀掉宋襄公，也不能得到宋国，于是召集鲁、陈、蔡、郑、许、曹等国诸侯在薄（今河南省商丘市北）会盟，并当场将宋襄公释放，以示楚王"恩惠"。宋襄公在盂之会上被拘捕，又被楚人关押了两三个月，受尽屈辱，自觉无颜见"江东父老"，遂不返宋，而去了卫国。目夷到卫国亲自迎他返宋。宋襄公扭捏不语，面红耳赤，目夷宽慰说："宋国的臣民都在为您守卫国家，您怎么能不返国呢？"宋襄公这才返宋。

目夷毕竟和宋襄公多年相处，非常了解他的性格。目夷认为盂之会的受辱，尚不足以使宋襄公清醒。"祸犹未也，未足以惩君"㊵，这就是目夷对形势发展的判断。

鲁僖公二十二年（前638年），宋襄公联合卫、许、滕三国诸侯率军进攻郑国。郑国在大国之间采取的是见风使舵的实用态度。齐桓霸业鼎盛时，郑服齐。齐桓公死，郑即服楚，郑文公还亲赴楚国朝见楚成王。在宋襄公的眼里，郑文公实在是一个只会趋炎附势的小人。他联合诸侯伐郑，固然是要与楚争强，但也不乏"教训"无耻之徒的用意在内。宋襄公伐郑之前，目夷曾劝告他不要轻举妄动，但遭拒绝。目夷说："所说的祸患即将来临了。"他预料宋襄公必将遭到惨败。

为了援助郑国，楚成王于这年的八月间率军攻打宋国。大司马公孙固劝宋襄公坚守城池，以逸待劳，不要和楚军作战。宋襄公不听劝告，认为"天"必助宋，宋国一定会兴盛。公孙固说：

天之弃商久矣！君将兴之，弗可赦也已。㊶

宋为商之后裔，"天之弃商"，亦即天抛弃宋国。公孙固认为，既然天已经抛弃宋国，那么如今却要宋国兴盛，这便是违拗天意，而得罪于天，则是无法赦免的。公孙固搬出"天"的权威，试图说服宋襄公，然而宋襄公却是一个为了争霸而豁出一切的角色，即使逆"天"意而行，他也是在所不惜的。

这年冬天的十一月间，宋襄公率军在泓（今河南省柘城县境）和楚军作战。宋军已经排列好了阵势，楚军还没有全部渡过泓水。大司马公孙固急忙进前对宋襄公说：

"楚军众多，我们人少，应当抓住机会等他们没有全部渡河的时候，就发动攻击，请君主您发布命令。"

"不行。"宋襄公拒绝了这个完全正确的建议。

楚军全部渡河以后还没有排列阵势的时候，公孙固又建议说："趁楚军乱糟糟的机会发动攻击，必定会使他们仓促应战，我军才有取胜的希望。"

"还是不行。"宋襄公对公孙固的絮聒颇不耐烦。

待楚军排列好阵势以后,双方开战。宋军大败,宋襄公大腿被箭射成重伤,其"门官"——即贴身卫士——也被楚军歼灭。

宋军仓皇逃回都城之后,国人纷纷埋怨宋襄公。宋襄公举出一番关于仁义道德的理论来为自己辩解。他说:

"打仗的时候,君子不伤害敌人的伤员,不擒捉头发花白的人。古人作战,不在险隘地方设伏阻击敌人。寡人虽是殷商亡国的后裔,也不攻击没有摆开阵势的敌人。"

对于这番言论,目夷直截了当地驳斥说:"国君您一点也不懂得战争。战争就要杀死敌人。敌人受伤但还有作战能力,为什么不可以再伤害他一次?如果爱惜敌人伤员而不再次伤害,就应当一开始就不伤害他。爱护敌人中头发花白的人,就应当向他们投降,又何必去作战呢?"

大概是由于不同文化传统熏陶的缘故,宋襄公和楚成王的观念竟然如此大相径庭!

宋襄公重然诺、重信誉,虽有仁义观念,但却迂腐到了极点。"宁折不屈"固然是一种美德,但宁可碰得头破血流,也不肯改变自己的一些陈旧观念以避免损失的行为,就只能是蠢举,而非美德的表现。

楚成王贪婪实惠,轻蔑信义,为了达到目的而不择手段,可以视然诺和信誉如敝屣,但却不能捐弃睚眦之怨而必动兵戎。楚成王虽然轻取实利,但终因缺乏大将风度而不可能建树辉煌霸业。史载,泓之战以后,郑文公的两位夫人——芈(音米)氏和姜氏,曾亲赴楚军慰劳。楚成王让名叫师缙的乐师把被俘虏和被杀死的敌人的左耳陈列给她们看,以为炫耀。楚成王还进入郑国都城,参加郑文公为表示祝贺而举行的飨宴。主人向楚成王敬酒九次,院子里陈列的礼品有万件之多，还有笾豆食品六件。飨宴完毕，楚成王除了收下全部礼品，还带了郑国的两名侍妾回去！和齐桓公那种恢宏大度的气魄比起来，楚成王的小家子气，可以说是毕露无遗了。

　　由于泓之战中的伤势严重，宋襄公于鲁僖公二十三年（前637年）夏天死去。尽管宋襄公的霸业旋踵即逝，其霸主梦亦随即破灭，但他能以一小国之主而争夺霸权，这种勇敢精神在春秋列国君主中还是十分罕见的。宋襄公的迂腐与蠢举在强权与诈谋面前惨败的事实，反映了传统观念在霸权迭兴时代的窘况。

注释：

①《论语·宪问》。

②《左传》僖公十七年。

③《韩非子·十过》篇曾对齐桓公晚年事加以评论，说道："桓公之兵横行天下，为五伯（霸）长，卒见弑于其臣，而灭高名，为天下笑者，何也？不用管仲之过也。"这个看法是有一定道理的。

④《管子·小称》。

⑤《史记·齐世家》。

⑥《史记·齐世家》正义引《括地志》。

⑦《左传》僖公十九年。

⑧《左传》昭公四年。

⑨《论语·宪问》。

⑩《史记·齐世家》。

⑪《孟子·告子下》。

⑫《荀子·宥坐》篇记载孔子言论，谓霸主之心皆生于困顿潦倒之时，指出："昔晋公子重耳霸心生于曹，越王勾践霸心生于会稽，齐桓公小白霸心生于莒。故居不隐者思不远，身不佚者志不广。"

⑬《韩非子·外储说左下》叙述这个事情之后，有"封人怨之"一句，说明毂乌封人对管仲的回答是不满意的。

⑭《杜工部草堂诗笺》卷七《贫交行》。

⑮ 古人对"三归"有多种解释。古人妇女出嫁为"归",所以有人解释"三归"为娶三姓之女。还有人解释"三归"为台榭名称。《管子·山至数》篇有"民之三有归于上"的说法,所以有人解释"三归"为市租常例的十分之三。从《韩非子·难一》谓管仲忧贫而桓公予之"三归"的情况看,当以最后一种关于"三归"的解释为是。

⑯《史记·管晏列传》。

⑰ 关于《何彼秾矣》,毛传谓:"平,正也。武王女,文王孙,适齐侯之子。"或谓所嫁之女非周王之女,而是"齐侯嫁女,以其母王姬始嫁之车远送之"(《仪礼·士昏礼》贾疏引或说)。这两种说法均不合诗义。朱熹《诗集传》卷一引或说谓"平王,即平王宜臼;齐侯,即襄公"。证之以《春秋》经传的相关记载,则是诗当为齐桓公亲迎娶王姬的叙事之作。

⑱《左传》庄公十八年。

⑲《国语·齐语》。

⑳《左传》僖公十九年。

㉑《韩非子·说林上》评论这件事情说:"以管仲之圣而隰朋之智,至其所不知,不难师于老马与蚁,今人不知以其愚心而师圣人之智,不亦过乎?"齐桓公伐山戎是当时影响很大的事件,《国语》《史记》《管子》等书中都有所记载。管仲、隰朋等齐桓公的主要助手都曾随军征伐。

㉒《史记·齐世家》。

㉓ 鲍叔谏桓公晚救邢国之事,见于《韩非子·说林上》。然谓"晋人伐邢",却于史载无可稽考。鲍叔的言论与《左传》闵公元年所载管仲言论颇可相互印证,故疑"晋人伐邢"为"狄人伐邢"之误。

㉔《吕氏春秋·忠廉》。

㉕《左传》闵公二年。

㉖ 见《管子》的《大匡》篇和《霸形》篇。

㉗《左传》闵公元年。

㉘ 楚何时都郢,史载有异说。《左传》桓公二年正义引《世本》谓"武王徙郢"。《史记·十二诸侯年表》谓"楚文王赀元年,始都郢"。今暂依《世本》之说。

㉙《左传》庄公十四年。

㉚ 杜牧《题桃花夫人庙》。

㉛《韩非子·外储说左上》。

㉜《管子·轻重》篇谓："江淮之间，一茅三脊，名曰菁茅。"

㉝ 清代学问家崔述谓《左传》关于召陵之盟的记载完全采自楚国史书记载。他指出，"屈完如师，齐侯陈诸侯之师以夸之，屈完以方城、汉水自矜，齐又无以答也。是何其失词乃尔？且齐既为楚所轻，而楚犹受盟于齐，亦于事理有未合者。窃谓此事盖采自楚史者，乃楚人自张大之词，非事实也"（《崔东壁遗书》第458页，上海古籍出版社1983年版）。其说甚辩，然仅属推测而无确证，特别是即令这段史实采自楚史，也并无理由断定它"非事实"。崔氏之说虽足供参考，但以《左传》为据而述召陵之盟的史实发展，还是有根据的。

㉞ 见《史记·齐世家》和《韩非子·外储说左下》《管子·小匡》。

㉟ 胡厚宣先生统计甲骨文记载的用人祭祀的数字为14197人（《中国奴隶社会的人殉和人祭》，《文物》1974年第8期）。黄展岳先生估计殷墟人祭和人殉的数量为16000人以上（《中国古代的人牲人殉》第107页，文物出版社1990年版，北京）。

㊱《左传》僖公十九年。

㊲《孟子·公孙丑上》。

㊳《公羊传》僖公二十一年。

㊴《诗经·北山》。

㊵《左传》僖公二十一年。

㊶《左传》僖公二十二年。

# 第四章

# 晋国霸业的兴盛

　　当重耳还是一位纨绔子弟的时候,谁能料得到他日后能创建皇皇霸业!是历史把他推上了政治舞台。"天将降大任于斯人"的时候往往也给"斯人"以机遇,至于能否成功,那就要看他有怎样的能力和毅力。

齐桓公于鲁僖公十七年（前643年）与世长辞，由于内乱的影响，齐国霸业逐渐衰退。宋襄公虽然想填补霸权的暂时空白状态，但力不从心，只落得饮恨身亡。秦穆公虽然雄心勃勃，也只能在西部一隅耀武扬威。

这是霸权迭兴过程中的一个短暂低潮，然而它却预示着更大高潮的来临。

宋襄公死后的第二年，晋文公继位，从此开始了晋、楚两大国长期争霸的进程。晋、楚逐鹿中原，争夺霸主宝座，这是春秋时期诸侯争霸的高潮，它淋漓尽致地反映了霸权迭兴的五光十色。

## 一个有尧之遗风的国家

晋国以其"忧深思远"而被赞许为有"尧之遗风"。它兴盛的道路并不平坦。在两周之际，晋国也曾强盛过一阵子。晋文侯护送平王东迁，诛杀与平王做对头的"携王"，为"勤王"立下了汗马功劳。然而，好景不长，晋文侯死后，晋国就陷入了分裂纷争的混乱局面。

## 多难兴邦

春秋初期晋国内乱根源在于大、小宗的争权夺势。

在周代宗法制度下，嫡庶的区别十分明确，由此而产生的大宗与小宗的区别也是明确的。古人有"立嫡以长不以贤，立子以贵不以长"①的说法，"立嫡"即建立嫡长子为继承人。正妻所生的长子为嫡长子，其他的儿子称庶子，姬妾之子亦称庶子。从周天子的王位到诸侯、卿大夫的爵位以及主要财产都要由嫡长子世袭继承，称为"大宗"。庶子称为"小宗"，各级小宗都须受大宗的支配和约束。

实行宗法制的主旨在于防止贵族间对权力和财富的争夺，在一个相当长的时期里，也确实达到了目的。然而，在长期发展之后，有些小宗的实力可能超过大宗，双方的地位之争、权势之争遂为势所必然。

晋穆侯娶齐国女子为夫人，所生的长子立为太子，起名叫"仇"；其次子起名叫"成师"。晋国大夫师服很有些远见。他对"仇"和"成师"这两个名字曾有评论：

> 异哉，君之命子也！太子曰仇，仇者雠也。少子曰成师，成师大号，成之者也。名，自命也；物，自定也。今嫡庶名反逆，此后晋其能毋乱乎？②

他认为太子名仇，意为对手、匹敌，含有贬义，而成师之名含有发扬光大的寓意，是褒义词。嫡子之名反不如庶子的名字好，这就违背了应有的顺序，晋国的内乱将会由此而起。今天看来，两个名字当然不会决定国家的治乱兴亡，然而它却说明晋穆侯的时候，晋国已经不大注意嫡庶之别。师服敏锐地觉察到了这一点，说明他是很有眼光的。

晋穆侯死后本当由太子仇继位，然而穆侯的弟弟殇叔却自立为君。过了四年，太子仇率人袭杀殇叔，才继承君位，即赫赫有名的晋文侯。晋的都城在翼（今山西省翼城县东南）。晋文侯的儿子昭侯在位的时候，把文侯的弟弟成师封在曲沃（今山西省闻喜县东），号为桓叔。

曲沃桓叔在栾宾的辅佐下招贤纳士，势力迅速增长。《诗经·扬之水》描写了士人投靠曲沃桓叔时的欢乐心情：

  扬之水，  一条激流的水，
  白石凿凿。  岸边白石鲜明凿凿。
  素衣朱襮，  奉上素衣朱领之服，
  从子于沃。  跟你往到曲沃。
  既见君子，  既已见到君子，
  云何不乐！  怎么说不快乐！

据《史记·晋世家》记载，曲沃桓叔"好德，晋国之众皆附焉"。翼地的晋侯原本是大宗，曲沃则为小宗，然而曲沃的势力却超过了翼，形成本末倒置的情况。又是那位师服分析说：

  吾闻国家之立也，本大而末小，是以能固。……今晋，甸侯也，而建国，本既弱矣，其能久乎？

作为"甸服"③诸侯，晋立曲沃，如同建一国家，本弱末强，必不能持久。师服的这个预见，为以后的史实完全证明。

从曲沃桓叔受封开始的六七十年间，翼地的大宗和曲沃的小宗之间发生了激烈的冲突。晋昭侯七年（前739年），晋大臣潘父弑杀昭侯，迎曲沃桓叔入翼，但晋人发兵攻桓叔，桓叔失败后退还。

晋人立昭侯子为君，即晋孝侯。潘父被孝侯诛杀。曲沃桓叔死后，其子继位为曲沃庄伯。庄伯将晋孝侯攻杀，晋立孝侯之子为君，即鄂侯。鄂侯去世的时候，曲沃庄伯兴兵伐晋，周平王派虢公率军援晋，攻打曲沃，庄伯退兵守曲沃。晋人立鄂侯子，即哀侯。晋哀侯二年（前716年），曲沃庄伯去世，其子继位，即曲沃武公。

当时的周王室按照宗法制度传统，理所当然地支持作为大宗的在翼地的晋侯。翼侯有王室撑腰，势力一度复盛。据古本《竹书纪年》记载，翼侯曾对曲沃采取攻势，"翼侯焚曲沃之禾而还"，"翼侯伐曲沃，大捷"，迫使曲沃武公不得不请求媾和。

晋哀侯九年（前709年），哀侯发兵侵袭属于曲沃的陉庭（今山西省曲沃县东北）的土地，曲沃武公乘机在陉庭人的引导下发兵攻打翼城，将晋哀侯及其辅佐大臣栾共叔俘获。晋人立哀侯子，为小子侯。曲沃武公见留之无益，遂命韩万将晋哀侯杀掉，并劝栾共叔投降，栾共叔以"从君而贰，君焉用之"④为理由，不屈而死。

鲁桓公七年（前705年），曲沃武公设计谋，诱召小子侯而将其杀掉。周王室再次发兵干涉，周桓王派虢仲率军讨伐曲沃武公，武公还归曲沃。翌年冬天，周桓王命令虢仲立晋哀侯之弟名缗者为晋侯。鲁桓公九年（前703年）秋天，虢仲召集芮、梁、荀、贾四国的国君率军讨伐曲沃。翼的势力因周王室支持而苟延残喘，曲沃武公势力不断增长。鲁庄公十三年（前681年）周僖王继位以后，周与曲沃关系改善。鲁庄公十五年（前679年），曲沃与翼的斗争终见分晓。史载此年：

> 曲沃武公伐晋侯缗，灭之，尽以其宝器赂献于周僖王。僖王命曲沃武公为晋君，列为诸侯，于是尽并晋地而有之。⑤

周王室由不遗余力地支持作为大宗的晋侯，转而承认既成事实，命曲沃武公为晋侯，态度有了变化。西周时期，周王室册封诸侯，往往赏赐给诸侯大量土地、劳力和宝器。入春秋以来，王室经济趋于拮据，囊橐萧然，昔日的慷慨已不复存在。周僖王见曲沃武公有大量"宝物赂献"，遂落得顺水推舟而册封一位新的晋国诸侯，至于大宗小宗之别，都不在考虑之列，可谓见钱眼开。

东周时期以赂献财物而得周王册封之事屡见诸史载，曲沃武公之被封为晋君，算是较早的一次。王权的威严既然已为"铜臭"亵渎，那么其跌落就属必然之事。曲沃武公是一位乖巧人物，他不仅懂得必须以武力才能吞并"大宗"的道理，而且深谙以贿赂而使天子颔首的诀窍。

从鲁庄公十五年（前679年）开始，曲沃武公改称晋武公。翌年，周僖王派虢公告诉晋国，允许它拥有一个军的武装力量。按周代制度，周王室有六军，此外，大国可以拥有三军，次国二军，小国一军。晋武公被允许拥有一军，可见当时的晋国只是一个小国的规模。尽管如此，从这个时候起，晋国还是结束了长时期纷争不已局面，赢得了迅速发展的安定环境。

多难兴邦这句古语，蕴含着深刻的道理。多灾多难对于一个国家来说并不绝对是坏事，在灾难中往往有走向兴盛的因素。在历史上，国家从低谷中崛起的例证屡见不鲜。然而，并不是所有经受灾难的国家都必定走向兴盛，从灾难中趋于灭亡的例证在历史上也并非罕见。在何种条件下"多难"才会导致"兴邦"呢？关键在于新生的、进步的力量能逐步战胜没落的、保守的力量。

由"多难"到"兴邦"的历史进程中，民众往往要付出沉重代价。《诗经·鸨羽》曾经这样反映晋昭侯以后五世大乱时期的社会情况：

肃肃鸨羽，　　　　羽翼肃肃作响的野雁，

| | |
|---|---|
| 集于苞栩。 | 落在那丛生的栎树。 |
| 王事靡盬，⑥ | 王事没有宁息， |
| 不能蓺稷黍； | 不能种稷种黍； |
| 父母何怙！ | 父母靠什么果腹！ |
| 悠悠苍天！ | 悠悠的青天！ |
| 曷其有所？ | 何时让民众安居？ |

五世大乱的时候，民众赋役繁重，无暇农作，以致父母挨饿，不得宁居。曲沃与翼的长达六七十年之久的争斗对于晋国而言，无疑是沉重灾难，然而在这场斗争中，腐朽势力被摧毁，为晋国兴盛奠定基础，在灾难中显露了希望之光。

曲沃武公受王命而称晋侯以后仅两年就去世，其子于鲁庄公十八年（前676年）继位，即晋献公。此后，晋国势力崛起，晋献公几乎跻身于霸主之列。在经历了长时间社会动乱之后，晋国登上了大国争霸的舞台。

### 徘徊于争霸之路

晋献公的时候，春秋时代霸权迭兴的开场锣鼓已经敲响，一些最初的"霸主"登台亮过了相，主盟霸业政坛的齐桓公正在建树伟绩。晋献公虽是一位不甘寂寞的角色，但其霸业却没有能够登堂入室。

继位伊始，晋献公就请虢公和他一起去朝拜周惠王，对周王册封之事表示敬谢。周惠王用醴——一种以麦芽酿成的甜酒——设飨宴招待晋献公和虢公，并破例允许他们向自己敬酒。为了和王室密切关系，晋献公又和虢公、郑伯一起为刚刚当上"天子"的周惠王操办婚事。他们让周卿士原庄公到陈国迎接陈国女子陈妫到京师和惠王完婚。这些事情表明，和郑庄公、齐桓公等一样，晋献公对"尊王"旗号也是相当感兴趣的。

曲沃以小宗的地位而攫取晋国政权，一跃而为大宗，这对晋武公、晋献公来说固然是极大成功，然而也为他们敲响警钟：以小宗而兼并大宗，只能到此为止了。"殷鉴不远，在夏后之世"⑦，晋献公不遗余力地诛杀"公族"，就是总结了这条经验。

"公族"是由历代国君的庶子所繁衍而形成的宗族，从成师开始的曲沃一系势力就是公族的一支。出自曲沃桓叔（即成师）的一支称为桓族，出自曲沃庄伯的一支称为庄族。晋献公时期，桓、庄之族势力强盛，威胁公室，使晋献公大为忧虑。

鲁庄公二十三年（前671年），晋献公听从大夫士蒍的建议，让他设计谋先翦除了为桓、庄之族出谋划策的富子。第二年，士蒍又挑拨桓、庄之族的游氏二子与群公子的关系，使群公子杀掉游氏二子和游氏的全部族人。鲁庄公二十五年（前669年），晋在聚（今山西省绛县东南）筑城，让群公子居住。这年冬天，晋献公率军围攻聚邑，杀尽群公子。这是春秋列国中首次大规模消灭公族的举动，它有力地保证了晋国君权的稳固。

为了使晋国"本强末弱"，晋献公于鲁庄公二十六年（前668年）任命翦除公族有功的士蒍担任大司空的职务，并让他主持修筑绛（即翼，今山西省翼城县东南）都城墙，广益旧宫，使绛都规模超过曲沃。通过这些措施的实行，晋国政权安定，解除了公族威胁的后顾之忧，使晋献公可以专注于对外的开拓发展。

当齐桓公正在中原地区援燕、迁邢、封卫，高举"尊王攘夷"大旗，紧锣密鼓地建树霸业的时候，晋献公开始在今山西省汾河流域开拓疆土，兼并小国。当时在晋国南部近邻的最强盛的国家是虢，其封疆从今山西省平陆县绵延至今河南省三门峡市一带。鲁庄公二十六年（前668年），虢人两次侵晋。翌年，晋献公欲伐虢，士蒍认为时机尚未成熟，必待虢公骄横而为民所弃时方可出兵。晋献公听从了这个建议。

鲁闵公元年（前661年），晋献公扩充兵力，由一军增至两军。晋献公率领上军，太子申生率领下军，赵夙"御戎"——即为晋献公驾驭战车，毕万为晋献公的车右武士，出兵灭掉耿（今山西省河津市东南）、霍（今山西省霍州市西南）、魏（今山西省芮城县东北）等国。翌年，晋献公派太子申生率军讨伐东山皋落氏（今山西省垣曲县东南）。东山皋落氏是赤狄族的一支，太子申生的这次征伐取得胜利，"败狄于稷桑而反（返）"⑧。

鲁僖公二年（前658年），晋献公认为伐虢的时机成熟，欲发兵前往。大夫荀息建议说：

"请君主您考虑用屈（今山西省石楼县东南）地的名马和垂棘（今山西省长治市潞城区北）的玉璧为礼物送给虞（今山西省平陆县东北）国，向虞借路，让晋军通过去伐虢。"原来，虞在晋南，虢又在虞之南，所以晋师伐虢应向虞借路。此举既可便于晋军伐虢，又可顺手牵羊，将虞乘机灭掉。荀息的建议一箭双雕，是一个高明的计谋。

"名马和玉璧是晋国之宝。假若虞接受了礼物而不借路，将如何是好？"晋献公舍不得屈产名马和垂棘的玉璧。

"虞对于晋，是小国事奉大国。虞若不借路，必定不敢接受我们的礼物。假若虞接受礼物并借路给我们，那么，我们的玉璧就像从内库取出来放到外库，我们的名马就像从内厩牵出来拴到了外厩。"荀息有绝对把握。

然而，晋献公还有顾虑。"虞国有贤臣宫之奇，他必定不会让虞国接受礼物。"晋献公说的这个顾虑似乎不无道理。

"宫之奇为人虽然明达，但却很怯懦，不敢强谏。并且他自幼和国君一起在宫中长大，所以虞君虽对他亲昵，但却不敬重。说起我们的计谋，那是将玩好之物献于其耳目之前，而忧患却在一个国家灭亡之后才会发生。这种计谋须具有中等以上智慧的人才能识破，然而据臣预料，虞君之智在中等以下。"荀息胸有成竹地说。

晋献公听从荀息建议，并派他送去礼品以求借路。荀息向虞君说：

"过去冀（今山西省河津市东北）国无道，曾发兵攻打虞国，为援助虞，晋曾攻冀。如今虢国无道，侵伐敝国的南鄙，所以请求借路，以问罪于虢。"

虞君答应荀息的请求，并表示可以为晋军先导前往伐虢。宫之奇果然看穿了荀息的诡计。他劝虞君拒绝荀息，虞君不听。这年夏天，晋献公派大夫里克、荀息率领晋军，会合虞国的军队，一起去讨伐虢国，灭掉虢国的下阳（今山西省平陆县东北）。

鲁僖公五年（前655年），晋献公再次派人到虞国借路以伐虢。宫之奇进谏说：

"虢是虞的外围，虢亡，虞必定会随之而亡。晋国的野心是不能让它得逞的。借路一次已经过分，难道还可以来第二次吗？谚语'辅车相依，唇亡齿寒'，说的就是虞和虢的关系。"

"晋和我是姬姓同宗，岂能害我？"虞公不相信晋有灭虞的野心。

"虢和晋也是姬姓同宗，现在晋却要去灭虢，晋对虞又有什么可爱惜的。桓、庄之族是晋君的近亲，尚且被灭，虞和晋君的关系能赶得上桓、庄之族吗？"宫之奇举出两个有力的证据，说明晋不会以同宗关系而保护虞国。

"我祭祀所用的祭品丰盛而清洁，神灵必定会依从我。"虞公把希望寄托于神灵的保佑。

"臣听说，鬼神不是亲近哪一个人，而只依从德行。如果晋国占取了虞，然后发扬美德，并用芳香的祭品奉献于神灵，那么，神灵难道会把祭品吐出来吗？"宫之奇说明神灵可以保佑虞，也会去保佑晋。

虞公不听劝告，答应了晋国使臣，宫之奇不忍心见虞国之亡，率领族人逃往曹国。他悲痛地说："虞国将会很快灭亡，恐怕没有机会再举行腊祭了。晋灭虞将在此次借道以后，不会再次发兵了。"

这年八月，晋献公亲自率军通过虞国围攻虢的上阳（今河南省三门峡市陕州区南）。十二月，灭掉虢国，虢公丑逃往卫国避难。⑨晋军自虢还归途中驻在虞国，乘机发动袭击，将虞灭掉，把所俘虏的虞君及其大夫井伯作为陪嫁秦穆姬——晋献公之女嫁于秦穆公者——的媵臣。荀息一手牵着马，一手拿着玉璧，进前对晋献公说："璧则犹是也，而马齿加长矣！"⑩原先献给虞公的礼物又物归原主，并借此而取得了灭虢、灭虞的胜利。此时的晋献公，其头脑是清醒的，灭虞以后他做的一件大事就是"归其职贡于王"⑪，即把虞国的贡纳和赋税献给周惠王。对于"尊王"，晋献公并不怠慢，而是黾勉从事的。

晋献公有勇有谋，不仅翦除公族，稳固了君权，而且兼并诸多小国，使晋国威风大增。他本来可以建树起名垂青史的霸业，然而娉婷婀娜的骊姬却弄得他神不守舍，在通往霸主的路途中只能鹅行鸭步了。

### 一位聪敏乖觉的女子

鲁庄公二十二年（前672年），晋伐骊戎。⑫为了解救危急，骊戎的国君将两名美女献给晋献公。其中一个年龄大些的称为骊姬，很受晋献公宠爱。这位骊姬是骊国艾地"封人"的女儿。她聪敏乖觉，善观时变。《庄子·齐物论》记载有骊姬初到晋国时的情况：

> 丽（骊）之姬，艾封人之子也。晋国之始得之也，涕泣沾襟。及其至于王所，与王同筐床，食刍豢，而后悔其泣也。

当时君主所睡之床称为"筐床"。骊姬初离家乡的时候"涕泣沾襟"，颇有小家碧玉之淳朴与羞涩，然而从山野僻壤到温馨富贵之乡不久，她就如鱼得水而悔其初了。

晋献公最初娶贾（今山西省襄汾县东）国女子——贾君，没有生子，所以没有立她为夫人。晋献公又纳父妾齐姜，生一女一男，女儿后来为秦穆公夫人，男孩即太子申生。晋献公还娶了两名戎族女子，大戎狐姬生公子重耳，小戎狐姬生公子夷吾。翦除包括太子申生在内的诸位公子，是骊姬昼思夜想的目标，唯有实现这个目标，其子奚齐才可继承君位，从而也才有她自己长远的权势。

在骊姬曲意逢迎之下，晋献公曾经私下向骊姬表示要废掉太子申生，而立奚齐。照一般情况而言，骊姬似乎应当"谢主隆恩"才是，然而她却说出一番知情达理的话：

> 太子之立，诸侯皆已知之，而数将兵，百姓附之，奈何以贱妾之故废嫡立庶？君必行之，妾自杀也。⑬

骊姬很懂得欲擒故纵的策略，你看她是何等真诚何等善良何等克己奉公！然而，以后的事实表明，她的为人又是何等虚伪何等毒辣何等损公肥私。

申生是她的眼中钉，《史记·晋世家》说："骊姬详（佯）誉太子，而阴令人谮恶太子，而欲立其子。"她所令之人就是名叫梁五和东关嬖五的这两个晋献公的嬖臣。这两个人朋比为奸，人称"二五耦"。耦是合的意思，"二五耦"是对两个以"五"为名的嬖臣的贬称。他们对晋献公说："曲沃是君主的宗邑，蒲（今山西省隰县西北）和二曲（今山西省吉县境）是君主的边疆，不能没有强悍的人镇守。如果让太子主管曲沃，重耳住在蒲，夷吾住在二曲，这就可以使百姓畏惧、戎狄害怕，而且可以显扬君主的功劳。"晋献公对"二五耦"言听计从，不仅太子、重耳、夷吾离开都城，而且别的公子也都住到边境地区，只有骊姬的儿子奚齐和骊姬妹妹的儿子卓子留居都城。

古代有一种扮演杂戏的人，称为"优"。晋献公有个很受宠爱的优，名叫施，又叫优施。优施和骊姬私通，并教给骊姬如何谮害申生。夜半枕边，骊姬对献公哭诉说：

"我听说申生非常喜好仁义并且倔强，他对待民众宽容、施惠、慈爱，很有办法笼络民众。如今，君主您迷恋于我，必定影响国事。我担心申生会以国家利益为借口而对君主您实施强暴，使您不能施展宏图。君主您有什么办法呢？何不杀掉我，不要因为我而影响了君主的大事！"她啜泣不已，弄得献公百感交集。

"申生难道只施恩惠于民而不施恩惠于他的父亲吗？"献公似乎还对申生有些希望。

"晋国自曲沃桓叔以来，有谁还去真心去敬爱亲人？唯有不顾亲属关系，所以曲沃才能将翼兼并。"骊姬举出了历史的鉴戒。

"若何而可？"献公询问良策。

"君主您何不告老而把政权传授给申生。那样的话，申生得到政权就可以满足欲望了，也就不想加害于君主。"

"不可把政权给予申生。"晋献公一口否决了骊姬的"良策"，"申生既然可以为得到政权而绝情于我，那么，他也会加害于我。请你放心，我将慢慢处置他。"

经过这番泣诉，申生在晋献公心目中已经成了图谋篡权夺位的不逞之徒。骊姬趁热打铁，继续施展狡诈手段来潜害申生。

## 申生在宗庙自缢

鲁僖公四年（前656年），骊姬对申生说她梦见了齐姜，让申生赶紧到曲沃的晋君宗庙里祭祀自己的母亲，并把"胙"——即祭肉和祭酒归献给君父。申生是忠厚之人，便立即去了曲沃。回到晋都后，申生把"胙"献给父亲。时值晋献公外出田猎，于是骊姬把"胙"放在宫中。过了六天，献公返归。骊姬让负责宫中膳食的宰人献上胙肉祭酒。献公欲吃，骊姬在旁边忙说：

"胙从远处送来，应当先试验一下，然后再吃。"原来，胙肉和酒在宫中放置之时，骊姬已经派人掺进毒药。所以献公把酒泼在地上，只见地上坟起；把肉给犬吃，犬死；给小臣吃，小臣亦死。证明肉和酒中确实有毒。

骊姬哭喊："太子怎么能这样忍心！连自己的父亲都想弑杀，何况别人呢？并且现在国君已经年老，早晚要辞世而去，难道太子就不能稍微等待一下吗？为何偏要弑杀父亲！"这些话是喊给众人听的，她已经把"弑君"罪名加到了申生头上。此外，她还单独对献公有一番语言：

"太子所以要这样急不可待地弑杀君父，不过是因为我和奚齐的缘故。我愿意带着儿子逃往他国,或者我和儿子及早自杀,以免将来为太子的俎上之肉。当初您要废掉太子,我还千方百计劝您不要这样做,现在我好悔呀!"

晋献公怒火迸发,欲诛太子。太子急忙奔逃到新城(即曲沃),其师傅杜原款被献公杀掉。杜原款临死前让小臣捎话给太子,嘱咐太子要尽忠于君父,并且说:

> 死不迁情,强也;守情说(悦)父,孝也;杀身以成志,仁也;死不忘君,敬也。孺子勉之!死必遗爱。死民之思,不亦可乎![14]

太子申生守死善道,与杜原款的教诲应当是有直接关系的。有人见事不公,曾对太子说:

"毒药是骊姬所放,太子何不向君父自作辩解,讲明真实情况?"

"我父亲年纪大了,假若没有骊姬陪伴,他便寝不安,食不饱。若加辩解,骊姬便会获罪,我又没有办法使君父欢乐。"申生处处替父亲着想,可以算是"守情说(悦)父"了。

"可以逃奔别国避难。"又有人劝告说。申生马上回绝了这种提议,从当时申生言语中所举出的理由,我们可以看到忠、孝一类的伦理观念对于人们思想的深刻影响。这段气势凛然的语言是:

> 去而罪释,必归于君,是怨君也。章(彰)父之恶,取笑诸侯,吾谁乡而入?内困于父母,外困于诸侯,是重困也。弃君去罪,是逃死也。吾闻之:仁不怨君,智不重困,勇不逃死。若罪不释,去而必重。去而罪重,不智;逃死而怨君,不仁;有罪不死,无勇。去而厚怨,恶不可重,死不可避,吾将伏以俟命。[15]

仁、智、勇三者是申生的精神支柱，然而骊姬的诡计却使他陷入不仁、不智、不勇的境地。申生完全可以逃死，可是他的信仰却不允许他做出这种选择。为忠孝观念束缚的申生最后走上自杀的道路，有其必然的思想因素。

这年的十二月间，申生在新城的晋君宗庙自缢身亡。

## 骊姬之乱

史载，关于骊姬之事，曾有过两次占卜。第一次是晋献公伐骊戎时史苏的占卜。古人占卜是先在龟甲或牛胛骨内面挖出圆形或椭圆形的小窝，卜人将所问的事情向神灵祷告，然后用烧红的燋炬烧烤这小窝，甲骨便卜然有声地裂开，在甲骨正面显出裂纹，谓之卜兆。据说鬼神的意志就通过卜兆显示出来。关于卜兆所示，一般有现成辞句解释，关于讨伐骊戎的卜辞是：

> 挟以衔骨，齿牙为猾，戎夏交捽。[16]

卜兆的形状是中有纵画，似一根骨头，兆端左右坼列，像齿牙之状。这种卜兆预告有"猾（祸）"，戎狄之人将危害晋国。所以晋国人就以"齿牙为猾（祸）"说明骊姬必定带来祸患。

第二次占卜是晋献公将要立骊姬为夫人时进行的。卜辞是：

> 专之渝，攘公之羭。一薰一莸，十年尚犹有臭。[17]

意思是说假若专宠骊姬则将生变，并且会夺去公的"羭"——即牡羊，也就是太子申生。"薰"（香草）和"莸"（臭草）混杂一起，过了十年还会有臭气。以此喻指骊姬流毒将会长久存在。

这两次占卜的情况表明当时晋国确有一派甚强的势力反对骊姬。然而骊姬毕竟节节进取，说明她是一位相当厉害的角色，实非一般只以妖艳惑主邀宠的女人可比。骊姬对于社会政治有很多独到见解，请看她的一段名言：

> 吾闻之外人之言曰：为仁与为国不同。为仁者，爱亲之谓仁；为国者，利国之谓仁。故长民者无亲，众以为亲。苟众利而百姓和，岂能惮君？[18]

在这里，骊姬重点对于"仁"的概念做了发挥。众所周知，"仁"是春秋末年的伟大哲人孔子思想的核心，孔子提出的"仁者爱人"历来被认为是古代思想的一大精华。实际上，仁的观念在孔子以前很早就出现了，孔子是在对前人观念的熔铸中提炼出自己的仁学体系的。春秋时期的人对于"仁"下过许多不同的定义，和孔子思想最为接近的便是"爱亲之谓仁"。此语虽然非必为骊姬所最早提出，但此语最早出自骊姬的论述，则还是可以肯定的。骊姬虽然算不得一位哲人，但说她是一位很有见解的人物，则并不过分。

关于骊姬的史载，难免掺杂有"女宠祸国"论影响下的故意渲染。骊姬杀申生以后，"尽逐群公子，乃立奚齐焉。始为令，国无公族焉"[19]。后来，晋文公称霸诸侯，春秋中期晋国又多次复霸，都与晋国君权能摆脱公族势力的羁绊有直接关系。骊姬使"国无公族"，虽然从维护奚齐的权势着眼，但歪打正着，对于晋国长期占据中原诸侯霸主地位仍具有促进作用。

### 苟违其违，谁能惧之

当骊姬杀申生、驱逐群公子的时候，晋国正值第二次伐虢、乘机灭虞，国势的上升并未因为"骊姬之乱"而中衰。献公后期，晋国的实力已令国际舞台刮目相看。

一位势力强大的诸侯要成为"霸主",一要把握住历史发展所提供的机遇;二要自己的国家以及自身具备争霸诸侯的条件。《国语·晋语》说:

> 苟违其违,谁能惧之!

这里第一个"违"字意为除去,第二个"违"字指违道之事,即不合乎历史发展潮流的举动。这句话意谓,假若能去掉那些违道的举动,那么谁能不害怕他?晋献公及其以后一段时间,晋国在国际舞台上的状况就属于"苟违其违,谁能惧之"。

鲁僖公九年(前651年)夏,齐桓公召集诸侯在葵丘(今河南省兰考县东)会盟,周襄王派卿士宰孔到会赐给齐桓公胙肉,并且礼数有加。葵丘之会是齐桓霸业巅峰的标识。正所谓"物极必反、盛极必衰",参加葵丘之会的宰孔就已经看出了齐桓霸业必定衰退的征兆。这次会前,鉴于晋国实力的上升,齐桓公破例地邀请晋献公参加,意欲把晋国纳于自己麾下。晋献公赴会途中,遇到先期离会的宰孔。宰孔说了一大篇理由,劝晋献公不必赶往葵丘赴会:

> 君可无会也。夫齐侯好示,务施与力而不务德,故轻致诸侯而重遣之,使至者劝而叛者慕。怀之以典言,薄其要结而厚德之,以示之信。三属诸侯,存亡国三,以示之施。是以北伐山戎,南伐楚,西为此会也。譬之如室,既镇其甍矣,又何加焉?[20]

"甍"指栋梁、屋脊,盖房屋的时候,已经"镇其甍"——即加上屋脊,那么再往上也就不会增加什么了。宰孔认为齐侯喜好显示自己,其南征北战已经使霸业达到顶点,不会再有什么发展,所以晋国没有必要风尘仆仆地赶去向齐俯首称臣。

晋献公听从了宰孔劝告,驱车返归。宰孔望着车队所荡起的蔽天尘土,不禁连连摇头,对手下的人感慨言之:

> 晋侯将死矣!景、霍以为城,而汾、河、涑、浍以为渠,戎狄之民实环之。汪是土也,苟违其违,谁能惧之!今晋侯不量齐德之丰否,不度诸侯之势,释其闭修,而轻于行道,失其心矣。君子失心,鲜不夭昏。㉑

宰孔先赞叹了晋国地势的雄伟,高大的霍太山就像晋国的城墙,汾水、黄河、涑水、浍水,就像它的灌溉渠道,还有戎狄民众环绕周围而居。多么广阔的土地啊!若能去掉违道的举动,那么谁能不害怕它!如今晋侯不能正确估计齐国霸业形势,放弃了治理晋国,轻举妄动地上路赴会,说明他是很缺乏考虑的。没有谋虑的人,很少能活得久远。

也许是巧合吧,就在宰孔预言"晋侯将死"不久,晋献公果然死去。

不仅晋献公没有能够"违其违"而成就霸业,而且此后的晋惠公也由于自身的原因而失去了称霸的良机。

晋献公去世以前曾经把奚齐托付给荀息。献公死后,晋大夫里克将奚齐杀死在服丧的处所。荀息立骊姬妹妹的儿子卓子为君,里克又在朝廷上将卓子杀死。此后,里克有一件大快人心的举动。史载:

> 奚齐立,里克杀之。卓子立,又杀之。乃戮骊姬,鞭而杀之。㉒

在晋国内部政局不稳的时候,齐桓公曾率领诸侯国军队伐晋,但仅到晋邑高梁(今山西省临汾市东北)就撤军返归,没有取得成果。

里克连杀奚齐、卓子、骊姬之后，派人迎接逃奔在外的公子夷吾返晋继君位。夷吾的主要谋臣吕省、郤芮认为，现在晋国国内尚有可立为君的公子，可是却要向外寻求，这是难以置信的。要想返晋为君，必须"辅强国之威以入"[23]。这个"强国"，就是和晋毗邻的秦。夷吾派郤芮到秦，向秦穆公许诺自己返晋之后将晋国在黄河以西的五座城池割让给秦，请秦穆公发兵护送自己回国继位。

"公子在国内有何人可为依靠？"秦穆公知道晋国众望所归的是公子重耳，知夷吾不为晋人所重，所以先向郤芮提出这个问题。

"臣听说逃亡在外的人不必有党羽，因为有党羽就会有仇敌。"郤芮回答得很巧妙。

"公子的人品如何？"

"夷吾自幼不喜欢玩耍，能够争斗但又不过分。年长之后，这些也没有改变。其他的我就不晓得了。"郤芮强调夷吾为人安详而不树敌。

由于夷吾不为晋人倚重，所以秦穆公对是否援助他有些犹豫不决。他向大夫公孙枝询问：

"夷吾能安定晋国吗？"

"臣听说，只有行为合乎准则才能安定国家。夷吾为人既猜忌又争强好胜，要他安定晋国，恐怕很困难。"公孙枝回答。

"善哉！"秦穆公恍然大悟，"夷吾猜忌，便会招致许多怨恨，又哪里能安定晋国。这是我们秦国利益之所在啊！"原来，秦穆公并不希望出现一个强大的晋国以威胁自己的霸业。

鲁僖公九年（前651年），秦穆公发兵会合齐国隰朋所率领的军队，共同入晋，护送夷吾返晋继位，即晋惠公。第二年夏天，周襄王派卿士周公忌父和大夫王子党到晋国赐命于晋惠公，表示周王室对他的支持。

有秦、齐两大国的支持和周王室的承认，国际形势对于晋惠公来说十分有利。假若能够"违其违"，安定晋国的国内局势，并举起"尊王"的旗帜，那么晋惠公是有可能建树霸业的。然而，猜忌和昏庸却断送了这美好前程。

里克是一位很有魄力和影响的人物。晋惠公无端怀疑并要杀死里克。他派人对里克说：

"如果没有您，我就做不了晋君。尽管如此，您杀了两个国君和一个大夫。谁要做您的君主，不也太难了吗？"

"没有奚齐、卓子的被废杀，君主您怎么能兴起？欲加之罪，何患无辞！下臣我知道您的意思了。"里克说完，遂伏剑自杀。

里克之死，使那些支持晋惠公返国继位的人胆战心寒。

返晋之前，晋惠公许诺给主要谋臣丕郑以晋国负蔡这个地方的田地七十万亩，给里克以汾阳（今山西省阳曲县西北）的田地百万亩，给秦国以黄河西岸的五座城池。晋惠公继位后对这些许诺概不认账，并将里克、丕郑的徒党尽行诛杀。鲁僖公十一年（前649年），周襄王派召武公和内史过再次赐命于晋惠公，惠公懒洋洋地拿着周王所赐的瑞玉，对王室"恩宠"颇不感兴趣。显然，他并不重视这个表现自己"尊王"的绝好机会。鲁僖公十三年（前647年），晋国发生饥荒，秦穆公不念晋惠公背信食言而不予秦国五城的恶行，还是派人运送粟米给晋，从秦都雍（今陕西省凤翔县南）到晋都绛（今山西省翼城县东南），运粮的车队连绵不绝。第二年，秦国发生饥荒，派人请求晋国允许秦人籴粮，却被晋惠公拒绝。

为了惩罚晋惠公忘恩负义的丑行，秦穆公于鲁僖公十五年（前645年）冬天率军伐晋。晋惠公率军迎战于韩（今山西省芮城县境），兵败被俘，成为阶下之囚。后来在秦穆公夫人（晋惠公的姐姐）和晋国大臣们的全力营救下，晋惠公被释放回国。鲁僖公十七年（前643年）晋太子圉到秦国为人质。鲁僖公二十三年（前637年）晋惠公死，太子圉从秦逃归继位，为晋怀公。

从晋献公、晋惠公在位的三四十年的情况看，晋国政治、经济实力都有了空前的增长，国际舞台也为晋国称霸提供了不少良机，无奈这两位国君都不具备霸主的谋略与才能。

晋国在渴望英明之主弘扬国威。历史在呼唤晋国的伟人出来创建霸业。

## 晋文公创业图霸

人们常说：时势造英雄。这大概有三个方面的含义。其一是说，当时代需要伟人之时，伟人就会应运而生。其二是说时势为英雄提供了大展宏图的舞台。其三是说时势可以锤炼英雄成长。晋文公创业图霸，就是一个证明。

### 寺人披砍下重耳一截衣袖

创立盖世伟业的皇皇霸主晋文公，在他还被称为"公子重耳"，只是晋国宫室中一位纨绔子弟的时候，并无超尘拔俗之处。他的胆识和才干，完全是生活经历磨炼的结果。

骊姬谮害太子申生的时候，重耳还只是十六七岁的年轻人。[24]晋献公信谗言，要把群公子逐出晋都，便派士蒍为重耳修筑蒲（今山西省隰县西北）城，为夷吾修筑曲（今山西省吉县境）城。士蒍偷工减料，把柴草混入土中筑城。夷吾便把士蒍敷衍塞责的情况报告了晋献公,重耳则一言未发,尚不知晓据理力争。骊姬诬陷申生放毒,并逼死申生以后,又诬陷重耳和夷吾跟申生同谋,于是重耳逃跑到蒲,夷吾逃到了曲。

鲁僖公五年(前 655 年),晋献公派寺人披率人到蒲去杀掉重耳。在生死攸关的时刻,重耳信守"君父之命不校"[25]的传统观念,认为君父的命令是不应违抗的。他对欲战的蒲城人说:"谁如果抵抗,那就是我的仇人!"寺人披迅速赶到蒲城,重耳跳墙,寺人披抓住他的衣服,一刀砍去,只听"嚓——"的一声,重耳的一截衣袖已落在寺人披手中。古人宽衣博带,所以寺人披才没有砍伤重耳。在众随从簇拥下,重耳仓皇逃命。寺人披这凶狠的一刀,使重耳清醒了一些,体察到了权势之争的严酷。

逃离晋国途中,重耳把希望寄托于大国,命人占卜是逃亡到齐还是楚更有利些。随从的谋臣狐偃说:

"不必占卜了。齐、楚两国离晋遥远,并且这样的大国只希望诸侯进贡,并不欢迎背井离乡的逃亡公子,因此都非可以久居之地。"

"那么,我们到何处去?"重耳没了主意。

"以臣考虑,去狄人那儿合适。狄离晋国很近,但又不和晋来往。可以居住在那里静观时变。"狐偃提出了切实可行的建议。

"善哉!"重耳连连颔首。

跟从重耳的谋臣除了狐偃以外,还有赵衰、颠颉、魏武子、司空季子、贾佗、先轸等人,他们足智多谋,颇具远见卓识,为重耳建树伟业作出许多贡献。对于重耳这位年轻的公子哥儿来说,他们都是师、傅一类的重要人物。

光阴荏苒,重耳一行在狄住了 12 年之久。刚到狄的时候,正值狄人讨伐属于赤狄部落的廧咎如(今河南省安阳市西南),俘获两名漂亮女子，献给重耳。重耳娶了季隗，生下伯儵、叔刘两个孩子。另一名女子叔隗被重耳送给赵衰，生下赵盾。又是那位狐偃向重耳进谏：

"我们来到这里，并非以能住在狄人这里为荣华之事，而是为了图谋大业。如今我们养精蓄锐已经有了'一纪'——即12年——的时间，现在可以出发远行了。"

"那么，到何处为好？"重耳又提出这个问题。

"如今齐侯年老，管仲已殁，齐欲亲附晋国，我们赴齐，正是良机。"狐偃的这个建议为大家一致赞同。

重耳一行离开狄，先到卫国，卫文公对他们很不礼貌。于是，他们急忙离开卫都东行。一路上饥肠辘辘，风尘仆仆，好不艰辛！从五鹿（今河南省濮阳市南）城东行，实在饥饿难耐，重耳只得放下架子，让随从向乡下人乞讨食物，乡下人却捧了一个土块给他们，重耳发怒，正要抽出鞭子猛打，却被狐偃拦住。狐偃讲了一番发人深省的言语：

> 天赐也！民以土服，又何求焉。天事必象，十有二年，必获此土。二三子志之。㉖

狐偃把土块代表土地，解释为这是上天的恩赐。他说，老百姓奉土以服公子，我们寻求的就是这个。这件事情显示了天的意志，让我们十二年之后拥有这块土地，请大家记住吧。重耳听了狐偃的话，转怒为喜，遂行稽首再拜的大礼，恭恭敬敬地接受了土块放在车上，继续赶路。

赫赫霸主齐桓公厚礼迎接重耳一行，把宗室之女姜氏给重耳为妻，送给重耳八十匹马。重耳安居，心满意足。他到齐国两年之后，齐桓公死，齐内乱，齐孝公继位之后，国势衰退。赵衰、狐偃等谋臣在桑树下商量离开齐国,因为齐已无暇顾及护送重耳返国的事情。在桑树上采叶的蚕妾听到此事,向姜氏禀报,为了防止泄密,姜氏杀掉蚕妾。她劝重耳说:

"你的随从已经密谋离开齐国,听到这消息的蚕妾已经被我处置,你尽可放心,赶紧离开齐国。自从你离开晋国之后,晋国纷争不已,国无宁日。现在晋公子九人,仅有你在,拥有晋国者,必定是你。望你勉励自重,天命不可违抗,不必再有贰心。"姜氏实在是一位有见识的女子,她这番话真是难能可贵。

"人生在世,只求安乐,管那么多干什么?我必老死于此,不和你分离。"重耳迷恋姜氏,不愿意离开齐国。

"千万不要这么想。"姜氏继续劝勉重耳,"人应当抓住机会。古书上说,怀恋与安逸,是影响事业成功的大病。如今,齐国政治弊败,晋国动荡不安,随从为你忠心耿耿地谋划,机遇来临,公子你登晋国君位是指日可待的事情。机不可失,时不再来。你须立即行动。"

"离开你,我实在不愿意。"重耳强调说。

"你作为一国公子,穷困潦倒而来齐国,随从的谋臣士人都把希望寄托于你。如今你不想迅速返国以树大业,反而迷恋女色,我真替你害臊!"姜氏拿话激他。

见重耳执拗不肯听从劝告,姜氏就和赵衰等人商量。他们一起用酒把重耳灌得酩酊大醉,乘机用车拉着重耳离开齐国。走了很远,重耳才醒过来,见状大怒,重耳拿戈朝狐偃刺去,狐偃连忙跑开。重耳边撑边说:

"假若此行不能成功,我就杀你吃肉!"

"假若不能成功,我将尸抛荒野,你会去和豺狼争食我的肉吗?若能成功,公子将食用晋国的美味佳肴,我那腥臊之肉,怕是给你，你也不会吃的。"狐偃风趣地回答。

从鲁僖公五年（前 655 年）重耳离开晋国寻求安身立命的处所开始，到鲁僖公二十三年（前 637 年）离开齐国的时候，已有 18 年之久。奔波流离的生活使重耳这位公子哥儿尽阅人世沧桑，变得成熟起来。

重耳离开优裕的生活环境和聪慧贤淑的爱妻，踏上归途的漫漫长路，命运之神将会如何安排他呢？

**贫贱忧戚，玉汝于成**

北宋时代的大哲学家张载有一句名言：

贫贱忧戚，庸玉女（汝）于成也。[27]

意谓贫贱忧戚可以磨炼人，使人成就一番事业。公子重耳的情况正是如此。近 20 年之久的流亡生活，确实"玉成"了他。

鲁僖公二十三年，重耳一行离开齐国先到了卫。这时候，卫文公正忙于防御狄人和邢国的威胁，无暇礼遇重耳。卫国卿士宁庄子认为公子重耳是卫君的同宗亲戚，并且他一定会得到晋国，将来重耳称霸诸侯讨伐无礼之国，卫将在被讨之列。他劝卫文公厚礼招待重耳，卫文公不予理睬。

重耳从卫到曹国的时候，曹共公听说他的肋骨排列很密，像并成一块，便想看看他裸体的样子。曹国大夫僖负羁劝告说："晋国公子重耳贤良，和我们同姓，穷急之中路过我国，奈何不以礼待之？"

"诸侯国中流亡在外的公子很多，我哪能都礼遇他们？"曹共公说出自己的理由。

"我听说爱亲、明贤是政治的主干,如今重耳既贤良又是曹国亲戚,是最尊贵的客人,为何吝啬玉帛酒食而怠慢宾客?"僖负羁说。

见曹共公不听劝告,僖负羁怏怏返家。其妻说:"我看晋公子的随从,都足以担当相国职务。在他们辅佐下,公子必定返晋而得志于诸侯。将来晋讨伐无礼,曹国首当其冲,你还是早作打算为好。"僖负羁按照妻子的嘱咐,给重耳送去一盘食品,里面藏着玉璧。重耳很得体地接受了食品,却将玉璧退回。曹共公不听僖负羁劝告,趁重耳洗澡的机会,在帘子外面观看,弄得重耳心里很恼火。

离开曹国以后,重耳到宋。他和宋国大司马公孙固关系很好。这时候,宋襄公在泓之战负伤以后,正在养伤。他听从公孙固劝告,对重耳厚礼待之,并赠送八十匹马。

宋国刚刚吃了败仗,宋襄公又受重伤,自然无力援助重耳返晋。于是重耳便离宋到了郑国。郑国大夫叔詹劝郑文公礼遇重耳,郑文公不听。叔詹又劝郑文公杀掉重耳,以免后患。据《国语·晋语》记载,他曾引用谚语说明意思:

| 黍稷无成, | 黍稷枯萎死亡, |
|---|---|
| 不能为荣。 | 哪能茂盛茁壮? |
| 黍不为黍, | 黍子不是黍子, |
| 不能蕃庑。 | 便不能带来蕃昌。 |
| 稷不为稷, | 稷子不是稷子, |
| 不能蕃殖。 | 也不能使国家兴旺。 |
| 所生不疑, | 处事无须疑虑, |
| 唯德之基。 | 才能根基坚实蒸蒸日上。 |

叔詹认为种黍得黍，种稷得稷，祸福也是一样。郑文公昏庸懦弱，并不信叔詹之言。

重耳到楚国的时候，楚成王不以流亡公子视之，而以招待诸侯的"九献"享礼欢迎重耳，庭院中摆放的礼品皆以百数。重耳欲谦辞，狐偃忙劝告说：

"这是上天之命，您何不遵天命而享之？作为流亡之人而享受国君的待遇，和楚君现在并不匹敌，然而却如两个同等国家的君主会见。假若不是天意，谁能使楚君有此念头？"

重耳听从劝告，也就不作推辞。宴飨之后，楚成王言明自己的心意，他问重耳：

"公子假若返归晋国，则何以报答不谷？"

"不谷"，意为不善，是古代王侯自称的谦词。楚成王用"不谷"表示自谦，似为君子，但却孜孜于施恩求报，又非君子所为了。

"子女玉帛，那是君主您所拥有的，鸟羽、皮毛、象牙、犀革，那是君主您的国土上所生长的。那些波及晋国的东西，只是君主您的剩余。我能用什么来报答您呢。"重耳的回答十分得体。可以看出，他已经不是初出茅庐的角色。

"尽管这样，你还是要说明究竟用什么来报答我。"楚成王念念不忘要得到报偿。

在追问下，重耳不慌不忙地说出一番很有分量的话。"如果托您的福，得以回到晋国，那么一旦晋楚两国演习军事，在中原相遇，那我就后退三舍之地，如果还得不到您的宽大，我就左手执鞭执弓，右边挂着弓袋箭袋，跟君主您较量一下。"重耳并不因为有求于楚，就卑躬屈膝，甚至以出卖国家主权来换取眼前利益。这与夷吾以将来割五座城池的许诺以换取秦国支持的情况形成鲜明对照。尽管在根本问题上重耳不退让,但他又答应"退避三舍"——即后退90里,表现了灵活态度。

楚国将领子玉对于重耳的回答感到愤怒。他对楚成王说:

"您以厚礼款待晋国公子,但他却出言不逊,请杀之,以免后患。"

"晋公子志向远大而生活俭约,文辞华美而合乎礼仪。其随从皆严肃而宽厚,并且忠诚而有才能。上天将要使他兴起,谁能够废掉他?违背上天,会有大灾。"楚成王没有答应子玉的请求。

重耳在楚居住数月之久。当时,在秦国为人质的晋国太子圉私自离秦逃归。秦怨恨晋,听说重耳在楚,便派使臣请重耳赴秦。

秦穆公慧眼识英雄,优礼重耳。在享礼上,重耳吟诵了《河水》这首诗,其中说:

沔彼流水,　　那满满的河水,
朝宗于海。　　朝拜于大海。

意谓自己返晋以后,当像水流归海一样事奉秦国。秦穆公随即吟诵《六月》,有诗句谓:

共武之服,　　致力于武力之事,
以定王国。　　以此安定王国。

待秦穆公刚一吟诵完毕,赵衰就喊道:"重耳拜谢!"于是重耳降阶至堂下行稽首再拜之礼,秦穆公降阶一级答谢。为什么重耳特别拜谢秦穆公吟诵《六月》这首诗呢?还是赵衰道出了其中的缘故:

君称所以佐天子者命重耳,重耳敢不拜?[28]

赵衰认为秦穆公把所以辅助天子的事命令重耳,重耳岂敢不拜。"尊王""勤王"为霸主不可或缺之事,《六月》诗的"以定王国"

即蕴含了这方面的内容。秦穆公审时度势，认为重耳为君，必霸诸侯。他吟诵《六月》就有勉励重耳创建霸业之义。对于流亡在外的重耳君臣来说，这实在是一种极大支持。

从重耳在楚、秦两国的表现看，奔波流离的生活，已使他具有相当的政治与外交才能。创业图霸对于重耳来说已不属渺茫，而是近在咫尺了。

以志吾过，且旌善人

对于一位杰出的政治家来说，虚怀若谷、从谏如流，几乎是必不可少的。若从"天分"而言，重耳也许没有什么惊人之处，但其虚心纳谏，在春秋霸主中相当突出。

鲁僖公二十四年（前636年），秦发兵护送重耳返晋。渡过黄河以后，围令狐（今山西省临猗县西）、入桑泉（今山西省临猗县境）、攻取臼衰（今山西省解州境），进展迅速。晋国大夫闻风而投向重耳。重耳派狐偃和晋国大夫连同秦国大夫一起在郇（今山西省临猗县西南）会盟。不久，重耳就到了晋国军队之中，并率军进入曲沃，在祖庙行朝拜之礼，表示继承君位，即晋文公。这时，晋怀公逃走，被晋文公派人追杀。

晋国大夫、诸臣虽多敬奉晋文公，但以前晋惠公时期的权贵吕省、郤芮等却很不满意。他们图谋焚烧宫室并杀死晋文公。知晓这个计谋的寺人披想告密立功，免除以前的罪过。他要求见晋文公。晋文公拒绝见他，并派人责备说：

"蒲城那次，国君命令你一个晚上到达，你立刻就到了。后来我跟随狄君在渭水边上打猎，你为惠公来杀我，惠公命令你三个晚上到达，你过两晚就到了。虽然有国君的命令，为什么那样快呢？

被你砍断的那只袖子还在,你还是走开吧。"寺人披曾经砍下过重耳一截衣袖,那砍刀的寒光似乎还在晋文公面前闪现。晋文公不治寺人披的罪,只是让他走开,就已经算是宽大了。

"执行国君命令必须一心一意。现在您做国君,也会喜欢对您忠诚尽力的人。"寺人披先解释他奉命去杀重耳的事情。

他接着说:"小臣原来认为君主您回国以后,已经洞悉了情况,但现在看,并非如此。如果不知道某些情况,那就会又一次遇到祸难。"寺人披故意卖个关子,说完就要走。晋文公的使臣急忙拦住他,询问情况。

"还是让我走吧!齐桓公曾经把射钩的事放在一边,而让管仲辅助他。现在晋国君主如果改变这种做法,那么,我会自己走的,怎么会需要君主的命令呢?走的人将会很多,岂独是我受过宫刑的小臣?"

晋文公闻讯,急忙亲自接见寺人披,从而知道了吕省、郤芮的阴谋。晋文公当机立断,先于这年三月和秦穆公在王城(今陕西省大荔县东)秘密会见,取得秦国支持,然后严阵以待。吕省、郤芮放火焚烧宫室的时候,不见晋文公出逃,知道事情有变,便急忙向黄河边上逃奔,秦穆公设计谋将吕省、郤芮诱杀。随后,晋文公亲赴秦国迎娶夫人文嬴(秦穆公之女)返晋。据《韩非子·十过》篇说,秦穆公曾经把"革车五百乘、畴骑二千、步卒五万"送给晋文公。晋文公安定国内形势,又结"秦晋之好",这都以寺人披的及时禀报情况为契机。在这种特殊情况下,晋文公不念旧恶的宽广胸襟,具有重要作用。

和寺人披的情况类似,还有一个名叫"头须"的人的事情。

头须是为重耳保管财物的年轻人。重耳出逃的时候,头须携带细软独自逃走,后来又返回晋国,用细软财物设法让重耳返国。晋文公继位以后，头须求见，说：

"臣能使晋国平安。"

晋文公派人对他说："正在洗头，无暇接见。"

"洗头之时心就倒过来，心倒了意图就会相反。这也就难怪我不能被接见了。"头须嘲弄地说。

"你曾经盗窃财物逃走，现在有何面目叩见国君？"使臣责备他。

"国君离晋国很久，臣民多有过于他。现在国君返国继位，臣民多自危。这对于晋国的安定难道会有什么好处吗？我没有随君出逃，又独自带走财物，对君是有罪过的。假若能赦免我的罪过，并和我在都城同乘一辆车子，并让臣民见到。这样，大家就会心情安定，晋国才会平定。"头须侃侃而谈。

使臣把这些话转告之后，晋文公马上接见了头须，从其计谋，做到了弃小怨而安众心。

四百多年以后，当汉高祖刘邦一统天下，准备封赏功臣的时候，诸将平日有过失者因为害怕受到惩处，便相聚谋反。刘邦和留侯张良商议对策：

> 上乃忧曰："为之奈何？"留侯曰："上平生所憎，群臣所共知，谁最甚者？"上曰："雍齿与我故，数尝窘辱我。我欲杀之，为其功多，故不忍。"留侯曰："今急先封雍齿以示群臣，群臣见雍齿封，则人人自坚矣。"于是上乃置酒，封雍齿为什方侯，而急趣丞相、御史定功行封。群臣罢酒，皆喜曰："雍齿尚为侯，我属无患矣。"㉙

张良是否借鉴了晋文公采纳头须计谋，今已不得而知，然"封雍齿"和"用头须"这两件事情，实具有异曲同工之妙。

晋文公赏赐跟从自己流亡在外的谋臣士人，因故未及赏介之推。介之推的母亲让他去请求赏赐，介之推认为不能贪天之功以为己力，于是便和母亲一起隐居起来。随从介之推的人气愤不公，遂悬书宫门，上面写道：

> 龙欲上天，
> 五蛇为辅。
> 龙已升云，
> 四蛇各入其宇。
> 一蛇独怨，
> 终不见处所。[30]

晋文公见到，马上想起这是为介之推抱不平，便立即派人召请，介之推闻讯逃亡。晋文公听说他逃到绵上（今山西省介休市东南）山中，于是就环山而封，称之为"介山"。之所以称为"介山"，晋文公说是要以此记载自己的过失，并且表彰善人。[31]

在君权至高无上的古代，许多君主暴戾恣睢、刚愎自用，往往误国殃民不得善果。春秋诸侯中，这种情况屡见不鲜。像晋文公这样不仅虚心纳谏，而且敢于提出"以志吾过，且旌善人"[32]，并且行动上能够做到，应该说是难能可贵的。

## 求霸莫如勤王

诸侯要成为霸主，必须打出"尊王"的旗号，这在霸权迭兴的时代几乎是一种通例。然而"尊王"并非是顺手拈来的随意举动，而需要机遇。表现"尊王"的最好机遇是当天子蒙难时出兵救援。这种雪中送炭式的援救，后人称之为"勤王"。

赫赫霸主齐桓公虽然曾得到周天子"赐命""赐胙"的恩宠，然而真正的"勤王"的机会，他却没有能够赶上。平定周惠王时期的子颓之乱的主要功臣是郑厉公，齐桓公只不过是事后讨伐支持过子颓的卫国，替周惠王出了口气而已。

算起来，晋文公所遇到的"勤王"机遇比齐桓公要强得多。

鲁僖公七年（前653年）周惠王死，襄王继位。襄王的异母弟子带在惠后支持下，于鲁僖公十一年（前649年）夏天召集居住于京师成周西南的扬、拒、泉、皋、伊、雒之戎攻入王城，放火焚烧了王城的东门。秦晋两国军队伐戎救周。当时的晋惠公采取了调和周王室与戎人矛盾的办法，没有取得效果。

第二年，周襄王以戎人入王城为理由，发兵讨伐，子带逃往齐国。齐桓公在襄王与子带的关系问题上态度暧昧，只派管仲、隰朋去调和矛盾。周大夫富辰劝周惠王召回子带，以免贻笑于诸侯。鲁僖公二十二年（前638年），子带从齐返周。这就是第一次子带之乱。当时的齐桓公、秦穆公、晋惠公等虽然尊奉襄王，但又不肯为襄王翦除仇敌而出大力。周襄王虽然无力谴责，但在实际上对齐桓公等是不够满意的。

晋文公的继位为周襄王带来了希望。周襄王急忙派太宰文公和内史兴"赐命"给晋文公。上台伊始，即受天子恩赐，晋文公自然没有放过表现"尊王"的机会。他派上卿到晋国边境迎接周王的使臣，自己亲自在都城郊外迎接，让使臣居住在晋君的宗庙里，以表示对王命的敬奉。馈赠"九牢"[33]厚礼，并设大烛于庭院之中，供使臣夜间照明。"赐命"那天，在晋武公的宗庙里设立神主、几案，晋文公穿着普通的黑赤色礼服和礼帽进入宗庙，太宰文公代宣王命，赐给晋侯以冕服，内史兴引导晋侯行礼。晋文公谦让三次才接受下来。此后，举行了隆重的宴飨款待天子使臣。[34]太宰文公和内史兴返周以后，向周襄王说：

> 晋，不可不善也，其君必霸。㉟

他们建议周王室善待晋国，因为其君必成霸主。这段话表明周王室已经对霸权采取了承认和支持的态度。既然已不可能再度成为主宰天下的力量，那么承认霸权就是很实际的选择。与其被人冷落，不如有人打着"尊王"旗号出来捧场。后来的事实表明，善待晋侯乃是周襄王的明智之举。

周襄王对晋的政策是正确的，然而对狄人的政策却反复无常，导致失败。郑国曾征服滑（今河南省偃师市境）国，郑军退走后，滑即叛郑服卫，所以郑再次伐滑。周襄王派伯服和游孙伯到郑国为滑请命，郑文公不仅不听王命，反而扣留两位使臣。周襄王怒，派大夫颓叔、桃子联合狄人军队伐郑，攻占郑国的栎（今河南省禹州市）邑。为了表示和狄人友好，周襄王娶狄女隗氏为后。隗氏和子带私通，被废替，于是周襄王和狄的关系由友善而为敌仇。

鲁僖公二十四年（前636年），原先联合狄军的颓叔、桃子事奉子带攻击周襄王，开始了第二次子带之乱。周襄王一度逃至坎欿（今河南省巩义市东南）避难，后被国人迎回。这年秋天，子带联合狄军伐周，大败周军，俘获周卿士和大夫周公忌父、原伯、毛伯、富辰等。周襄王逃到郑国，居住在氾（今河南省襄城县南）。子带扬扬得意地拥隗氏而住于温（今河南省温县西南）。周襄王派人把情况分别告诉了晋、秦两国。

闻王室有乱，秦穆公即率军到达黄河岸边，准备过河前去送周襄王返归京师。这时候是晋文公二年（前635年），虽然正值晋国内乱刚刚平息，但晋国君臣仍然十分关注这次王室内乱。狐偃对晋文公说：

> 求诸侯，莫如勤王。诸侯信之，且大义也。继文之业，而信宣于诸侯，今为可矣。㊱

所谓"继文之业"，指继承当年晋文侯助平王东迁并诛杀"携王"以定天子之位的勤王伟业。狐偃认为这是千载难逢的大好时机。晋文公派狐偃占卜，结果是黄帝在阪泉（今河北省涿鹿县东）打败对手的吉兆。又命人筮卜，结果是可以得到天子享礼的吉卦。晋文公这才坚定信心，决意全力以赴去勤王。

晋文公首先辞退秦国军队，由晋独揽勤王之功，其次是以财物贿赂晋国东部的"草中之戎"和"丽土之狄"，让这两支戎狄势力和晋军一起去勤王。晋文公指挥晋军，兵分两路。以阳樊（今河南省济源市东南）为驻军基地，右师围攻子带和隗氏居住的温，左师到郑国迎周襄王返归。这年夏天，周襄王回到王城，将子带从温抓获，并杀之于隰城（今河南省武陟县境），平定了子带之乱。

为了酬谢晋文公勤王之功，周襄王用醴酒设飨宴招待。晋文公请求襄王允许于其死后得用天子葬礼，周襄王婉言拒绝。襄王说：

> 王章也。未有代德，而有二王，亦叔父之所恶也。㊲

这是一段饶有趣味的答辞。周襄王认为天子葬礼只能施用于周王，这是王室的制度，在还没有取代周室的德行的时候，就有两位王，这也是叔父您所厌恶的。王室虽然日趋微弱，但却"架子"不倒，周襄王依然以独一无二的天子自居，他不希望见到诸侯，也包括那些有勤王功勋的诸侯，有僭越行为。从这个角度而言，王权与霸权尽管在相互利用，但还是有一定矛盾的。

周襄王舍财不舍名。他在"名分"上毫不退让，但却让晋文公得些实惠。周王畿内的阳樊、温、原（今河南省济源市北）、州（今河南省沁阳市东）、陉（今河南省沁阳市西北）、缔（今河南省沁阳市西南）、钼、欑茅（今河南省修武县北）八邑在黄河以北、太行山以南，晋人名之为南阳之地，为晋垂涎之处。周襄王将这八邑慷慨地赏赐给晋。晋文公取得南阳之地，大大便利于晋国向南的发展。这次"勤王"可以算是名利双收。

当晋文公率军接管八邑的时候，阳樊人不服，晋军即将阳樊包围。阳樊人苍葛大声呼喊说：

> 德以柔中国，刑以威四夷。宜吾不敢服也。此，谁非王之亲姻，其俘之也？㊳

他认为，对于中原国家应当用德行来安抚，只有对夷狄才需要用刑罚来威慑。如今晋军威慑阳樊，把我们视若夷狄，也就难怪阳樊不敢降服。这里，谁不是周王的姻亲，难道能俘虏他们吗？阳樊之民"皆王之父兄甥舅"㊴，这个事实表明周王室至少在王畿地区还存在着盘根错节般的势力，所以说春秋时期的王权也不尽然全为空中楼阁。

晋文公不敢小觑这股势力，他先赞扬苍葛的话是君子之言，然后放阳樊之民出城，而仅取其城邑，以此表示对"王之亲姻"的优待。

如果把"尊王攘夷"作为中原诸侯称霸的必由之路的话，那么，晋文公在他继位的第二年就迅速完成了"尊王"这一任务。至于"攘夷"事业，则是在城濮之战完成的。

## 晋楚城濮之战

城濮之战是确定春秋中期诸侯争霸格局的关键之战，也是古代战争史上最著名的大战之一。它以响鼓重槌擂出了霸权迭兴的声威。

## 波谲云诡的国际政局

在霸权迭兴的时代，各诸侯国之间钩心斗角，朝三暮四，乃是司空见惯的现象。在不同的时期，国际关系往往有微妙变化。今日为友者，明日可能反目成仇。昨日的不共戴天之人，也会成为今天宴筵上的佳宾。

一般说来，在霸权高潮的时候，许多诸侯国麇集于霸主麾下，国际局势往往有较长时期的稳定。可是到了霸权低潮的时候，诸侯们群龙无首，或觊觎霸主之位，或重新寻找靠山，国际政局往往波谲云诡，令人眼花缭乱。

齐桓公辞世以后，本来宋襄公雄心勃勃地要填补霸主的空缺，但终因国小势弱而遭楚成王戏弄，以致饮恨身亡。在这个霸权低潮的时期，原先以齐桓公为首的中原诸侯国的联合已不复存在，国际关系开始了复杂的重新组合。

晋文公完成"勤王"伟业之后，采取措施，向楚国发动试探性的攻势。鲁僖公二十五年（前635年），晋发兵支持秦穆公侵楚。鄀（音若）是秦、楚边界上的小国，都城在商密（今河南省淅川县西南）。秦、晋军队伐鄀的时候，楚成王派斗克、屈御寇率领申、息两个地方的军队去戍守鄀国边境。秦军经过鄀的别邑——析（今河南省淅川县西北），绕过丹江水湾，并捆绑自己的士兵假装俘虏，在黄昏之时逼近商密城下。夜间掘地歃血，把盟书放在坑上，假装在和斗克、屈御寇盟誓的样子。商密人认为楚军背叛，秦军已占领了析邑，于是便投降秦军。在伐鄀的战斗中，秦军俘获斗克和屈御寇。楚国的令尹子玉闻讯率军追赶秦军,但未赶上。这次战斗以秦军为主,晋军取声援支持之态,尚未和楚军正面冲突。

晋文公向南发展的首要目标是占取周襄王所赏赐的八邑。由于传统观念的影响,这八邑之人从濡泽天子雨露到隶属晋侯管辖,总觉得是降低了层次,不免有失落、懊丧之感。晋文公围阳樊时,苍葛所喊的那番话就是这种情绪的表现。以晋国武力,拿下这八个邑应当是毫无问题的,但要使当地的人真正顺服,就不是单靠武力能够奏效的了。

鲁僖公二十五年冬天,晋文公率军围攻原(今河南省济源市北)邑,宣布命令只带三日粮食,三日若拿不下城池就退兵。过了三天,原邑的人不投降,晋文公即命军队撤退。晋军间谍从城中出来告诉说城内的人即将投降,军吏请求待受降后再撤。晋文公以信誉为重,而不贪图眼前利益。他说:

> 信,国之宝也,民之所庇也。得原失信,何以庇之?所亡滋多。⑩

讲求信誉是春秋时期的一种社会习尚,晋文公对此深有了解。他命令晋军后撤"一舍"——30里地,原邑的人随即投降。晋文公任命赵衰为原邑大夫。

在晋、秦关系趋于密切的时候,齐、鲁关系却紧张起来。齐桓公死后,鲁见齐势衰退,便另谋出路。鲁僖公二十五年(前635年),鲁、卫、莒三国在洮(今山东省泗水县东南)结盟。第二年又在向(今山东省莒县南)结盟。这时候以当然霸主自居的齐孝公见自己被冷落一边,心中着实不快。在他眼里,国敝民贫的鲁国只有向齐俯首称臣的份儿,现在竟敢纠集小国结盟,实属大逆不道。鲁僖公二十六年(前634年)春天,齐军进攻鲁国西部边境,鲁僖公打败齐军，追赶至酅（今山东省东河县南）。这年夏天，齐孝公亲率大军讨伐鲁国北部边境地区。鲁僖公见齐军气势汹汹，便派大夫展喜前往犒劳齐军，谋求和平解决。展喜迎出境外，恭候齐孝公，并说道：

"寡君听说君主您出动大驾，光临敝邑，所以派臣下来犒劳您的左右随从。"

"鲁国人害怕了吗？"齐孝公趾高气扬地问。

"鲁国只有小人才害怕，君子则不怕。"

"鲁国穷得室如悬磬，野无青苗，仗着什么而不害怕？"齐孝公有些奇怪。

"靠着先王的命令。"展喜随口回答，"从前，周王命齐、鲁世世代代都不要相互侵犯。各国盼望齐君能继承桓公的事业，所以鲁国并不防备齐国。鲁国认为齐君绝不会丢弃王命。靠着这个，所以不害怕。"

这时候，卫国信守洮之盟的盟约，发兵伐齐以救援鲁国。齐孝公见鲁早有准备，并有卫国相助，遂撤军返归。

齐军伐鲁，虽然没有给鲁国造成什么危害，但足以使鲁为前途焦虑。齐、鲁为一衣带水的近邻，在齐国虎视眈眈的威胁下，鲁必须寻求靠山。在齐孝公撤军之后不久，鲁即派上卿东门襄仲和臧文仲到楚国请求军队援助。这时候，楚国正雄心勃勃地要争夺霸权，鲁国的投靠，自然是楚喜出望外的事情。鲁国既然靠楚，那么鲁的两个盟国——卫和莒，自然也加入以楚为首的集团。在齐桓公称霸的时候，鲁是齐国拒楚的一个伙伴，曾几何时，鲁国已经改换了门庭。

齐与楚历来有隙，宋襄公被楚成王戏侮而亡，所以齐、宋两国就是楚的对头。鲁国的臧文仲在楚国拜见令尹子玉，并引导楚军前往讨伐齐、宋。鲁僖公二十六年冬天，楚令尹子玉、司马子西率军围攻宋国的缗（今山东省金乡县东北）邑，被宋打败。同时，鲁僖公联合楚军伐齐，占领谷（今山东省东阿县境）邑，让跟齐孝公作对的齐桓公之子公子雍住在那里，楚派申公叔侯率军戍守谷邑。这样，楚、鲁两国就以谷邑为据点对齐国造成威胁之势。

楚军在缗邑被宋打败，楚人认为这是奇耻大辱。鲁僖公二十七年（前633年）冬，楚成王联合陈穆公、蔡庄公、郑文公、许僖公，率领诸国军队大举伐宋，将宋国围困。宋派公孙固到晋国求援。晋国大臣先轸认为，必须救援宋国，报答宋襄公赠马给晋文公的恩惠、解救宋国危急、在诸侯间取得威信、确定霸主的地位，就在此一举。晋文公积极准备救宋，在被庐这个地方检阅晋军，把原来的两个军扩充为三个军，并任命了上、中、下三军各自的主将和副将。狐偃向晋文公进献援救宋国和齐国的计谋，那就是晋军前往讨伐曹、卫两国。曹国新近附楚，楚成王从卫国娶女子成婚，所以曹、卫都是楚所必救之国。若伐曹、卫，楚必然前往救助，这样，宋、齐两国也就可以摆脱危险。晋文公审时度势，同意这样来安排。

这时候，正是隆冬时节。晋、楚双方都在秣马厉兵，来年春暖花开以后的一场较量已经势所必然了。

### 百炼钢与绕指柔

鲁僖公二十八年（前632年）夏天，晋军和楚军在城濮（今河南省范县南）附近的莘北地区对阵。

春秋时期的战争，双方都分为左、中、右三军，即以战车为主的三个方阵，双方的中军相对，己方的左军和对方的右军相对，右军和对方的左军相对。城濮之战时的晋、楚双方就是这样对阵的。关于战斗情况，说来并不复杂，《左传》僖公二十八年记载：

> 晋师陈于莘北。胥臣以下军之佐当陈、蔡。子玉以若敖之六卒将中军，曰："今日必无晋矣。"子西将左，子上将右。胥臣蒙马以虎皮，先犯陈、蔡。陈、蔡奔，楚右师溃，狐毛设二旆而退之。栾枝使舆曳柴而伪遁，楚师驰之，原轸、郤溱以中军公族横击之。狐毛、狐偃以上军夹攻子西，楚左师溃。楚师败绩。子玉收其卒而止，故不败。

这简短的 150 余字所记载的就是鼎鼎大名的城濮之战的全部过程。楚国的中军主将——令尹子玉率领着楚国若敖氏的六卒人马，他骄横地说今天一定没有晋国了，认为楚军的胜利是毫无疑问的事情。晋下军副将胥臣把马蒙上虎皮以吓唬敌人，他率军先攻击列入楚国右军的陈、蔡军队，这两国军队本无斗志，一触即溃，使子上率领的楚右军失败。晋上军将领狐毛派出两队前军击退楚右军。晋下军将领栾枝让车子拖着些柴枝以扬起尘土而假装逃走，楚左军见右军已败，急于扭转局势，便驱车追赶。原轸、郤溱率领晋国中军公族的精锐拦腰袭击，狐毛、狐偃率上军夹攻子西率领的楚左军。楚军大败，仅子玉及早收兵，其直属部队幸免而得以不败。

城濮之战的时候，虽然宋成公、齐国的国归父和崔夭、秦国的小子憖也各自率领些部队到了城濮，但只是对晋军的声援，并未实际参加战斗。打败楚、陈、蔡三国联军的只是晋军以七百乘战车为主的兵力。晋所以能够以少胜多，主要原因在于晋文公善于用人，指挥得当。

晋朝诗人刘琨被囚禁时曾写诗赠给僚属卢谌，自叹抱负无成，以激励卢谌完成救国使命。他这首题为《重赠卢谌》的诗作中谓：

何意百炼钢，化为绕指柔！

原意是比喻自己曾是百炼之钢，是英雄有为之人，如今却成为柔弱无能的阶下囚。现在我们可以化用诗意，谓只有百炼之钢，才能韧而不脆，柔可绕指，从而战胜一切艰难险阻。

经过十九年流亡生活和继位初期复杂斗争考验的晋文公，已是柔韧的百炼之钢，昔日纨绔子弟公子重耳远不能望其项背。

晋文公采纳狐偃之谋，于鲁僖公二十八年春天向卫借道而伐曹。卫不借道，晋军便绕道渡过黄河而侵曹伐卫。因曹君曾对流亡中的晋文公无礼，所以侵曹是有理由的，而伐卫则无借口。晋文公不急于立即和卫冲突，而是先退让一步，卫拒不借道便失礼于晋，所以晋伐卫就成了名正言顺的事情。

晋文公先攻取卫国的五鹿（今河南省濮阳市南），然后和新继位的齐昭公在敛盂（今河南省濮阳市东南）会盟。以后他并不忙于去攻打卫国都城，而是静观卫国内部变化。卫成公曾请求参加敛盂之盟，被晋拒绝。晋文公实欲借卫国内部势力来教训卫成公。果然，卫国国人不同意卫成公投靠楚国，便将其赶出国都。晋文公不费多大力气就使卫国顺服。楚出兵救卫，失败而归。

鲁僖公原投靠楚国，并因为卫是楚之姻亲而派公子买戍守卫国。后见晋势强大而惧怕，便将公子买杀掉而取悦于晋，并向楚人解释说公子买没有完成戍守任务。此时的鲁虽然首鼠两端，但和以前投靠楚国的情况比起来，对待晋国的态度大不一样了。晋文公伐卫，有板有眼，从容不迫，收到了一箭双雕之效。

围攻曹的时候，久攻不下。晋文公听从舆人建议，将部队迁到曹人族葬之处，使曹人汹惧而疏于防守。晋军入曹之后，文公下令不要进入僖负羁的宅院，以报答他馈盘飧玉璧的恩惠。

在宋被楚攻而告急于晋的时候，晋文公听从原轸建议，让宋人先贿赂齐、秦两国，使齐、秦替宋国向楚求情。楚拒绝请求，因而激怒了齐、秦。晋文公拘执曹君，把曹、卫两国许多田地划归宋国，以此吸引楚的注意力，并使亲晋的宋国得到利益。楚令尹子玉派宛春到晋军中谈判，答应解除宋国之围，但要求晋国允许卫成公返国和复封曹国。狐偃建议直截了当地拒绝楚国的这个建议，但原轸认为这样做是失策的。晋文公采纳原轸建议，私下里告诉曹、卫，允许他们复国，使两国宣布和楚断绝关系。晋文公又把宛春拘执于卫，以此激怒子玉，从而使晋楚两国决一雌雄。

子玉中了晋文公计谋，果然撤除对宋国的围攻，并全力向晋军挺进。晋文公指挥晋军后撤。军吏认为以晋国之君而躲避楚国之臣，这是耻辱之事，并且楚军疲惫，因此没有必要后撤。晋文公说：

　　昔在楚，约退三舍，可倍（背）乎！[41]

向后撤军，既实践了"退避三舍"的诺言，表明遵守信用，又避开了楚军锐气，实为取胜城濮之战的关键一着。

在城濮之战以前的两军对垒之时，晋文公曾经梦见自己和楚成王搏斗，楚成王趴在自己身上而咀嚼晋侯的脑子。狐偃解释此梦说：

　　吉。我得天，楚伏其罪。吾且柔之矣！[42]

他认为此梦为吉利之兆。晋侯仰卧，向上，故云"得天"，受上天帮助。楚君向下，故云"伏其罪"。古人认为"脑"是地气所生，属阴柔。楚君用牙齿咀嚼晋侯之脑，乃是以刚对柔。狐偃认为柔可克刚。"吾且柔之"，实质上是建议晋对付强楚应当后发制人，不可急躁。

开战的前一天，子玉派楚大夫斗勃向晋挑战，态度十分傲慢。

晋文公不仅没有动容发火,而且派栾枝回复了这样一番语言:

> 寡君闻命矣。楚君之惠,未之敢忘,是以在此。为大夫退,其敢当君乎?既不获命矣,敢烦大夫,谓二三子:"戒尔车乘,敬尔君事,诘朝将见。"

晋文公表示过去流亡时所受到的楚君恩惠,自己没敢忘记,所以退避三舍而在此恭候。晋君已经为楚臣后撤,难道楚臣还敢欺凌晋君吗?既然大夫不肯退兵,那就烦请大夫对贵部将领们说,驾好战车,忠于职守,明早见面。这番言语,刚寓于柔,柔中带刚,确是十分得体的外交辞令。

一方有咄咄逼人的气势,虽然貌似刚强无比,但却脆嫩易折;一方有深透精妙的筹谋,虽貌似柔弱可欺,但却遒劲刚健。可以说在城濮之战以前,晋楚双方的胜负就大局已定了。

### 晋文公被策命为"侯伯"

晋文公一共在位九年,城濮之战是他在位第五年的事情。

城濮之战以后的第四天,晋文公到了郑地衡雍(今河南省原阳县西)。周襄王闻晋大胜,亲自前来犒劳。为了表示对天子的尊崇,晋文公在衡雍西南不远的践土为周王建造宫室。原先投靠楚国的郑文公急忙赶赴衡雍和晋文公会盟,表示依附于晋。

鲁僖公二十八年(前632年)五月十日,晋文公在践土行献俘之礼,把所俘获的楚国驷马披甲的战车100辆、步兵千人献给周襄王。十二日,周襄王用醴酒设享礼招待晋文公,并命令卿士尹氏、王子虎和内史叔兴父一起,策命晋文公为"侯伯"——诸侯之长,赐给他以大辂车、戎辂车以及相应的服装仪仗,还有红色的弓一把、红色的箭 100 支、黑色的弓 10 把和箭 1000 支、"秬鬯（音唱）"——用黑小米酿制并捣香草合煮所成的酒——一卣、勇士 300 人。策命中有这样的辞句：

> 敬服王命，以绥四国，纠逖王慝。㊸

意谓让晋侯恭敬地服从王命，以安抚四方诸侯，并惩治不听王命的邪恶之人。晋文公辞谢三次，然后才"诚惶诚恐"地接受命令，并谓"重耳敢再拜稽首，奉扬天子之丕显休命"㊹，表示对周王无比虔诚。这以后，晋文公才捧着策书退出。周襄王在践土之时，晋文公三次觐见，履行"尊王"的礼节。

以前，周王室虽曾"赐命""赐胙"给齐桓公，但并没有让他担当诸侯之长，因为在周王眼里，齐桓公毕竟只是异姓诸侯。现在，晋文公被正式策命为"侯伯"，实为殊荣，因为它标识着周王室承认晋文公在诸侯中的特殊地位，已经是名正言顺的诸侯霸主了。作为周王室"叔父"的晋文公，和作为"伯舅"的齐桓公，在宗法名分上是有所区别的。"五霸，桓公为盛"，这是孟子的评论，春秋时代的周王室大概并不作如是观。

这年的五月十六日，晋文公召集鲁、齐、宋、蔡、郑、莒等国诸侯在践土会盟。二十六日又在践土的王庭会盟。卿士王子虎代表王室参加了会盟。卫国摄政的叔武也代表卫国参加会盟。当时的盟约谓：

> 皆奖王室，无相害也！有渝此盟，明神殛之，俾队（坠）其师，无克祚国，及而玄孙，无有老幼。㊺

盟约要求诸侯全都要辅助王室，各诸侯国不得相互伤害。谁违背盟约，神灵将诛杀他，使军队颠覆，使他不能享有国家。这种惩罚要延续到其玄孙，无论老幼都不能逃脱。

践土之盟是晋文公正式成为中原诸侯霸主的标识。其所谓"皆奖王室，无相害也"，用当代语言来说就是各个诸侯国在"尊王"的旗帜下团结起来。在那个时代，这是具有强烈感染力的号召。当然，这个号召只是手段，而不是目的，树立其霸权才是晋文公的目标。这年冬天，晋文公召集齐、鲁、宋、蔡、郑、陈、莒、邾、秦等国诸侯在温（今河南省温县南）会盟。会上，晋文公处理卫国君臣的争讼，将卫成公拘执于京师。温之盟以后，晋文公率诸侯军围攻拒不服晋的许国。温之盟的时候，原先服楚的蔡、陈等国改换门庭而服晋，特别是周襄王应晋文公之召而赴会，与诸侯相见，更是前所未有的事。《春秋经》为尊者讳，书此事为：

　　天王狩于河阳。

河之北为阳。说是周襄王到黄河北岸狩猎。这个"河阳"之处，据考证在今河南孟县西，距诸侯会盟的温地不远。《春秋经》为什么要这样写呢？还是孔子最早道出其中奥妙。他说："以臣召君，不可以训，故书曰：天王狩于河阳。"以臣下而召请君主，这是违背古礼而不可让后人效法的事情。周襄王何尝不明白个中道理？无奈王权跌落，虽然名义上是高高在上的天下共主，但作为一个"破落户"毕竟不得不考虑得实际一些。固然有些时候，天子可以对霸主摆摆谱儿，露露脸面，但更多的情况下还须仰仗霸主鼻息，才能保持些自己的"威风"。又要顾脸面，又须讲实际，《春秋经》的作者很明白周天子的这种难言之隐，所以才大笔一挥，说是天王狩猎去了。还是晋国史官来得痛快，出于晋史之手的《竹书纪年·晋纪》就直书"周襄王会诸侯于河阳"。

　　在霸权与王权关系问题上，晋文公与齐桓公有些微的差别。概括而言，齐桓公所受王室恩典要比晋文公少一些，但却对王室更虔诚和敬重；晋文公虽然受恩典较多，也有不少"尊王"的表现，但在虔诚的程度上却稍逊一筹。孔子说："晋文公谲而不正。"[46]认为他诡诈，好耍手段，作风不正派。晋文公对王室不够虔诚，应当是孔子作出上述评价所考虑的因素之一。

鲁僖公二十九年（前631年），晋文公派狐偃召集鲁僖公以及宋、齐、陈、秦等国的大夫在翟泉（今河南省洛阳市境）会盟，周派卿士王子虎参加。秦国过去不参加中原诸侯会盟，从温之盟开始参与会盟之事，成为晋文公霸业的伙伴。第二年，晋文公联合秦穆公一起伐郑，表明是时晋、秦关系尚好。鲁僖公三十一年（前629年）秋天，晋文公在清原（今山西省稷山县东南）举行检阅军队的大蒐礼，扩充军队，由三军变为五军。第二年冬天，晋文公逝世。

在晋文公的霸业中，虽然"尊王攘夷"仍占有相当比重，但其重点已放在加强晋与各诸侯国的联系上。他在长期流亡中对各国情况比较了解，和许多诸侯，甚至和楚成王，都有较好的私交。晋文公继位以后，努力和各国交好，就是楚国，也不被视为仇敌。他逝世的那年春天，楚派斗章到晋请求媾和，晋文公立即派阳处父到楚国回聘，晋、楚自此开始正式交往。晋文公对诸侯国的使臣均优礼款待，给诸侯国留下深刻印象。郑国的著名政治家子产在晋平公在位的时候到晋聘问，曾经回忆说：

> 文公之为盟主也，宫室卑庳，无观台榭，以崇大诸侯之馆。馆如公寝，库厩缮修。司空以时平易道路，圬人以时塓馆宫室。诸侯宾至，甸设庭燎，仆人巡宫，车马有所，宾从有代，巾车脂辖，隶人、牧、圉各瞻其事，百官之属各展其物。公不留宾，而亦无废事。忧乐同之，事则巡之，教其不知，而

恤其不足。宾至如归，无宁菑患，不畏寇盗，而亦不患燥湿。[47]

子产是在晋国言晋事，所述当不会过分虚夸。在各诸侯国自主独立倾向加强的时候，晋文公款待诸侯使臣，使"宾至如归"，这对于扩大晋国的影响力，以成就霸业当不失为明智之举。

晋文公勤于政事，他在位的时候，"赋职任功，弃责（债）薄敛，施舍分寡，救乏振滞，匡困资无，轻关易道，通商宽农"[48]，使晋国经济迅速发展。在胜利面前，他能够保持清醒头脑。城濮之战后，焚烧楚军辎重，火数日不熄，晋文公叹息摇头。左右问他为什么打了胜仗反而忧愁。他说：

  吾闻能战胜安者唯圣人，是以惧。且子玉犹在，庸可喜乎！[49]

他不认为自己是圣人，并且担心楚国势力卷土重来，可见晋文公是一位深谋远虑的人物。晋国在春秋时代能够较长时期称霸诸侯，与晋文公奠定的基础有直接关系。大史学家司马迁说："晋文公，古所谓明君也。"[50]从晋文公所开创的辉煌霸业看，这个说法并非谀辞。

## 城濮之战以后的诸侯大国

  晋文公辞世之后，其子继位，即晋襄公。晋襄公在位的时期，晋、秦、楚为国际舞台上最重要的诸侯大国。它们的内政与外交对于春秋中期诸侯争霸有很大影响。

## 秦穆公运气不佳

秦穆公在位39年，是春秋时期秦国最重要的一位国君。秦穆公初继位的时候，正值齐桓公霸业鼎盛之际，他对于如火如荼的皇皇霸业羡慕不已，便任用贤臣百里奚和蹇叔，发展实力，雄心勃勃地打算东进中原。

然而，秦穆公运气不佳，历史为其霸业所提供的舞台是十分有限的。秦国的东面是势力强大的晋，还有作为天下共主的周王室；它的东南面是强大的楚国。秦要想通过为晋所扼守的崤函之险而称霸中原，似乎是"难于上青天"的事情。秦穆公有过自己的如意算盘，那就是先控制晋国，再徐图霸业。他对晋君废立之事颇感兴趣，晋惠公、怀公、文公之立都在不同程度上受过秦穆公的帮助。然而他三置晋君的努力却收效甚微。晋文公即位之后很快成了诸侯霸主，并没有将霸主之位拱手相让于秦的意思。偏居西隅的秦穆公纵然有雄才大略，要想染指中原，却也并非易事。

千载难逢的机会终于被秦穆公等来了。

早在鲁僖公三十年（前630年）的时候，晋文公曾联合秦穆公一起攻郑。郑派烛之武对秦穆公分析利害。秦穆公便和郑人结盟，并派杞子——杞国的国君，和秦大夫逢孙、杨孙一起戍守郑国，然后撇下晋文公扬长而归。幸亏晋文公有些雅量，才使晋、秦间没有马上发生冲突。杞子在郑国掌管都城北门的钥匙，鲁僖公三十二年（前628年）冬天，杞子派人和秦军联系，由他作为内应，让秦军偷袭郑都。秦穆公向蹇叔询问此事是否可行。蹇叔说：

"使军队疲劳而侵袭远地，我还没有听说过有成功的事例。因为军队疲惫，并且远地的主人会有防备，所以此事恐怕不行。"

秦穆公没有接受蹇叔的意见。这个时候，正值晋文公刚刚去世，晋在国丧之中，秦穆公估计晋国此时不会干预秦军的东征，因此决意利用这个机会去远袭郑国。他召见孟明、西乞、白乙三位将领，让他们率军从东门之外出发。蹇叔哭着送他们说：

"孟子！我看到军队出去却看不到军队回来了。"他预见秦军必遭惨败。

见蹇叔沮丧军心，秦穆公派人对他说："你知道什么？老而不死，如果你六七十岁死了，那么现在你坟上的树木该合抱了。"

"晋军必在崤山抵御。崤山有两座山陵，它的南陵是夏后皋的坟墓；它的北陵，文王曾在那里避过风雨。你会死在两座山陵之间，我去那里收你的尸骨吧！"蹇叔对在秦军中的儿子说。

第二年春天，秦军到达滑（今河南省偃师市境）国境内的时候，正碰到去成周做买卖的郑国商人弦高。见到全副武装去偷袭郑国的秦军，弦高急中生智，先送4张熟牛皮给秦军，再送12头牛表示犒劳，并说道：

"寡君听说您准备行军经过敝邑，谨派我来犒劳您的随从。敝邑贫乏，但还是为您的淹留做了准备，若住下就预备一天的供应，若离开就准备一夜的保卫。"弦高一面用话稳住秦军，一面派人紧急向郑国报告。

孟明说："郑国已有准备，我们不必指望。假若攻打，不一定能取胜，况且我们没有后援，还是撤回为上策。"弦高的计谋果然有作用。

郑穆公闻讯，派人探看杞子等人馆舍，发现他们已经装束完毕，磨砺武器，喂饱马匹，只待接应秦军，于是便派皇武子客客气气地将他们赶走。

晋国执政大臣讨论秦军袭郑之事。原轸说：

"秦违背蹇叔的话，由于贪婪而劳动百姓，这是上天给予我们的机会，我们必须趁机攻打秦军。不然的话，就会违背天意。"

"没有报答秦的恩施却去进攻其军队，心目中还有刚去世的国君吗？"栾枝想起了晋文公受过秦穆公恩惠的事情。

"秦国不为我们的丧事悲哀，反而攻打我们的同姓，这就是无礼，还讲什么恩惠？我们为子孙后代考虑而攻击敌人，这是对得住死去的国君的。"原轸坚持自己的意见。

于是晋国发布命令，紧急动员姜戎的军队。晋襄公正穿着白色的丧服居丧，因为白色不宜从戎，便染成黑色。梁戎为晋襄公驾驭战车，莱驹为其车右武士。这年四月，晋军在殽山一带打败灭滑而还的秦军，俘获孟明、西乞、白乙等秦军将领。晋襄公的母亲文嬴是秦女，她请求把孟明等秦军将领释放回国，襄公应允。原轸知秦将被释，大怒而斥襄公。襄公派阳处父追赶，到了黄河边上，孟明等人已在舟中。

秦穆公深悔自己决策的失误。他穿着素服，居住在郊外迎候逃归的秦军将士，哭着说：

  孤违蹇叔，以辱二三子，孤之罪也。[51]

其实，秦穆公大可不必如此悔过自责。秦军远袭郑国，无功而返，遭晋军伏击而失败，这一切虽然有其必然原因，诚如蹇叔所分析和预料者，但是有些偶然因素也对事情的结局起了很大影响。弦高犒师就是一个著名的例证。假若秦军不遇弦高，假若郑国毫无准备，而且杞子等作为内应而使郑都城门洞开，假若孟明等人不为弦高的花言巧语迷惑，秦军的结局可能会是另一种样子，政治家与活动家如果在事情发生之前就能洞悉一切偶然的、未知的因素，那么随机应变、灵敏果敢这些优秀品德对他们来说就可以弃之如敝屣了，然而实际情况却恰恰相反，可以洞察一切的"伟人"似乎在历史上还没有出现过。殽之战的失败虽然与秦穆公的决策有关，但他利用时机而积极向中原进取的战略意图，不可一笔抹杀。

有人劝秦穆公治孟明之罪，秦穆公没有同意。他坚持的原则是"吾不以一眚（音省）掩大德"[52]，即不用一次过错来掩盖大德。后人有"不以成败论英雄"的说法，和秦穆公所谓的"不以一眚掩大德"十分接近。我们今天来评论秦穆公，也当作如是观。

殽之战开始了晋、秦之间的长期对峙。鲁文公二年（前625年），秦派孟明伐晋，被晋襄公在彭衙（今陕西省白水县东北）打败。翌年，秦穆公再伐晋，渡河焚舟以表示必胜的决心，晋采取坚壁守卫之策，秦穆公封埋殽山的秦军尸骨以后返归。鲁文公四年（前623年），晋襄公伐秦，围攻秦的邧（今陕西省澄城县南）、新城（今陕西省澄城县东北）两邑。就形势而言，秦穆公要制服晋国而东进，是不可能实现的。从晋襄公的时代开始，秦就由支持晋国转为联楚抗晋。

鲁文公六年（前621年），秦穆公去世，据《史记·秦本纪》记载，"从死者百七十七人，秦之良臣子舆氏三人名奄息、仲行、针虎亦在从死之中。秦人哀之，为作歌《黄鸟》之诗"。这首《黄鸟》保存在《诗经·秦风》里，共三章，其第一章谓：

    交交黄鸟，  交交叫着的黄鸟，
    止于棘。    落在枣树丛里。
    谁从穆公？  是谁从死穆公？
    子车奄息。  子车氏的奄息。
    维此奄息！  啊，这一个奄息！

| | |
|---|---|
| 百夫之特。 | 只有百夫才和他匹敌。 |
| 临其穴, | 面临他的墓穴, |
| 惴惴其栗。 | 不禁惴惴战栗。 |
| 彼苍者天, | 那苍天哪, |
| 歼我良人! | 杀了我们的良人奄息! |
| 如可赎兮, | 假如可以赎免, |
| 人百其身! | 一身百死也要把他代替! |

"三良"是被杀抑或是自杀,后人颇有不同说法,从秦穆公的性格及其作为看,自杀之说较为可信。据说,秦穆公与群臣饮酒,酣畅淋漓,在尽欢豪爽的气氛中,秦穆公说:

生共此乐,死共此哀![53]

于是"三良"许诺和穆公共死生,穆公死而"三良"实践了诺言。秦地民风重然诺,轻生死,豪爽任性。"三良",可以说是体现这种民风精髓的最初的几位关西大汉。"生共此乐,死共此哀",有如此壮烈言语的秦穆公能吸引人们为之"从死",其崇高威望于此可见一斑。

鲁僖公十五年(前645年)韩之战,秦穆公受伤,并为晋兵重重围困。曾受穆公恩惠的居住于岐山之下的三百壮士冒死闯入重围,救出秦穆公。秦穆公豁达大度,他曾经不念晋惠公背信食言的恶行而救助晋国的饥荒,又曾卑辞厚礼延请由余等人为谋臣。史载,秦穆公"伐戎王,益国十二,开地千里,遂霸西戎"[54],周天子曾赐之以金鼓,褒奖其业绩。

秦穆公这位恢宏大度、雄姿勃发的一代英主,尽管锐意东进,但却损兵折将而碰壁,因此只能在关西一隅之地纵横驰骋。惜哉,时也!

## 楚成王请求吃熊掌以后再死

在春秋时期诸侯争霸的舞台上，楚成王是一位不可小觑的角色。如果把齐桓公、宋襄公、晋文公等喻作正派角色的话，那么，楚成王就是和他们对垒的"反派"人物。他以楚国不断增长的实力为后盾，与中原霸主进行了长期的霸权争夺。

当年，齐桓公和管仲率领大军气势汹汹地南下向楚问罪的时候，楚成王曾派使臣前往交涉，说出过"风马牛不相及"那一派掷地有声的语言，楚成王派出的屈完也曾有"楚国方城以为城，汉水以为池"[55]的豪言壮语。所以在召陵之盟时齐、楚双方势均力敌，使"五霸"之中最负盛名的齐桓公没有捞到什么便宜。

在宋襄公企图称霸的时候，楚成王虚与委蛇，实则将宋襄公玩弄于掌股之间，使之饮恨而亡。楚成王虽然不图虚誉浮名，但却贪婪实惠，并无大将风度。

晋文公流亡途经楚国的时候，楚成王能够正确地审时度势，慧眼识英雄。他说："吾闻姬姓唐叔之后，其后衰者也，其将由晋公子乎！天将兴之，谁能废之？"[56]楚成王已经看出了晋国兴盛的历史必然趋势。他款待重耳，却又再三追问"何以报我"，但也只是得到重耳所谓的"辟（避）君三舍"的许诺而已。

楚成王既有北进中原争霸的勃勃雄心，又有贪婪和狭隘的性格。有时候他可以独具慧眼，有时候却又昏庸无能，是一位多色彩的人物。

《诗经·狼跋》有"狼跋其胡，载疐其尾"的诗句。"胡"指兽类颌下垂坠的皮肉。诗谓老狼前进就会踩着它的胡，后退就会被尾巴绊倒。城濮之战时的楚成王就处于跋前疐后、犹豫不决的境地。他任命刚愎自用的子玉为令尹，并让子玉统军与强晋对垒，但又少给他军队。他先是率人马大举攻宋，但在未见分晓之时却又退归方城以内。他让子玉退归，不要继续攻宋，却又被子玉用"愿以间执谗慝之口"的话顶回。

城濮之战失败以后，楚成王恼怒损兵折将的楚军主帅子玉，命人对他说："大夫若入，其若申、息之老何？"子玉统率楚国申、息两地的军队打仗，人员多伤亡，楚成王问子玉如何向申、息父老交代，意即让他自裁。可是，后来楚成王又劝子玉"毋死"，然而为时已晚，子玉已经自杀身亡。

在立王储的事情上，楚成王依然是犹豫不决。最初，楚成王想立商臣为太子，并就此事而询问令尹子上。子上说：

"君王您的年岁还不大，而且内宠又多，所以说如果立了商臣要再废黜他，那就会引起祸乱。"子上不同意过早立王储。

"商臣合适，我想定下来不再变更。"

"楚国之举，恒在少者。商臣怕不合适。"

楚国立太子，常常选择年轻的。子上举出这条理由，希望楚成王不立年龄较大的商臣。

"我们变通一下规矩，立年长者有何不可？"

子上不得已说出了根本性质的理由，"商臣这个人，眼睛像胡蜂，声音像豺狼，是个残忍的人，怎能立为太子？"

楚成王不听劝告，还是立了商臣。

商臣对子上怀恨在心，伺机报复。鲁僖公三十三年（前627年），晋军侵蔡，楚令尹子上往救蔡国，双方未战而各自退归。太子商臣在楚成王面前潜害子上，说他受晋贿赂而逃避战斗，致使子上被杀。后来，商臣闻讯楚成王将要废黜自己而立庶弟王子职，但传闻尚不能证实，于是他便向自己的师傅潘崇询问证实的办法。潘

崇让商臣设享礼招待楚成王的宠妹江芈,在享礼上故意对江芈不敬重而激怒她。果然,在享礼上江芈大发雷霆说:

"啊!你这个贱东西。无怪君王要杀掉你而改立王子职了!"

商臣告诉潘崇传闻确实。潘崇问:

"你能在将来事奉王子职为君吗?"

"不能。"商臣肯定地说。

"能逃亡出国去躲避吗?"潘崇又问。

"不能。"

"能够办大事吗?"潘崇问商臣能否办弑君而自立的"大事"。

"能。"商臣已经下了决心。

鲁文公元年(前626年),商臣率领宫中的警卫军包围楚成王。楚成王请求吃熊掌以后再死。熊掌为难熟之物,楚成王请食熊掌,是为了拖延时间以待外援,这也算是急中生智了。商臣不允许这个请求,楚成王只得上吊自杀。子上称商臣为"忍人"——残忍之人,观商臣逼死其父的举动,果然如此。

商臣继位,即楚穆王。他在位的12年间,楚国的实力继续增长,先后吞灭江(今河南省息县西南)、六(今安徽省六安市)、蓼(今河南省唐河县南)、宗(今安徽省舒城县东)等小国,并使北方的陈、郑、宋等国一度归附,还派人到鲁聘问,力图和鲁结好。这一切都为其子楚庄王的霸业创造了条件。

### 晋襄公南征北战

晋襄公颇有其父文公之遗风。《左传》文公四年谓此年夏天"曹伯如晋会正"。晋代的学问家杜预为这条记载作注解云:

> 会受贡赋之政也。《传》言襄公能继文之业,而诸侯

服从。

当时小国有向霸主纳奉贡赋的义务，小国国君到霸主那里听命贡赋数量，这就是所谓的"会正"。晋文公称霸诸侯时不见"会正"的记载，盖至襄公时才正式订立此种制度。这种制度表明，晋襄公依然是中原诸侯霸主。尽管对于晋国霸业而言，晋襄公没有开创之功，但"守成"霸业，也非易事。

鲁僖公三十三年（前627年），狄伐晋，一直攻到箕（今山西省蒲县东北）地。当时，晋襄公正在服丧，但他仍然率军迎战，打败狄军。战斗十分激烈，晋中军主将原轸冲入狄阵战死，晋军将领郤缺俘获白狄君主，为晋立了大功。

郤缺的父亲郤芮是晋惠公之党，曾密谋杀害晋文公，后谋泄失败而被秦穆公诱杀。此后，郤缺到冀（今山西省河津市东北）种田为生。一次，胥臣路过冀地，见郤缺锄草，其妻送饭，相敬如宾。胥臣向晋襄公推荐郤缺，晋襄公顾虑郤缺之父的罪过，胥臣说：

"过去，舜惩办罪人，流放了鲧，但却起用鲧的儿子禹；管仲曾是桓公的敌人，但桓公却任用他而获得成功。如今，您不要因为郤缺是罪人之子而抛弃他才好。"

这番引经据典的语言打动了晋襄公，郤缺终于被任命为下军大夫，并且在对狄作战中建立了功绩。

制服卫国也是晋襄公霸业的一项成就。早在晋文公末年的时候，诸侯朝晋，独卫成公因怨恨自己曾被晋拘执而不往朝拜，反而派大夫孔达侵郑，进攻绵、訾、匡（今河南省长垣市境）等地，以表示对晋作为霸主而要求诸侯"无相害"的盟约的蔑视。晋襄公待父丧过了周年之后，便派使臣遍告诸侯起兵伐卫。晋兵到达"南阳"——今太行山以南、黄河以北地——之后，晋军元帅先且居劝襄公说：

"效法过错是一种灾祸。卫不朝晋，和晋不朝周是一样的罪状，所以请您去朝拜周天子，由臣下我领兵伐卫。这样我们就主动了。"先且居看到"尊王"会占据政治上的优势，所以这样劝告晋襄公。

晋襄公听谏，便到温（今河南省温县南）地朝拜正在那里的周襄王，并命先且居和胥臣领兵伐卫，攻取卫国的戚（今河南省濮阳市北）邑，擒获守将孙昭子。后来，在陈共公的斡旋下，晋襄公释放被拘执的卫国大夫孔达，卫成公遂亲赴晋国拜谢。卫国的臣服是晋向东发展的一个重大胜利。

鲁文公三年（前624年）春天，晋襄公联合鲁、宋、陈、卫、郑等国军队讨伐服楚的沈（今安徽省阜阳市西北）国，沈败溃。楚国为报复，也出兵围攻服晋的江（今河南省息县西南）国。晋派先仆率军伐楚以救援江国，并且把事情报告给周王，周派王叔陈生和晋国的阳处父一起伐楚以救江，晋、楚双方各自撤军。但后来，江还是被楚灭掉，可见楚国仍有力量与强晋抗衡。

鲁文公六年（前621年）春天，晋襄公在一个名叫"夷"的地方举行检阅军队的大蒐礼。晋国军制，初为一军，晋献公时增为二军，称为上军、下军。晋文公时，"作三军"，即上、中、下三军，由中军主将为整个军队的统帅。文公后期，为了抵御狄人而"作五军"，即在原来的三军之外，增添新上军、新下军。五军各有主将和副将，即帅与佐，共十卿，依次是原轸、郤溱、先且居、狐偃、栾枝、胥臣、赵衰、箕郑、胥婴和先都。后来，在和狄人的战斗中原轸战死，鲁文公五年（前622年），赵衰、栾枝、先且居、胥臣相继死去。晋国军中缺乏有经验和威望的将帅，所以"夷之蒐"时，去掉新上军和新下军，恢复晋文公时的三军之制。

在这次蒐礼上，本来想让士縠和梁益耳为中军帅、佐，但先克进谏，请晋襄公不要忘记狐偃、赵衰辅佐文公创业的勋劳，因此晋襄公任命狐偃之子狐射姑、赵衰之子赵盾为中军帅、佐。这时，适逢聘问卫国的阳处父返归。阳处父任太傅之职，在晋国很有影响。他原来是赵衰的属下，所以对任命狐射姑为中军帅很不满。同年，晋又在董（今山西省万荣县境）举行大蒐礼，改由赵盾任中军帅。自此开始，赵盾以中军帅之职执掌国政。

晋襄公于鲁文公六年（前621年）八月去世。他在位的7年间打败了北方的狄人，俘获其君，并联合郑、陈军队伐许，和南方的楚国对峙。晋襄公东征，制服卫国，又和西方的秦国对攻，抑制了秦穆公东进中原的势头。他南征北战所建树的武功使晋国霸业得以持续。在选择执掌国政的中军帅人选上，晋襄公虽曾犹豫反复，但最后所选择的赵盾尚孚人望。史载赵盾任中军佐：

> 于是乎始为国政，制事典，正法罪，辟狱刑，董逋逃，由质要，治旧洿，本秩礼，续常职，出滞淹。[57]

赵盾掌国政，能够制定章程，修正法令，清理诉讼，督察逃亡，使用契约，清除政治上的污垢，恢复被破坏的礼仪秩序，重建已经废弃的官职，举拔屈居下位的贤才。这些措施对于晋国社会发展具有积极意义。然而，晋国大权却由此开始落入赵氏手中，这对晋国参与诸侯争霸有一定影响。

从春秋中期开始，各诸侯国卿大夫阶层的势力逐渐兴起，这些卿大夫对于霸权迭兴的历史发展有着日益重要的作用，晋国卿族的发展就是一个典型。

注释：

① 《公羊传》隐公元年。

② 《史记·晋世家》。

③ 古代在王畿外围，每五百里为一区划，按距离远近分为侯服、甸服、绥服、要服、荒服等。《国语·周语中》："规方千里以为甸服，以供上帝、山川、百神之祀，以备百姓、兆民之用，以待不庭、不虞之患。"晋侯为周代甸服的诸侯。

④ 《国语·晋语一》。

⑤ 《史记·晋世家》。

⑥ 《诗经·鸨羽》的"王事"即晋国民众的赋役之事，非必勤王而后为王事。因为"率土之滨，莫非王臣"，所以诸侯国臣民的赋役在广义的"王事"范围之内。或谓晋哀侯、晋侯缗、曲沃武公之立皆得王命，故而有"王事"之称。说亦可通。

⑦ 《诗经·荡》。

⑧ 《国语·晋语一》。

⑨ 《水经·河水注》引《竹书纪年》云"虢公丑奔卫"，与《左传》僖公五年谓"虢公丑奔京师"的说法有别。今暂从《纪年》说。

⑩ 《穀梁传》僖公五年。

⑪ 《左传》僖公五年。

⑫ 旧注谓"骊戎"在今陕西省临潼县东，顾颉刚先生指出是地在晋献公时为秦县，"自晋言之则无术以达骊山，自秦言之则不容他国耀武于其腹地"，所以，"骊戎"当即《国语·晋语四》之"丽土之狄"，在今山西省析城、王屋两山之间，离晋不远。（《史林杂识》第54—56页，中华书局1963年版，北京）顾说可信，足证旧注之误。

⑬ 《史记·晋世家》。

⑭⑮ 《国语·晋语二》。

⑯ 《国语·晋语一》。

⑰ 《左传》僖公四年。

⑱ 《国语·晋语一》。

⑲⑳㉑ 《国语·晋语二》。

㉒ 《列女传·孽嬖》。

㉓《史记·晋世家》。

㉔ 关于重耳的年龄，史载不同。《国语·晋语四》所载曹国负羁的话云"晋公子生十七年而亡"。重耳离晋是鲁僖公五年的事情，所以重耳当生于鲁庄公二十三年（前671年）。《史记·晋世家》谓重耳离晋，"是时重耳年四十三"，则重耳生于鲁桓公十五年（前697年）。两说相较，《国语》之说为长。

㉕《左传》僖公五年。

㉖《国语·晋语四》。

㉗《张横渠集》卷一，《西铭》。

㉘《左传》僖公二十三年。

㉙《史记·留侯世家》。

㉚《史记·晋世家》。

㉛《新序·节士》篇谓晋文公寻求介之推，"求之不能得，以谓焚其山宜出。及焚其山，遂不出而焚死"。是说离奇，似不可信。

㉜《左传》僖公二十四年。

㉝ 牛羊豕三牲齐备为一牢。馈赠九牢是招待上公的隆重礼节。

㉞ 关于这次"赐命"情况的记载，见于《国语·周语上》："上卿逆于境，晋侯郊劳，馆诸宗庙，馈九牢，设庭燎。及期，命于武宫，设桑主，布几筵，太宰莅之，晋侯端委以入。太宰以王命命冕服，内史赞之，三命而后即冕服。既毕，宾、飨、赠、饯如公命侯伯之礼，而加之以宴好。"

㉟《国语·周语上》。

㊱㊲㊳《左传》僖公二十五年。

㊴《国语·晋语四》。

㊵《左传》僖公二十五年。

㊶《史记·晋世家》。

㊷㊸㊹㊺《左传》僖公二十八年。

㊻《论语·宪问》。

㊼《左传》襄公三十一年。

㊽《国语·晋语四》。

㊾㊿《史记·晋世家》。

(51)(52)《左传》僖公三十三年。

(53)《史记·秦本纪》正义引应劭语。

(54)《史记·秦本纪》。

(55)《左传》僖公四年。

(56)《左传》僖公二十三年。

(57)《左传》文公六年。

# 第五章

# 逐鹿中原

　　历史的发展往往会出现惊人的相似之处,然而,历史却不会被复制和重演。春秋中期大国争霸的场景虽然给人以似曾相识之感,但那只是新酒的芳香在从旧瓶之中向外飘溢……

犹如齐桓公辞世后诸侯争霸出现短暂低潮一样，晋文公死后，诸侯争霸也曾一度消沉。

霸权迭兴的历史进程是高一浪、低一浪、再高一浪，这样不断向前推进的。

春秋中期的国际政局以晋、楚两大强国相颉颃为基本色调，这是人所共知的史实。可是，这并不意味着晋、楚两国共执牛耳、平分秋色，因为双方实力并非处于绝对均衡状态。如果说在前一阶段，晋国稍占上风的话，那么在后一阶段，特别是楚庄王时期，楚国势力则略胜一筹，再稍后，就是晋国势力再度勃兴。

### 一鸣惊人的楚庄王

曾经一度消沉的诸侯争霸，到楚庄王时期又趋于高涨。鲁文公十三年（前614年）楚穆王死，翌年，其子继位，即楚庄王。楚庄王霸业是楚国历史上的辉煌一章。

三年不出号令

楚庄王似乎是一位风风火火、性格暴烈、豪放不羁的人物。鲁宣公十四年（前595年）他派文无畏出使齐国，并令文无畏途经

宋国而故意不借道以表示对宋国主权的蔑视。结果,文无畏被宋杀掉。消息到楚都之时:

> 庄王方削袂,闻之曰:"嘻!"投袂而起,履及诸庭,剑及诸门,车及之蒲疏之市,遂舍于郊,兴师围宋。

《吕氏春秋·行论》的这个记载,把楚庄王直露急躁的性格活灵活现地刻画出来。这里的"削"原指刀鞘,"削袂"指两手套入衣袖之中的消闲自得之状①。庄王闻讯即甩袖而起,顾不得穿鞋,走到庭院中随从才拿着鞋赶上,到了门口随从才赶来送上佩剑,行至叫蒲疏的市场上,御者才赶着车撵上他,当天晚上就住在郊外,以便即刻发兵,迅速出发围宋。

楚庄王性格如是,服饰亦如是。《墨子·公孟》篇说:

> 昔者,楚庄王鲜冠组缨,绛②衣博袍,以治其国,其国治。

色彩鲜明的冠饰、宽大的赤色衣袍,不正是楚庄王性格的一种体现吗?

然而,要是只把楚庄王视为一位粗鲁的赳赳武夫,那就错了。他其实是一位粗中有细的足智多谋的人物。

古代有作为的人物,在某些特殊情况下,有时会采取伴装无知、隐蔽才能的做法,就是所谓的韬光养晦。殷商时代,被尊为"高宗"的商王武丁继位之后,曾经"三年不言,政事决定于冢宰,以观国风"③。楚庄王继位时就曾有过和商王武丁类似的举动。

楚庄王"即位三年,不出号令,日夜为乐"④,并且下令:"有敢谏者,死无赦!"老臣伍举却偏偏去见庄王。庄王问道:"你没有听到不许进谏的命令吗?"楚庄王左抱郑姬,右抱越女,坐于钟鼓之间,正恣意于声色,对伍举颇有不满。

"我哪里是来进谏，而是来进献隐语给君王您解闷的。"那个时候的"隐语"就是谜语。伍举以献"隐语"来引起庄王的兴趣。

"道来。"楚庄王愿意听听是什么"隐语"。

"山冈上有只鸟，三年不飞不鸣，那是什么鸟？"伍举说。

"三年——"楚庄王略一沉思，便说道，"三年不飞，飞将冲天；三年不鸣，鸣将惊人。请您退下去吧！我已经知道您的意思了。"楚庄王也用"隐语"说出自己的志向。

可是，过了数月，楚庄王依然如旧，并且愈益荒淫。楚大夫苏从进谏。庄王问他何以不听从不许进谏的命令，苏从的回答跟伍举不同，他不是以"隐语"讽喻，而是犯颜直谏，说道：

杀身以明君，臣之愿也。⑤

此时，楚庄王认为时机已到，就罢斥淫乐，听理政事。他诛杀数百人，进用数百人，任命伍举、苏从执掌国政。

楚庄王三年不理政事之举，是相当明智的。楚国公族势力非常强大，楚庄王佯装荒淫，目的是要静观时变，以待时机。庄王继位的那年，令尹子孔和将军潘崇率军讨伐群舒（今安徽省舒城县境），派公子燮和子仪留守。这两名负责留守的贵族伺机作乱，他们修筑郢都城墙，准备抵御伐舒归来的楚军，并派人前去刺杀子孔，但事情没有成功。公子燮和子仪遂挟持楚庄王逃往商密（今河南省淅川县西），途中幸得庐（今湖北省南漳县东）邑大夫庐戢梨和其辅佐叔麇救助，这才诛杀了公子燮和子仪，使楚庄王脱离险境。在这样的复杂险恶形势下，楚庄王的明智之举缓解了贵族们对他的疑虑，为其"一鸣惊人"奠定了基础。

鲁文公十六年（前611年），楚国遇到了空前的麻烦。这年，楚地发生饥荒，戎人乘机进攻楚的西南地区，一直打到阜山（今湖北省房县南），又转而进攻楚的东南地区的訾枝（今湖北省枝江市境）。庸（今湖北省竹山县东）国军队联合群蛮的势力背叛楚国。麇（今湖北省十堰市郧阳区）国国君率领百濮（今湖北省石首市境）部落的力量在选（今湖北省枝江市境）邑集结，准备伐楚。为了对付这些叛乱和进攻，楚庄王命令将楚国北境重镇申、息的北门关闭，以备中原诸侯的乘机入侵。

在这种危急的形势下，有人建议把楚国都城迁徙到阪高（今湖北省当阳市东北）以避敌。楚庄王召集大臣商议，听从蒍贾建议，决定不取消极退让之策，而是积极出兵，先击溃百濮的势力，又派大军伐庸。在战斗的关键时刻，楚庄王乘坐快速的邮传车辆赶赴前线，到达临品（今湖北省均县镇境）亲自指挥部队。他把楚军分为两队夹击庸人。群蛮见楚势力强大，遂请求和庄王会盟以表示臣服。秦、巴（今湖北省襄樊市境）两国派兵与楚会合。这年八月，楚庄王灭庸，不仅使楚转危为安，而且使楚国声势大振。楚庄王由此开始以强楚雄主的身份，涉足于春秋中期的国际政坛。

在春秋中期的诸侯争霸中，郑国处于一个微妙的地位。郑本为春秋初期的强国。郑庄公之后，郑国势力虽然衰落，但在中等国家中亦为一强。它处于晋、楚两大国之间，所以成为大国争霸首要争夺目标。在这种形势下，郑国采取灵活机动的外交策略，晋、楚双方哪边力量强就暂时依服哪方。

鲁文公十年（前617年），郑穆公曾和楚穆王会见，并陪同楚穆王田猎。鲁文公十五年（前612年）郑穆公又参加以晋为首的扈之盟。晋灵公对郑很不满意，在鲁文公十七年（前610年），的扈之盟的时候，拒不会见郑穆公。郑国执政大臣派人给晋国执政赵盾的书信中说：

古人有言曰："畏首畏尾，身其余几？"又曰："鹿死不择音。"小国之事大国也,德,则其人也;不德,则其鹿也。铤而走险,急何能择?……居大国之间,而从于强令,岂其罪也?大国若弗图,无所逃命。⑥

这段话的意思是,古人谓畏首畏尾,剩下的身子已经不多,所以常有畏惧之心。古人又谓鹿临死时顾不上发出好听的鸣声,所以我们冒死陈言。小国事奉大国,如果大国以德相待,那么小国就会恭顺;反之,则会像鹿一样铤而走险,因为急迫之时如何能从容选择?郑居大国之间,因而不得不屈从于大国的压力,这难道是我们的罪过吗?若晋不谅解,我们将无路可退,只有拼死一战。郑国的这种软中带硬的态度,对于自身安全应当说是必不可少的。

楚、晋双方由于势均力敌,皆无征服对方的实力,所以在城濮之战后多谨慎行事。一般都力求避免双方的直接冲突,其战略目标在于对中间地带国家的争夺。鲁宣公元年(前608年),宋受盟于晋。陈国因楚不参加陈共公的丧礼而恼火,也受盟于晋。这年秋天,楚庄王率军侵陈,接着又侵宋。晋国的执政大臣赵盾则联合宋、陈、卫、曹等国军队去攻打新和楚结盟的郑国,这样既可惩罚郑国,又援助了陈、宋,并且可以避免和楚直接冲突。楚庄王派芳贾率军救援郑国,在北林(今河南省郑州市东南)和晋军遭遇,俘获晋军将领解扬,晋军受挫后不敢和楚开战,而是采取退避态度,收军返晋,楚军亦不追赶。

纵观楚庄王继位三年以后的情况,总的来说是楚强于晋,原因在于"晋侯侈,赵宣子为政,骤谏而不入,故不竞于楚"⑦。晋执政大臣赵盾(即赵宣子)注目于晋国内部权力之争,并无意于全力和楚对抗。由于这个原因,楚的北进中原就更具咄咄逼人之势。鲁宣公二年(前607年)春天,楚庄王命郑国伐宋,大胜。这年夏天,晋联合宋、卫、陈等国军队伐郑,以示报复。楚庄王派斗椒率军救郑，驻军于郑以等待和晋军交战，晋军惧怕而归。

楚国所取得的这些进展，说明楚庄王三年之久的韬光养晦是卓有成效的，他因此而能够问鼎中原，登上霸主宝座，实践了一鸣惊人的诺言。楚庄王霸业固然离不开汪洋恣肆、灿烂辉煌的楚文化为其提供的雄厚基础，但也与他个人深谋远虑的雄主品格有密切关系。

## 剿灭若敖氏

"若敖"本为两周之际的楚君，其后人称为若敖氏，是楚国公族中一支强大势力。

起初，若敖在䢵（今湖北省仙桃市境）国娶妻，生斗伯比。若敖死后，斗伯比跟着母亲在䢵国居住。他和䢵国国君——䢵子——的女儿私通，生下个孩子。䢵夫人让人把这个孩子丢在云梦泽里。䢵子打猎，见有老虎给这个孩子喂奶，惧怕而归。䢵夫人把女儿私生子的情况告诉䢵子。䢵子让人收养了这个孩子。楚人把奶叫做"谷"，把老虎叫做"于菟"，所以这个孩子就起名叫"斗谷于菟"。䢵子把女儿嫁给斗伯比。斗谷于菟长大后很有才干，后来做了楚国的令尹，即令尹子文。

令尹子文的弟弟——担任楚国司马职务的子良，生子名叫子越椒，又称斗椒。子文很厌恶斗椒，他告诉子良：

"赶紧把斗椒杀掉，绝不能留他！"

"为何？"子良十分诧异。

"这个孩子有熊虎之状而豺狼之声，若不杀，将来就会因为他而使若敖氏灭亡。俗话说'狼子野心'，这孩子就是一条狼，难道能够养着吗？"子文解释了原因。

子良没有同意。子文把这事当成一件心腹大患,临死时,他召集族人,说道:

"将来,如果斗椒一旦执政,你们就快点走吧,不要遭到祸难。"

族人劝说他要想开些,子文却又哭着说:

"鬼尚且求取食物,将来若敖氏的鬼不是要挨饿了吗?"子文极其悲痛。

在古人的观念里,"鬼"亦指祖先,若敖氏的鬼即若敖氏的祖先。子文预料斗椒将使若敖氏绝灭,所以无人再祭祀若敖氏的祖先,其"鬼"也就要挨饿。

《左传》所记载的上述事情,未必尽为史实。或许担任令尹要职的子文对楚国公族内部尖锐复杂的斗争耳濡目染,对自己的若敖氏之族前途忧心忡忡,故而有所感而发。假若以为子文能未卜先知,那就不大对头了。

子文的儿子斗般后来也曾担任令尹。斗椒担任司马。他让担任工正之职的蒍贾潜害斗般而杀之,然后自己担任令尹,蒍贾为司马。不久,斗椒率若敖氏族人把蒍贾囚禁在轑阳(今湖北省江陵县境)并杀了他。斗椒驻军烝野(今河南省新野县),准备进攻楚庄王。

在严峻的形势面前,楚庄王并没有惊慌失措,而是积极采取对策,谋求平叛。他先提出把楚文王、成王、穆王三代国君的子孙作为人质,请斗椒息兵,斗椒拒绝。然后,楚庄王在漳澨(今湖北省荆门市西)发兵,准备抵御。

鲁宣公四年(前605年)秋天,楚庄王率军和若敖氏的部队在皋浒(今湖北省襄阳市西)作战。斗椒执弓怒射,箭镞锋利且力量强大,飞过车辕,穿过鼓架,"铛——"的一声射在铜钲上。

又一箭，飞过车辕，直透车盖。楚王士兵害怕，开始退却。楚庄王临危不惧，他派人到军中喊着说：

"从前我们的先君楚文王攻克息国，得到三支利箭，斗椒偷去两支，已经全都用完了！"

见军心稍定，楚庄王就亲自擂鼓，号令进军。遂诛灭若敖氏。

对于如何处置叛乱的若敖氏家族成员，楚庄王表现出宽宏的气度。在诛灭若敖氏的时候，斗椒的孙子——担任箴尹之职的克黄——正出使齐国。归途中到达宋国时，闻讯楚王正平定叛乱。随从劝克黄不要返楚，以免受戮。克黄大义凛然地说道：

*弃君之命，独谁受之？君，天也。天可逃乎？*⑧

这种"君，天也"的说法，充分体现了楚人忠君的精神。克黄认为丢弃国君命令的人，哪个国家也不会接受他。君就像天一样，是无可逃避的。于是他回到楚国复命以后就主动地到"司败"——楚主司法之官——那里请求囚禁自己。楚庄王不忘子文担任令尹时治国的功绩，说道："子文如果没有后代，还用什么来劝人为善！"他让克黄仍旧担任箴尹的官职，并给克黄改名字，叫作"生"。

作为公族的一支，若敖氏可以兴兵和国君对抗，说明楚国公族势力确实非同一般。要使君权稳固，就需楚君有驾驭公族的魄力和策略。楚庄王具备了这个条件。他在平定叛乱时毫不犹豫手软，但在平时却又对包括许多公族成员在内的文臣武将宽容大度，尽力争取他们的支持。

### 美人扯下将军的冠缨

关于楚庄王的宽容大度，后人颇多赞颂。东汉时期的朱穆在其所撰《崇厚论》中说：

> 夫天不崇大则覆帱不广，地不深厚则载物不博，人不敦庞则道数不远。昔在仲尼不失旧于原壤，楚严不忍章于绝缨。由此观之，圣贤之德敦矣。

朱穆以天地为喻，指出只有高大深厚才能广覆博载，人必须敦厚才能弘扬道术。"楚严"即楚庄，为汉人避汉明帝讳所致。"原壤"是春秋时鲁国人，孔子旧友。传说原壤母死，他却不哭而歌，因而不合儒家礼法，但孔子仍以原壤为友。在朱穆看来，楚庄王不忍心将"绝缨"的事情究诘清楚，是和孔子谅解原壤之事一样的宽厚，同为"圣贤之德"。

"绝缨"事见《说苑·复恩》篇。原文不长，具引如下：

> 楚庄王赐群臣酒。日暮酒酣，灯烛灭。乃有人引美人之衣者。美人援绝其冠缨，告王曰："今者烛灭，有引妾衣者，妾援得其冠缨持之。趣火来上，视绝缨者。"王曰："赐人酒，使醉失礼。奈何欲显妇人之节而辱士乎？"乃命左右曰："今日与寡人饮，不绝冠缨者不欢！"群臣百有余人皆绝去其冠缨而上火，卒尽欢而罢。

"缨"指武士冠上的用丝、线做成的穗状饰物。扯下这位行为不端的将领之冠缨者，依《韩诗外传》所说是楚庄王的王后，当即传闻异辞。据说在后来的晋、楚战争中不惜肝脑涂地而奋勇杀敌以保卫楚庄王者，就是被庄王宽容的那个人。楚庄王对于美人绝缨事情的处理相当机敏得体。朱穆把这件事和孔子宽容原壤的事情相提并论，实不为过分。

可以和美人绝缨之事相媲美的是樊姬荐贤。

据《韩诗外传》说，楚庄王有一次朝见群臣很晚才返回内寝，美貌而贤淑的樊姬急忙下堂迎接。

"为何这么晚才罢朝,您一定饥饿、疲倦了吧?"樊姬笑容可掬地问。

"今日听忠贤之言,便不觉饥饿疲倦。"

"君王所说的忠贤是指诸侯国来楚的客卿,或是楚国的贤士?"樊姬又问。

"就是那位沈令尹。"沈令尹原名虞丘子,鲁文公三年(前624年)楚伐沈(今安徽省阜阳市西北),得其部分土地,设立沈县,虞丘子被任命为沈县大夫,故以沈为姓,后为楚庄王赏识而担任令尹,即称沈尹或沈令尹。

樊姬闻听沈令尹之名,便掩口而笑,弄得庄王摸不着头脑,遂问其中缘故。

"妾得以侍奉君王,掌汤沐、执巾栉、振衽席,已有十一年之久。然而,妾却常常派遣人员到梁、郑之间寻求美人淑女而进献于君王。现在和妾同列者有十人,贤于妾者二人。妾难道是不愿意专擅君王的宠爱吗?不是这样的。我是不敢以私人之愿来隐蔽众美,而是想让君王您见多识广呀!"这番话说得庄王连连颔首,若有所思。

"如今沈令尹相楚数年,没有见到他举荐贤良,也没有黜退不肖之人。他这么做,怎能称得上忠贤呢?"樊姬道出了自己的见解。

楚庄王很赞赏樊姬之言。第二天早朝时,他把樊姬之言告诉沈令尹。能言善辩的沈令尹一时语塞,竟然无言以对,只觉得额上沁出了汗珠。

不久,沈令尹便举荐了有治国之才的孙叔敖。叔敖治楚三年,国富兵强,遂成庄王霸业。据说,楚国史官曾在简策上援笔而书:

> 楚之霸，樊姬之力也。⑨

樊姬实有卓见，功不可没，然而，决策者，楚庄王也。楚庄王举贤任能，蔚成风气。樊姬之事实为这种气候下所绽开的一朵艳丽之花。孙叔敖和沈令尹为庄王霸业立下汗马功劳，庄王的许多重大决策皆有孙叔敖和沈令尹的智谋策划。古书说，"楚庄染于孙叔、沈尹"，"荆庄王染子孙尹敖、沈尹蒸"，"楚庄王学孙叔敖、沈尹竺"，⑩都说明楚庄王对这两位贤臣的信任。这两位人物可以说是庄王的左膀右臂。

楚庄王不仅能选贤举能，而且能支持贤能人才发挥作用，支持臣下秉公执法。为了树立君权的尊严，楚庄王曾经制定"茅门之法"，规定群臣大夫和诸公子到"茅门"之前必须下车，然后再入内朝见。"茅门"是古代诸侯宫室的第二道门，又称"雉门"，臣下朝见时必经此门。"茅门之法"规定假若臣下和诸公子不及早下车，而让驾车马匹踏到了茅门的屋檐下滴水处，即"霤"，那么"廷理"——执法官——将派人砍断车辕，并杀掉御者。楚庄王的太子入朝时犯了"茅门之法"，廷理即照章处置。太子大怒，到庄王面前哭诉，要求杀掉廷理。楚庄王向太子说：

> 法者，所以敬宗庙，尊社稷。故能立法从令尊敬社稷者，社稷之臣也，焉可诛也？夫犯法废令不尊敬社稷者，是臣乘君而下尚校也。臣乘君，则主失威；下尚校，则上位危。威失位危，社稷不守，吾将何以遗子孙？⑪

楚庄王认为法是社稷宗庙的根本，怎么能诛杀立法从令、尊敬社稷的大臣呢？如果犯法废令，那就是臣下侵犯君主，就会给社稷造成危险。太子听了这番话吓得回头就走，避舍露宿三日，以思悔过错，并向楚庄王承认错误，听凭处罚。

以上几件事情，皆为后人追记，也许会掺进些小说家言，因此未可全然相信。但有一点需要指出，那就是这些记载还是事出有因的。绝缨、荐贤等事即使是后人附会，但其所塑造的豁达大度、网罗人才、秉公执法的人物形象，实在有当年的楚庄王的身影。

《史记·滑稽列传》还载有一件楚庄王能听取意见、不惜改掉癖好的事例。

楚庄王嗜好良马。他所喜爱的一匹马，穿锦绣之衣，住华屋之下，吃香甜的枣脯，不料却肥胖而死。楚庄王让群臣为马吊丧，并想以大夫之礼葬之。左右争辩，皆以为不可。庄王下令："有敢以马谏者，罪至死！"宫廷乐师优孟闻讯，进入殿门，仰天大哭，庄王惊问其故。优孟泣涕涟涟地说：

"马者，王之所爱也。以楚国之大，何求不得？如今却以大夫之礼埋葬这匹马，礼太薄了，请以人君之礼葬之。"优孟"严肃"地建议。

"如何才好？"楚庄王问。

"臣请以雕玉为棺，文梓为椁，调发甲兵士卒为马修筑陵墓，封给马以万户大邑。这样做才能使各诸侯国都知道君王您是贱人而贵马的啊！"优孟说出了这一派诙谐的言语。

"寡人居然这么糊涂！究竟该怎么办呢？"楚庄王如梦初醒，方知优孟进谏的本意。

"依臣下的意见，请大王按六畜的'葬礼'处置。那样可以把炉灶作外棺，用铜釜作棺木，用生姜和红枣为佐料，把它炖得烂熟，葬在人们的肚子里。"

这个建议使庄王哈哈大笑，遂将马依优孟的建议处理。以谈笑讽谏而著称的优孟，得楚庄王的赏识而垂青史；一代霸主楚庄王，得优孟之谏而免得铸成大错。他们真可谓是相得益彰。

## 伐陈围郑

剿灭若敖氏以后，楚庄王积极北进中原。

鲁宣公五年（前604年），楚庄王伐郑，迫使郑服楚。过了一年，郑又服晋，参加晋所召集的会盟。鲁宣公九年（前600年），楚庄王伐郑，晋郤缺救郑。第二年，郑怕和楚积怨，便主动和楚媾和。晋即率宋、卫、曹等国军队伐郑，郑复又表示服晋。楚庄王再次伐郑，晋派士会救郑，并让诸侯国的军队在郑戍守。

鲁宣公十一年（前598年），楚庄王伐郑，直攻到距郑都不远的栎（今河南省禹州市）邑。郑国执政大臣子良说：

> 晋、楚不务德而兵争，与其来者可也。晋、楚无信，我焉得有信？[12]

这段话很典型地表达了春秋中期中、小国家对于大国争霸的认识和态度。在这种思想支配下，郑又服楚。这年夏天，楚庄王召集辰陵（今河南省周口市淮阳区西）之盟，郑、陈两国与楚结盟。会盟之后，楚庄王命令弟弟子重率军侵宋，自己驻扎在郔（今河南省项城市境）。

在楚庄王北进的战略中，制服或吞并陈国是一个重要目标。陈灵公是一位荒淫的国君，他和大夫孔宁、仪行父都和陈大夫御叔之妻夏姬私通。他们一起在夏姬那里饮酒，陈灵公戏称夏姬的儿子夏征舒貌似仪行父，仪行父则说夏征舒貌似国君。夏征舒容不得这种耻辱，便射杀陈灵公。鲁宣公十一年冬天，楚庄王借口陈国发生内乱而伐陈。他通告陈国臣民无须惊恐，伐陈只是为了讨伐夏氏。楚军入陈之后，将夏征舒车裂示众。楚庄王灭掉陈国，变其为楚国的一个县，然后凯旋。

楚大夫申叔时在楚灭陈以后出使齐国返归，向楚庄王复命以后就退走，不再说话。楚庄王喊住他，责备道：

"夏征舒无道，弑杀其君，寡人率诸侯之军前往讨伐，杀戮了叛逆，诸侯和楚国的县公都庆贺寡人的业绩，独有你一言不发，何故？"

"臣不会随声附和。现在可以谈谈我自己的看法吗？"申叔时先声明自己的看法与众不同。

"请说吧！"楚庄王表示洗耳恭听。

"夏征舒杀死国君，罪恶很大，讨伐而诛戮了他，这是君王应当做的事。"申叔时先肯定伐陈是应该做的事情。楚庄王连连点头。

"不过——"申叔时话锋一转说，"人们也有话说：'牵牛践踏别人的田地，就把他的牛夺过来。'牵牛的人诚然有错，但夺走他的牛，惩罚就太重了。诸侯跟从君王您，说是讨伐有罪的人，现在却把陈国变成了楚的一个县，这就是贪它的富有。用伐罪号召诸侯，而以贪婪来结束，恐怕不可以吧？"

楚庄王权衡利害，认为占据距离齐、鲁、晋等国都不大远的陈国，可能会招致诸侯国的一致反对，将不利于楚国称霸，于是就同意了申叔时的建议。他派人到晋国，迎接在晋的陈灵公的太子午返陈继位，即陈成公。复封陈国以后，楚庄王命令从陈国每一乡取一人到楚国，集中住在一地，这个聚集处称为夏州（今湖北省武汉市北），以纪念这次伐陈的武功。

郑在辰陵之盟以后，害怕得罪晋国，遂又主动寻求和晋交好。楚庄王不能容忍郑对晋暗送秋波，就在鲁宣公十二年（前597年）春天率大军围攻郑国都城达17天之久。

郑见大兵压境，便欲向楚求和，问此事于龟卜，结果不吉利。又占卜在太祖之庙痛哭和陈战车于街巷，表示虽困而不降，必欲一战，结果吉利。于是国人大哭，守城将士也在城头上痛哭。楚庄王见状便命令退兵，使郑人得以休整，待郑人将城墙修葺以后，复进兵围攻。这次攻城历时三个月之久，终于攻克。

楚庄王率军从皇门入城，到达大路时，只见郑襄公肉袒牵羊前来迎接，捧着郑的国书与地图进献。郑襄公可怜兮兮地说：

> 孤不天，不能事君，使君怀怒以及敝邑，孤之罪也，敢不唯命是听？其俘诸江南，以实海滨，亦唯命；其翦以赐诸侯，使臣妾之，亦唯命。若惠顾前好，徼福于厉、宣、桓、武，不泯其社稷，使改事君，夷于九县，君之惠也，孤之愿也，非所敢望也。敢布腹心，君实图之。⑬

这是败国之君表示降服的一番非常得体恰当的辞令。郑襄公表示自己不能承奉天意而事奉楚君，使楚君发怒至郑，所以要唯命是听，或者把自己作为俘虏带到江南，再放逐海边；或者灭掉郑国分割其土地给诸侯，让郑人为臣妾奴仆。如果承蒙君王您顾念从前的友好，以此向周厉王、周宣王、郑桓公、郑武公求福，而不绝灭敝邑，使敝邑改而事奉楚君，等同于楚国的一个县，这便是君王的恩惠。

春秋时期的郑国是一个能言善辩、人杰地灵的国度。从立国开始，郑国世有善于辞令的杰出人物出现。大名鼎鼎的子产自不待多说，就在春秋前期，曾经灭掉许国的郑庄公，曾经急中生智以"犒师"为名而挽救了祖国的商人弦高，便是两个例证。郑襄公在治国安邦上尚未见其有突出业绩，可是这篇辞令及其"肉袒牵羊"的"表演"，却表现出他是一位干练的外交人才。须知，在霸权迭兴的时代，在处于腹背受敌位的并不强大的郑国，这种人才乃是不可或缺的重要人物！

一个令人费解的问题是，郑襄公何不及早弃城而走，逃奔他国避难呢？这是因为郑襄公已经估计到了郑国居晋、楚之间，实为两大国相争的缓冲地带，所以在不具备绝对优势的情况下，晋、楚皆不会轻易吞并郑国。郑襄公估计楚庄王会允许投降，因而才有上述一番"表演"。

楚庄王其实也看透了这步棋。当左右劝他灭掉郑国时，他说了两条理由：第一是"所为伐，伐不服也。今已服，尚何求乎？"[14]。指出允许郑国投降是顺理成章的事情。如果灭郑，那就名不正、言不顺了。第二是"其君能下人，必能信用其民矣，庸可几乎？"[15]。认为郑君能自下于人，取信用于民，郑国尚有希望，不是一下子就能灭得了的。

楚庄王力排众议，答应了郑襄公的请求。"庄王自手旗，左右麾军，引兵去三十里而舍，遂许之平"[16]。楚庄王派大夫潘尪（音汪）入郑都受盟，郑襄公让弟弟子良到楚为人质，表示决心服楚。

楚庄王封陈复郑，实为壮举。楚军围郑之时，郑军疲癃，城中城上之人号啕大哭。楚庄王没有麾军一鼓作气拿下城池，而是退兵让郑休整。这和当年晋文公伐原时注重信誉的事例，有异曲同工之妙。

说到楚庄王的豪爽，不禁令人想起另一位曾经进入郑都的楚国君主——楚成王。当年在泓之战中打败宋襄公以后，楚成王到郑炫耀武力，临走不仅收下郑国奉献的全部礼品，而且还带走郑国两名侍妾。楚庄王一扫其祖父楚成王的小家子气，而表现出恢廓的大将风度。史家赞许楚庄王为一代霸主，该与此相关。

## 邲之战与楚庄王霸业的鼎盛

公元前6世纪初叶,晋、楚两大国的内部都在酝酿着深刻的变化,双方的霸权争夺出现了新的特点,于是发生于鲁宣公十二年(前597年)的邲之战。

### 楚庄王命令乘辕北向

楚庄王制服郑国以后,继续向北进发,驻军于郔(今河南省郑州市北),欲饮马于黄河以显示楚势炽盛,然后就凯旋。

鲁宣公十二年夏天,当郑已降楚之后,救援郑国的晋军才姗姗而来。到达黄河边上的时候,听说郑已降楚,晋中军主将荀林父主张返归,刚愎自用的中军副帅彘子认为返归非大丈夫的作为,便率领自己属下的晋军私自渡过黄河。晋军司马韩厥劝荀林父不要让彘子之军独自败北,于是晋军都渡河南进。

听说晋军都渡过了河,楚庄王欲返归,其爱臣伍参却力主作战。令尹孙叔敖训斥伍参道:

"往年入陈,今年攻郑,我们不是没有仗可打,何必非跟晋交锋不可呢?如果不能打胜,那么伍参的肉够吃吗?"

"如果作战得胜,就足见令尹您没有谋略。若不胜,我伍参的肉将在晋军那里,您哪里能吃得上?"伍参对令尹的训斥颇不以为然。

伍参对楚庄王说:"晋军统帅皆新人,不能行使政令。中军副帅彘子不服从命令,三军统帅各自为政,所以晋军必定失败。假若楚军撤退，那便是以堂堂楚国之君而避让晋国之臣，这种屈辱举动如何向社稷交待？"

这番铿锵有力的语言使楚庄王不禁动容而沉思。孙叔敖为一代名相，干练多才；伍参仅一嬖臣，声望不佳。相比之下，孙叔敖意见的分量要重得多。然而，楚庄王毕竟是有谋略的雄主，他权衡利弊后，毅然决定听从伍参建议，并命令令尹孙叔敖，让楚国的战车都调转车辕向北进发，驻军于管（今河南省郑州市境），等待和晋军决一雌雄。

晋的三军统帅虽然群龙无首，指挥不灵，但也不缺少远见卓识之人。上军帅随武子就曾对晋国形势有精辟分析。他认为虽然楚国连年对外用兵，但国内却很稳固，"民不废劳"，"商、农、工、贾不败其业"。楚君的各项政策得当，"其君之举也，内姓选于亲，外姓选于旧，举不失德，赏不失劳"。下军副帅栾武子注意到了楚武王那种兢兢业业的精神。他指出：

> 楚自克庸以来，其君无日不讨国人而训之于民生之不易、祸至之无日、戒惧之不可以怠。在军，无日不讨军实而申儆之于胜之不可保、纣之百克而卒无后，训之以若敖、蚡冒筚路蓝缕，以启山林，箴之曰："民生在勤，勤则不匮。"⑰

楚国克庸是庄王继位以后第三年的"一鸣惊人"之举。栾武子认为自此以后楚君就没有懈怠过，而是时时提醒国人和将士常有戒惧之心，让大家不要忘记殷鉴，不要忘记楚先君若敖、蚡冒拉着柴车、穿着破衣去开辟山林的艰苦创业经历。楚君的箴言是，百姓的生计在于勤劳，勤劳就不会穷匮。楚庄王在霸业辉煌之时能够铭记先辈"筚路蓝缕，以启山林"的精神，可以说他是一位头脑十分冷静、清醒的杰出人物。他不仅为楚人拥戴，就连处于敌对状态的晋人也为之肃然起敬。

晋中军副帅彘子不听号令，私自率军渡河，导致邲之战的晋军败北，其咎实不可推卸，然而其言论也并非毫无道理。请看他对晋国霸业的分析：

> 晋所以霸，师武、臣力也。今失诸侯，不可谓力；有敌而不从，不可谓武。由我失霸，不如死。且成师以出，闻敌强而退，非夫也。命为军帅，而卒以非夫，惟群子能，我弗为也！⑱

彘子认为军队勇敢、臣下尽力，是晋所以称霸的原因。如果见敌强而后撤，那就不是大丈夫的作为，而只能是懦夫，这就必然贻笑于诸侯，失去其拥护。晋自文公以来久为霸主，彘子不甘心由此而失去霸主地位，作为国君任命的军帅，他不想得一懦夫的名声。在邲之战中，彘子有勇无谋，战后追究责任，晋将其杀掉并灭族，可以说是罪有应得。然而，他对晋国霸业的拳拳之忧尚不可一笔抹杀，"由我失霸，不如死"，这样的言语依然掷地有声。

"麻秆打狼两头怕"，邲之战以前的晋楚双方就处于这种状态。楚庄王担心未必能战胜强晋，曾派少宰赴晋军，讲明楚无意与晋争锋，而只是为了教训郑国，又派使臣至晋军请求媾和。晋一则担心打不过楚国，二则担心失去霸主位置，故而犹豫不决。邲之战实际上是场遭遇战。

鲁宣公十二年（前597年）六月，晋将赵旃、魏锜到楚军营地挑战，楚庄王追逐赵旃。晋军恐赵、魏二人有失，故发兵车往为援助。楚军恐庄王追敌有闪失，因此在令尹孙叔敖指挥下以先声夺人之势出兵进击。两军在邲（今河南省荥阳市东北）地遭遇，晋军抵挡不住楚军急攻，仓猝中，中军主将荀林父先出"先济者有赏"的错误命令，致使晋军争相逃跑渡河，先上船的将士抽刀砍斫攀船舷而欲上者的手，以至"舟中之指可掬"[19]。闹腾了一夜，晋军才都逃过黄河。

邲之战以后，楚庄王到衡雍（今河南省原阳县境）狩猎。潘党建议把晋军尸体收集一起，封土成为大堆，做成"武军""京观"以为武功的标识。楚庄王不同意潘党的意见，并说：

> 夫文，止戈为武。……夫武，禁暴、戢兵、保大、定功、安民、和众、丰财者也，故使子孙无忘其章。[20]

从文字构造上看，止、戈合起来就是武字。楚庄王认为"武"就是要停止干戈相争的。楚庄王所指出的禁止强暴、消弭战争、保持强大、巩固功业、安定百姓、调和大众、丰富财物等七项，就是著名的"武功七德"。他认为邲之战不符合武功七德，楚之胜算不得武功。于是，楚庄王在黄河边上祭祀河神，修建楚国先君宗庙并报告战争的胜利，然后返国。

"武功七德"的提出是霸权迭兴时代关于争霸战争性质认识的一次总结和提高。在楚庄王的言论中，战争不再是单纯的攻城略地的手段，而是霸业中不太重要的组成部分。楚庄王虽然连年率军对外征战，但他却不想给人以穷兵黩武的印象。楚庄王的战旗上不是书写杀伐与征服，而是写着"止戈为武"，即用战争制止战争。尽管他的金戈铁马杀得晋军尸横遍野，但楚庄王却依然口中念念有词地向和平之神祈祷。这或许正是楚庄王的高明之处，他既赢得了战争的胜利，又赢得了政治的主动。

### 三军之士皆如挟纩

楚庄王的战略目标，本来是先制服晋、楚两大国之间的中、小国家，然后再和晋国争锋以称霸中原，可是在邲的遭遇战中却一举打败晋军，取得了意外胜利。处于中间地带的郑、陈等均附楚，唯有宋国仍对楚桀骜不驯，所以在邲之战以后，楚庄王便马不停蹄地发动了对宋国的战争。

就在邲之战那年的冬天，楚庄王率军讨伐宋的附庸国——萧（今安徽省萧县），宋派华椒联合蔡国军队救援。萧俘获了楚大夫熊相宜和庄王之子公子丙。楚庄王答应退兵，请萧不要杀这两人，萧不听而杀之。庄王大怒，指挥军队围攻萧邑。时值寒冬，楚军将士衣服单薄，楚将申公巫臣告诉说"师人多寒"，于是楚庄王巡视三军，抚慰士卒，使得"三军之士皆如挟纩"[21]。纩即丝棉，三军之士见庄王亲自到军中慰问，心里热乎乎的，好像披上了丝棉一样。楚军很快拿下城池，灭掉萧国。

鲁宣公十三年（前596年）夏，楚庄王率军伐宋进行试探，但宋不服楚。第二年，楚庄王派申舟（即文无畏）往齐国聘问，命他不向宋国借路而径过其地，以此挑衅。申舟知此行凶多吉少，便把儿子申犀引见给楚庄王，然后登程。宋执政大臣华元扣留了申舟。他说："经过宋国而不借路，这就是把宋国当成楚国边鄙的一个县，这就是让宋亡国，而杀其使臣招致楚攻，也是亡国，反正都是一样。"华元杀掉申舟，表示和楚对抗的决心。楚庄王闻讯，遂于这年九月率大军围攻宋国都城。

当郑、陈等国纷纷改换门庭叛晋服楚之时，宋依然是晋的坚定伙伴。对于楚大军围宋之事，晋从情理而言是必须发兵救援的。然而在邲之战中惨败的晋国尚心有余悸。鲁宣公十五年（前594年）春，宋派乐婴齐向晋告急。晋大夫伯宗不同意出兵援宋。《左传》记载伯宗之语，谓：

古人有言曰："虽鞭之长，不及马腹。"天方授楚，未可

与争。虽晋之强，能违天乎？谚曰："高下在心。"川泽纳污，山薮藏疾，瑾瑜匿瑕，国君含垢，天之道也。㉒

伯宗说鞭长莫及，救不了宋国，只是一个借口，真正原因在于楚势正强，"未可与争"，所以伯宗劝晋景公忍辱含垢，并自我解嘲说这是山川纳污藏疾的宽容气魄。

晋虽不发兵救宋，但也不好置之不理，便派解扬到宋国，让宋不要降楚，说晋的援军即将到达，以坚定宋军守城的信心。解扬路过郑国时，被囚禁送到楚军中。楚庄王重重地贿赂他，让他把话反过来说，以瓦解守城的宋军。解扬起初不应允，劝说三次以后才答应下来。楚军让解扬登上高高的楼车，向宋军喊话，解扬遂乘机高喊：

"晋正出动全国的兵力来救援宋国，即使危急，也不要投降，晋军快要到啦！"

楚庄王大怒，斥责解扬道："你既然已经答应不谷，现在却出尔反尔，是何缘故？不是不谷不讲信用，而是你背信弃义，这就不能怪我要赶紧杀掉你了。"

"请问什么叫信用？"解扬昂起头来问。不待楚庄王说话，他就自己答道："下臣听说，国君能制定命令就是道义，臣下能接受命令就是信用。守信用就不会同时听从两种不同的命令。我受命离开晋国，宁死也不会废弃命令，岂是你的贿赂能改变的吗？下臣所以答应你，是为了借机会完成晋君之命。寡君有守信用的下臣，下臣死得其所，也就毫无遗憾了。"

楚庄王听了这一番大义凛然的言语不仅没有再动怒，反而转怒为喜，赞赏解扬不惜一死以忠于君命的品德，赦免解扬，让他返晋。

从鲁宣公十四年（前595年）九月开始，直到第二年五月，楚军围困宋已达九个月之久。此后的情况颇与楚庄王围郑相似，楚庄王亦以其恢宏大度宽宥了宋国。请看《吕氏春秋·行论》所载：

> 兴师围宋九月，宋人易子而食之，析骨而爨之。宋公肉袒执牺，委服告病曰："大国若宥图之，唯命是听。"庄王曰："情矣！宋公之言也。"乃为却四十里，而舍于庐门之阖，所以为成而归也。

当年郑襄公"肉袒牵羊"向楚庄王投降时曾向楚庄王说了一大篇言语，戚戚如也，侃侃如也，好不令人悲悯。然而这次宋文公的投降却只是说"大国若宥之，唯命是听"，其语言的技巧比之于郑襄公就差得远了。楚庄王似乎不计较这些，仍然同意和宋媾和，并和宋盟誓，誓词中谓"我无尔诈，尔无我虞"[23]，强调楚、宋双方不得互相猜疑、互相欺骗。可是，毕竟空口无凭，宋国还是让执政大臣华元到楚当人质，以表示自己的诚信。

### 询问九鼎轻重

至此，处于中间地带的中小国家都依附于楚，晋自邲之战以后一直不敢与楚争锋，楚庄王的霸业可谓达到了鼎盛阶段。楚庄王死后的第三年，楚、鲁、秦、宋、陈、卫、郑、齐、曹、邾、薛、鄫、蔡、许等十四国在蜀（今山东省泰安市西）会盟，为楚庄王的霸业增添了辉煌壮观的一笔。

楚庄王在位23年，是楚国最著名的国君之一。虽然霸业煊赫，但楚庄王毕竟是楚文化熏陶下的人物，所以其霸业自有和中原诸侯霸主不同的特色。楚庄王曾经娓娓而谈其"止戈为武"的妙论，并彪炳和炫耀其"武功七德"，但他却绝口不提"尊王攘夷"之事。楚虽昌盛文明之邦,但由于僻处荆蛮,所以中原诸侯每以蛮夷视之。当楚国炽盛的时候,中原诸侯虽然嘴上不佟谈荆蛮,但却不免腹诽。郑、宋两国在大军压境、长期被围攻的情况下都不愿意投降楚国,直到穷途末路以至"易子而食、析骨而爨"的时候才勉强归顺。其间不能说跟中原诸侯对楚的敌忾有关。楚庄王不提"攘夷",大概是他自觉心虚的缘故。

春秋中期,齐的执政大臣国佐曾说:

> 五伯之霸也,勤而抚之,以役王命。㉔

当时的人认为,能为天下共主抚有诸侯而效力的人即可称霸。春秋时期霸主们每每以"尊王"相标榜,就是深谙此道的做法。楚国的情况和中原诸侯不同。楚在周初虽然受封于周,但和周王朝联系不多,入春秋之后不久就开始称"王",颇有和周分庭抗礼之志。在楚庄王之前,楚已有楚武王、文王、成王、穆王等四王。但楚之称王始终未得周天子认可和诸侯承认,在诸侯国的史书上还以"楚子"来称呼楚君。鲁宣公三年(前606年),楚庄王率军深入北上,讨伐居于伊雒地区的陆浑之戎,在周疆陈兵示威。周定王派大夫王孙满前往慰劳,楚庄王乘机询问九鼎的大小、轻重。"九鼎"是王权的象征,楚庄王认为"楚国折钩之喙,足以为九鼎"㉕,谓只要把折断的楚国戟的刃口聚拢来,就足以铸成九鼎。王孙满云:

> 呜呼!君王其忘之乎?昔虞夏之盛,远方皆至,贡金九牧,铸鼎象物,百物而为之备,使民知神奸。桀有乱德,鼎迁于殷,载祀六百。殷纣暴虐,鼎迁于周。德之休明,虽小必重;其奸回昏乱,虽大必轻。昔成王定鼎于郏鄏,卜世三十,卜年七百,天所命也。周德虽衰,天命未改。鼎之轻重,未可

问也。㉖

在"德"与"鼎"二者之间，王孙满认为德重于鼎，必有明德并受天命者乃能取之。论者多以为楚庄王"问鼎"即有代周之志，欲取周王朝而代之。实者，未必如此。陆浑之戎在王畿近处，何以劳楚军长途跋涉以征讨？观周王朝屡罹戎狄之祸，则可推测楚庄王此举似为讨好于周天子。以强楚的武力要拿下孱弱的周室，虽无探囊取物之易，但也不至于比后来庄王围郑克宋为难。楚军"观兵周疆"，旨在炫耀武力，并非要攻城略地。楚庄王没有取周，非不能也，乃不为也。说他有代周之志，并不正确。

楚文化虽然独树一帜，但绝非与华夏传统文化了无牵涉而泾渭分明。实际上，楚文化在许多方面都有周文化影响的迹象。楚庄王在讲述"武功七德"时曾多次引用《诗经·周颂》的诗句，对周武王克商以后的"载戢干戈"推崇备至。庄王曾为太子选师傅，并考虑以《诗》《礼》《春秋》等为教育太子的内容。这与中原诸侯并没有什么不同。

观楚庄王的作为，可以看出其目标在于建树霸业，成为霸主，并不是要代替周天子而成为"天下共主"。楚庄王不以"尊王"为号召，这是楚国历史传统影响的结果，就他本人而言，何尝不想得到周天子的青睐而显荣于中原诸侯呢？无论是周王室的武力，或是王孙满的长篇言论，都没有折服强楚千军万马的神力，促使楚军从王都城下讪讪返归的，只是楚庄王那隐约可见的"尊王"念头。

## 晋景公图谋复兴

晋国霸业，晋文公、襄公时期是第一个高潮。襄公以后的灵公、成公时期，晋则仅有中原诸侯霸主的虚名，并无其实。一直到晋景公在位的前期，晋国都处于楚庄王辉煌霸业的阴影之下。

鲁成公二年（前589年），楚纠集包括秦、齐、鲁、郑、宋等重要国家在内的十四个国家在蜀（今山东省泰安市西）会盟，为春秋时期参加会盟国家数目最多的一次。晋国虽愤愤然，但也只能窝火憋气，诚如《左传》所言，"是行也，晋辟（避）楚，畏其众也"。然而，晋景公是一位不甘寂寞的君主。他在位的19年间，晋积极谋求复兴，并且成绩斐然。

### 萧同叔子笑郤克腿瘸

晋文、襄霸业之后，秦执意联楚抗晋，楚问鼎中原，锐意北进。在这种形势下，晋国联络比较强大的齐国以和秦、楚抗衡，可以说在所难免。可是，一个偶然的小事情却使晋国这种努力几乎化成泡影。

鲁宣公十七年（前592年），晋景公想在断道（今河南省济源市西南）召集诸侯会盟，便派大臣郤克聘问齐国，请齐参加。齐顷公接见郤克的时候，特意让母亲萧同叔子在帷幕后面观看。因为郤克腿瘸，所以登上宫殿台阶的时候，萧同叔子不禁从帷幕后面笑出声来。对于齐国的嘲弄，郤克万分恼怒，发誓报复。郤克不待使命完成，就提前返晋，请求伐齐，晋景公没有答应，他又请求率领自己家族的士众伐齐，也未获允许。

这年夏天，晋景公和鲁、卫、曹、邾等国诸侯在断道会盟。齐顷公怕赴会受辱而未敢与会，而派了四个大臣前往。这四位大臣，高固于途中逃归，晏弱、蔡朝、南郭偃被晋拘执。后来，晋景公听从苗贲皇的建议，让看守故纵晏弱逃归齐国。

在晋国最有势力的是赵、郤两大族。任中军主帅并执掌晋政的士会是一位很精明的人物。他对儿子士燮说：

> 夫郤子之怒甚矣，不逞于齐，必发诸晋国。不得政，何以逞怒？余将致政焉，以成其怒，勿以内易外也。㉗

士会主动告老致仕，让郤克执政，使他有发泄对齐愤怒的机会，免得郤氏在晋国作乱。第二年春天，晋景公联合卫军伐齐，双方妥协，晋景公和齐顷公在缯（今山东省阳谷县境）会盟。齐派公子强到晋国为人质，晋军返归。

鲁成公二年，齐顷公伐鲁，又在新筑（今河北省魏县南）打败卫军。鲁、卫两国请求晋执政大臣郤克伐齐。晋景公见鲁、卫两国主动投靠，伐齐时机成熟，便允许郤克率七百辆战车的兵力伐齐。郤克说："这是城濮之战时的晋军战车数。当时有先君的明察和先大夫的敏捷，所以得胜。我和先大夫相比，还不足以做他们的仆人。请发八百辆战车。"晋景公同意了这个请求。晋由郤克率领中军，士燮为上军副帅，栾军率领下军，韩厥为司马，联合了鲁、卫、曹等国军队，出发伐齐。

这年六月，双方军队在鞌（音安，今山东省济南市西）对阵。齐顷公骄傲轻敌，扬言道："余姑翦灭此而朝食！"㉘要打败晋鲁等国军队以后才吃早饭。齐顷公不待战马披甲就冲向敌阵。双方激战之后，齐军大败，齐顷公险些被韩厥俘获。晋军追击，直到齐国的丘舆（今山东省淄博市南）、马陉（今山东省青州市西南）等地。齐顷公派大臣国佐到晋军献上玉磬和从纪国得来的铜甗（音眼），答应归还所侵占的鲁、卫两国的土地，请求媾和。

郤克提出两个条件要齐答应：一是让萧同叔子到晋国为人质；二是把齐垄亩都改为东西走向，以利晋国战车长驱直入。国佐回答的时候，强调指出萧同叔子是齐君之母。按照对等的原则，也可以说是晋君之母。以母为人质这种不孝行为必不为王命所允许。把垄亩都改为东西走向，不能因地制宜种植庄稼，这也不合乎王命。国佐说：

> 反先王则不义，何以为盟主？其晋实有阙。四王之王也，树德而济同欲焉；五伯之霸也，勤而抚之，以役王命。㉙

国佐认为盟主必须尊王，晋在尊王这方面是有过失的。虞、夏、商、周四代之王，所以能成为王，就是因为他们能树立德行并满足诸侯的共同要求，"五伯"之所以能够成为霸主，是因为他们能安抚诸侯，使诸侯为王命而奔走。

这段话表明，晋景公的时代，人们对于霸主的认识已经和春秋初期有所不同。霸主的权威主要不是表现在武力征服上，而应当是顺应诸侯欲望的结果。国佐的这些认识反映了各诸侯国自立观念的增强。晋景公所考虑的当然主要是晋国的威望和霸主地位，而不是只为郤克出口怨气。这年七月，晋、齐双方在爰娄（今山东省淄博市临淄区西）会盟，正式媾和。

## 齐欲尊晋景公为王

萧同叔子嘲笑郤克腿瘸，本来是件偶然发生的小事，但却化玉帛为干戈，使晋、齐两大国兵戎相见，在鞌激战，反目为仇。然而，晋、齐的联合抗楚在当时毕竟是历史发展的大趋势，所以双方的爰娄之盟也是早晚要做的事情。不过，假若没有萧同叔子那一阵朗朗笑声，那么爰娄之盟之任务怕是在断道之会上早就完成了。

鞌之战的第二年，齐顷公亲赴晋国朝见。据《史记·晋世家》

记载,齐顷公"欲上尊晋景公为王,景公让不敢"。如果此载可信,那么它透露出来的消息,实在不可轻视。

当初,齐桓、晋文曾创建震古烁今的伟业,可是却没有任何一位诸侯赞许他们为"王",现在晋景公甫一取胜,齐顷公就忙给他上尊号为"王",由此可见,至少在齐顷公的心目中,"王"的尊号已非必为周天子独立受用了。楚自武王以来历世称王,楚庄王还曾到天子城下询问九鼎轻重,"天子"老儿也未能奈楚何。齐顷公只是让晋景公先来尝试称"王"的滋味,似乎没有让晋君蹲炉火上挨烤的意思在内。㉚

晋景公之所以辞而不敢称"王",是因为他还需要"尊王"这面旗帜,以图谋晋国霸业的复兴。晋国卿族势力的增强,也足以使他忧虑而不敢孟浪造次。

鲁成公四年(前587年),郤克死。晋景公果断地提拔栾书任中军主将执掌国政,其主要目的在于削弱和打击赵、郤两族势力。在诸卿中,栾书生活俭约,处事谨慎,是可堪信任的一位人物。

这一年,赵氏内讧,发生了赵婴与其侄媳赵庄姬私通的丑闻,赵同、赵括将赵婴逐出晋国。鲁成公八年(前583年),赵庄姬在弟弟晋景公面前进谗言,谓赵同、赵括将谋反作乱,栾氏、郤氏为庄姬的话作证。晋景公当机立断,发兵诛杀赵同、赵括及赵氏族人,仅赵庄姬之子赵武幸免于难。经过这次诛杀以后,赵氏势力中衰,晋权转入栾氏手中。由于栾氏执政能谨慎从事,所以晋景公的政权因赵氏之灭而稍微加强了一些。

晋景公梦见了厉鬼

古人把恶鬼称为"厉鬼"或"厉",认为绝后之鬼常为厉,如谓古代帝王绝后者为"泰厉"，诸侯绝后者为"公厉"等。晋景公死的那一年，他就梦见了厉鬼。

鲁成公十年（前581年），晋景公病中见一厉鬼披散着头发直到地面，两只眼睛在头发后面若隐若现，发出幽光。厉鬼一边捶胸，一边跳跃不停，嘴里发出刺耳尖叫，并说："你杀了我的子孙，这是不义。我请求报仇，已经得到天帝允许啦！"随着令人毛骨悚然的大笑，厉鬼毁掉宫门、寝门直闯进来。晋景公连忙躲进内室，内室的门又被厉鬼撞掉。晋景公大喊"救命——"，急出了一身冷汗，这才猛然醒来，只见姬妾近侍正为他揉胸捶背，忙个不停。

晋景公召见桑田（今河南省灵宝市境）这个地方的神巫为他占梦。晋景公问：

"此梦何来？"

"这是大业的后世子孙不得志而死者为祟的结果。"桑田巫这样推断发生厉鬼之梦的原因。据《史记·秦本纪》记载，"大业"是秦的祖先。晋国赵氏与秦共祖，所以晋国的赵氏亦是大业的后世子孙。

"大业的苗裔在晋国还有人在吗？"晋景公向大臣韩厥询问。

"大业的后嗣在晋国绝祀无后的，可以说是赵氏了吧。赵氏世代辅佐先君，功勋卓著。如今君主您将赵氏灭族，国人都为之悲哀。赵氏之祖化为厉鬼而入君主您的梦境，应当想办法安抚才好，免得再次为祟。"韩厥提出了建议。

"赵氏还有子孙在晋国吗？"

"有。"韩厥肯定地说，"庄姬之子赵武在诛灭赵氏时适逢在宫中而免于难，今已长大成人。请复立赵武，而劝人为善，并慰赵氏英灵。"

晋景公听从韩厥建议，将原来赵氏田产都归还给赵武，命赵武为赵氏之后。㉛

晋景公又询问自己疾病的吉凶。桑田巫说："不食新矣！"㉜认为晋景公等不到吃新麦子就会死去。景公半信半疑，急派人到秦国延请良医。秦桓公派秦地名医名叫"缓"者赴晋。

医缓还没有到的时候，晋景公梦见疾病变成了两个小孩子，一个说："缓是名医，恐怕会伤害我们。往哪儿逃好？"另一个说："我们待在肓的上边，膏的下边，医缓对我们没有办法。"医缓到晋之后，诊视了病情，不待晋景公开口就说道："病入膏肓，砭石不能用，针刺够不着，药物的力量达不到。这病没法治了。"晋景公听医缓所言和自己的梦境相合，连连称赞其医道高明，料事如神，遂馈赠厚礼，派人送医缓返归秦国。

这年的六月初六日，新麦子收获，晋景公想尝新麦，便让甸人奉献，馈人烹煮，盛了上来，香味扑鼻。晋景公把桑田巫召唤进来，拿煮熟的新麦给他看，愤其"不食新麦"的预言，便命人将桑田巫杀掉，桑田巫欲有所言，但已被武士推搡了出去。

晋景公正待食麦，只觉腹胀难耐，急忙到厕所去，不料却跌入粪坑而死。有一名侍奉晋景公的小臣曾梦见自己背着晋君登天，晋景公跌死以后，这名小臣把他从厕所里背了出来，晋人将这名小臣杀掉为晋景公殉葬，以应他背负晋君登天之梦。

晋景公是一位有为的君主，他为晋国霸业的复兴做了许多事情。景公继位之初虽有邲之战的惨败，但他黾勉从事，采取了正确的策略使晋国重又强大。就在楚庄王北进中原、率大军在宋都城下鏖战之时，晋景公听从伯宗建议，不与咄咄逼人的楚国相争，而是向东北方向发展，派军灭掉赤狄族的潞氏（今山西省长治市潞城区东北）之国，翌年，又灭掉赤狄的甲氏、留吁、铎辰（今山西省长治市潞城区、屯留区境）等国。鲁宣公十五年（前594年），秦桓公伐晋，晋将魏颗在辅氏（今陕西省大荔县东）打败秦军，俘秦将杜回。著名的"结草还报"的故事就发生在辅氏之役。

魏颗的父亲魏武子生病时曾命魏颗将嬖妾嫁掉，病危时又嘱咐让嬖妾殉葬。父亲死后，魏颗说："疾病则乱，吾从其治也。"[33]认为病重时神志昏乱，所说之话不可遵从，而要听父亲神志清醒时的命令，便让嬖妾出嫁，而不以之殉葬。辅氏之役，魏颗见一老人结草遮拦秦将奔之路，所以才俘秦将杜回而打败秦军。晚上，老人给他托梦说："我是你所嫁的那名嬖妾的父亲，特意报答您的恩惠。"

"结草还报"与晋景公梦见厉鬼、桑田巫预言屡中等事一样，均属迷信，但毕竟事出有因。"结草还报"说明人殉之事在春秋中期的晋国已经不得人心；晋景公与桑田巫之事则说明晋国卿族势力强大，已经使得晋君不能安稳入寐、高枕无忧。晋景公的堂兄晋灵公为赵氏所弑杀，赵氏为景公诛灭，血淋淋的事实犹在景公眼前。他病重时梦见厉鬼，在当时的气氛中自不足为怪。

在作为晋国复霸辉煌之举的鞌之战以后，晋景公除了打击赵氏势力、迁都新田（今山西省侯马市）、作"六军"以增强兵力以外，特别注目于调整对楚的战略。鲁成公七年（前584年），晋景公派巫臣通使吴国，教吴军车战，扶植吴国骚扰楚国后方，终成楚国心腹之患。另一方面，晋景公释放在押的楚囚锺仪，厚赠财礼，让他返楚，劝说楚共王与晋和好。此事实为第一次弭兵之会的契机，对于春秋中、后期局势有不小影响。这些都说明晋景公是一位很有战略眼光的人物。

## 晋国的复霸

经过晋灵公、成公两世的低潮以后，晋景公后期晋国的霸业开始复兴，到晋厉公、悼公时期，终成复霸之势。

### 功烈多、服者众的晋厉公

晋厉公是晋景公的太子，早在晋景公病笃时他就继承了君位。晋厉公在位7年，被卿族诛杀以后薄葬于晋旧都翼（今山西省翼城县东南）的东门之外，仅随葬一车，好不凄凉！

然而，在位短暂的晋厉公却是一位"功烈多、服者众"[34]的杰出人物。

晋厉公继位以后，努力修好晋与各方的关系，以求诸侯拥戴。鲁成公十一年（前580年），晋厉公派郤犨（音抽）聘鲁并结盟，又和秦桓公约定在令狐（今山西省临猗县西南）会盟。秦桓公不肯渡河，晋厉公就让郤犨到河西和秦结盟。虽说秦无诚意，但晋厉公还是尽力争取秦晋和好。

第二年，在宋国执政大臣华元斡旋之下，晋厉公派士燮到宋参加弭兵之会，约定"晋、楚无相加戎，好恶同之，同恤菑（灾）危，备救凶患"[35]，后来楚虽背盟，但却使晋占有了政治上的主动。同年夏天，晋厉公召集鲁成公、卫定公在琐泽（今河北省涉县境）会盟，到晋国听命的郑成公也参加了琐泽之会。这年冬天，晋厉公和楚国的公子罢会盟于赤棘。

关于晋国霸业，鲁国执政大臣季文子曾有精辟评论，谓"晋侯之命在诸侯矣"㊱。这里的"命"指霸业，季文子认为晋君能否成为诸侯霸主，关键在诸侯的向背。从晋厉公这一系列紧锣密鼓的外交活动看，他对"命在诸侯"这一奥妙颇能心领神会，运用自如。

鲁成公十三年（前578年），晋厉公派吕相去断绝晋秦外交关系，为伐秦进行舆论准备。《左传》所保存的这篇《绝秦书》，历数双方关系变迁情况，表明晋君为秦晋之好所做的不懈努力，以及秦君的背信弃义。其间虽然不乏推诿隐匿之语，但作为一篇外交文字，实为难得一见的绝妙好辞。在外交活动中，晋厉公可谓文武全才。

秦的既定国策是联楚敌晋，所以秦桓公在令狐之会以后不久就勾结狄、楚势力图谋伐晋。晋厉公一方面派吕相绝秦，历数其罪状，另一方面又亲自率大军，联合鲁、齐、宋、卫、郑、曹、邾、滕等国部队伐秦，在麻隧（今陕西省泾阳县北）打败秦军，又渡过泾水，打到侯丽（今陕西省礼泉县境）才退兵。伐秦之前，晋厉公先率领鲁、齐、宋等国诸侯去朝见周简王，并请周卿士刘康公、成肃公到诸侯国的军队中监兵，表示伐秦是奉王命而行的。

鲁成公十四年（前577年），晋厉公调解卫定公和卫国大臣孙林父的矛盾，安定了卫国政局。第二年，他召集鲁、卫、郑、曹、宋、齐、邾等国在戚（今河南省濮阳市北）会盟，拘执了篡位自立的曹成公，将其押送京师请周王处置，以此表示对王室的敬奉。在一系列的征讨和外交活动之后，晋国制服了齐、秦、鲁、宋、卫等重要国家，并屡次打败狄人，外交方面也取得不少成绩。这时候的晋国，已经具备了和楚较量以洗刷邲之战中败北耻辱的实力和条件。晋厉公掌握住了有利时机，取得鄢陵之战的胜利，使晋国霸业又跃上峰巅。

## 既不激烈又不认真的一仗

鲁成公十五年（前576年），楚图谋侵伐服晋的郑、卫两国。楚共王的弟弟子囊认为刚刚进行过弭兵之盟就北伐，是背弃盟约的举动，必不可行。大臣子反则说："敌利则进，何盟之有？"㊲管什么盟约不盟约，敌情有利于我就进攻，这就是子反的逻辑。楚共王听子反之议，北上伐郑，遇到郑的抵抗。

翌年，楚共王派公子成将汝阴（今河南省郏县南）之田送给郑国，收买郑叛晋附楚，郑执政大臣子驷遂到武城（今河南省南阳市北）和楚共王结盟。晋厉公率大军伐郑，楚共王亲征，往救郑国。这年六月，晋、楚两军在鄢陵（今河南省鄢陵县北）相遇。

逃奔于晋的楚臣苗贲皇建议说："楚之良，在其中军王族而已。请分良以击其左右，而三军萃于王卒，必大败之。"㊳晋厉公听从了这个建议，重演城濮之战打败楚军的故事。晋将吕锜一箭射中楚共王眼睛，楚军被逼困在险地，激战终日。图谋翌日再战的时候，楚军主将醉酒不能议事，伤目的楚共王慨叹："天败楚也！"遂令楚军连夜逃走。

当年城濮之战后，晋军曾到楚军营地"三日馆谷"㊴，把楚军粮饷吃了三天。鄢陵之战后，"晋入楚军，三日谷"，真可谓故技重演。楚军返归途中，子重对子反说："当年城濮之战以后，主将子玉引咎自裁，你何不早做打算？"楚共王也派人责备子反，子反遂效仿子玉而自杀。

历史发展常有惊人的相似之处。从城濮到鄢陵，经过半个多世纪的时光流逝，当年的历史场景似乎又重现在人们眼前。然而，晋、楚两国毕竟发生了深刻变化，当年的锐气都已消磨殆尽，所以鄢陵之战中很少殊死搏斗和激烈拼杀,多有所见的则是温文尔雅的风度和恭谨钦敬的礼让。在追赶郑成公的时候,晋将韩厥说"不可以再辱国君",郤至说"伤国君有刑"㊵,都放弃了可以俘获郑君的机会。晋厉公听从车右武士栾铖的意见,竟让行人端着一榼酒送给楚左军将领子重,子重不仅喝了酒,而且说栾铖出使楚国时曾和自己交谈过,很赞赏栾铖的记忆力云云,以叙旧情。特别令人感兴趣的是晋新军副将郤至和楚共王的相互礼敬:

> 郤至三遇楚子之卒,见楚子,必下,免胄而趋风。楚子使工尹襄问之以弓,曰:"方事之殷也,有韎韦之跗注,君子也。识见不谷而趋,无乃伤乎?"郤至见客,免胄承命……三肃使者而退。㊶

郤至见到楚共王,不仅下车并脱下头盔以示敬意,而且"趋风"——乘风快走——以表明毕恭毕敬。相传,孔子见鲁君时,曾有"趋进,翼如也"㊷的表现,谓像鸟儿舒展翅膀一样向前快走。郤至的"趋风"和孔子的"趋进,翼如也"之间,倘若从表示礼敬的角度而言,似乎不能说是绝无联系的两件事。楚共王对这位穿着浅红色熟牛皮所制军服的晋将很感兴趣,派人赠之以弓,称其为"君子",并慰问其是否受伤。晋、楚双方的将士在鄢陵之战中似乎不是犷悍的武夫,而是些谦谦君子。他们打得不认真、不精彩,只是开了战争中儒雅风度之先河,亦可谓一种战争奇观。

对于双方来说,鄢陵之战都是一场不得不打,又不想真打的战争。楚国必去救援新附楚的郑国,晋国不允许郑叛晋附楚,以免引起诸侯仿效的连锁反应,诚如栾武子所谓"不可以当吾世而失诸侯,必伐郑"㊸。然而,双方都清醒地知道谁也不会吃掉甚至彻底打败对方。霸权固然要争，但大夫势力的兴盛使晋楚双方都面临着严峻的国内问题。战前，晋楚双方内部都曾喋喋不休地争论打或是不打，可以说双方的君臣都是在无可奈何与惴惴不安的心情支配下奔赴战场的。由此看来，鄢陵之战中双方的谦恭礼让就不是偶然现象了。

鄢陵之战以后不久，晋厉公召集鲁、齐、卫、宋、邾等国在沙随（今河南省宁陵县北）会盟，又和周王朝卿士尹武公一起率诸侯军伐郑。鲁成公十七年，晋厉公率诸侯军再次伐郑，周王朝派卿士尹武公、单襄公参加，以表示周天子的支持。伐郑之后，晋厉公在柯陵（今河南省临颍县北）召集诸侯会盟。这年冬天，晋厉公又再次率诸侯军伐郑。

这一系列大大小小的胜利，使晋厉公免除了外患而注目于解决国内问题。鲁成公十七年十二月间，晋厉公命嬖臣胥童、夷羊五率领八百名甲士攻打专权强横的卿族郤氏。因嬖臣长鱼矫建议智取，于是改派清沸魋协助长鱼矫杀掉"三郤"——郤锜、郤犨和郤至。胥童率甲士抓获栾书、中行偃。晋厉公不忍心扩大诛杀范围，遂命放掉他们。栾书、中行偃趁晋厉公游玩之机将其抓获，派程滑将晋厉公杀掉。

外患既弭，内忧立至，晋厉公惨死于卿族戈戟之下的事实是对晋国这种形势的极好说明。早在鄢陵之战前，范文子就看透了这种形势。他曾对晋厉公说过一番话：

> 吾先君之亟战也，有故。秦、狄、齐、楚皆强，不尽力，子孙将弱。今三强服矣，敌楚而已。惟圣人能外内无患。自非圣人，外宁必有内忧。盍释楚以为外惧乎？[44]

范文子认为，晋国先君之所以屡次对外作战，是有缘故的，那时，秦、狄、齐、楚都很强大,不尽力奋战,子孙将会削弱。现在,三强已经顺服,能与晋匹敌的仅楚而已。只有圣人才能使外部内部都没有祸患,如果不是圣人,那么外部安宁以后内部必然会有忧患。何不放过楚国把它作为外部的戒惧呢?

晋厉公贪图"功烈",对范文子的忠告不以为然,以至在踌躇满志之时猝然被弑,致使霸业未果。

### 居安思危的晋悼公

晋悼公是以晋国公室支庶孽子的身份,战战兢兢地入继晋国大统的。

晋悼公的祖父桓叔是晋襄公的少子,不得继承君位,便和儿子惠伯逃奔周京避难。惠伯的长子是一位不辨菽麦的白痴;次子名叫周,自幼聪慧果敢,很是一位人物。

鲁成公十八年(前573年),晋执政大臣栾书和中行偃弑杀晋厉公以后,派荀䓨、士鲂到周京迎接周返晋继位,即晋悼公。年方14岁的晋悼公虽然年幼,却有胆有识。返晋途中到达清原(今山西省稷山县东南)的时候,他就对前来迎接的晋国大夫们说:

> 寡人自以疏远,毋几为君。今大夫不忘文襄之意而惠立桓叔之后,赖宗庙大夫之灵,得奉晋祀,岂敢不战战乎?大夫其亦佐寡人!㊺

这番对大夫们感激并寄予厚望的话,直说得迎接的人心里热乎乎的。殊不知,晋悼公却又话锋一转,说出另一番柔中带刚的言语:

> 孤始愿不及此,虽及此,岂非天乎!抑人之求君,使出命也。立而不从,将安用君?二三子用我今日,否亦今日。共而

从君，神之所福也。㊻

晋悼公抬出一个"天"来，指出能继位为君虽出乎自己意料，但却合乎天意。言外之意是让大夫们明白，千万不要贪天之功以为己有，不要以迎立国君的功臣而自居，而应当顺天而敬君。晋悼公还指出国君的职责就是要发出命令。你们今日若用我为君，那就得听我的，否则的话，今日就不必用我为君。晋悼公手中有"天命"，有"神灵"，又是当众侃侃而谈，大夫们谁还敢说一个"不"字。晋国大夫们对晋悼公话的回答是："群臣之愿也，敢不唯命是听！"㊼一位14岁的少年竟使佩玉铿锵的须眉大汉们折服，果然身手不凡。

继位之后，晋悼公首先驱逐了夷羊五、胥童、长鱼矫等扰乱晋国政局的七名嬖臣，表明自己依靠和支持卿族的态度和稳定政局的愿望。他不采取和卿族针锋相对的办法，而是尽量使卿族间势力平衡，互相牵制，以免卿族威胁君权。晋悼公恢复了某些沉沦的卿族的地位，形成和权势炙手的卿族抗衡的力量。他任命魏氏的魏相和魏颉、赵氏的赵武、范氏的士鲂等人为卿，魏绛为中军司马，士渥浊为太傅，韩无忌为公族大夫。这就分散了栾氏、中行氏手中的权力。晋悼公在位16年，政权比较稳固，与这种使卿族势力"平衡"的策略很有关系。他在位时采取的政策有"施舍、已责（债）、逮鳏寡、振废滞、匡乏困、救灾患、禁淫慝、薄赋敛、宥罪戾、节器用、时用民"㊽等，都取得了相当的成绩。

发扬厉公霸业的关键之举，是加强对宋的控制和对郑国的争夺。晋悼公继位的那一年，楚郑伐宋，攻占宋国要邑彭城（今江苏省徐州市），把宋国亡臣鱼石等安置在那里，派三百辆战车的兵力替他们守卫。宋是晋联络齐、鲁、吴、邾等国的通道，对其霸业影响很大，因此，晋对宋的局势十分关心。这年秋天，宋派兵围彭城。冬天，楚派军救彭城并攻宋。宋执政大臣华元到晋国告急。中军主将韩厥谓："成霸安强，自宋始矣！"认为救宋可以成就晋悼公霸业。晋悼公亲征救宋，使楚军退归。第二年春天，晋悼公率诸侯军围攻彭城，把鱼石等宋亡臣捉回。

平定宋乱以后，晋悼公又邀合诸侯国军队伐郑，终于使郑服晋。然郑的国策是游移于晋、楚两大国之间，所以对晋时服时叛，使晋很头疼。直到鲁襄公十一年（前562年），晋悼公率鲁、宋、卫、齐等12国军队大举伐郑，郑才纳厚礼决心服晋。晋悼公在萧鱼（今河南省许昌市境）大会诸侯。保宋、服郑的胜利，使晋悼公霸业达到鼎盛。

晋、楚连年争霸之时，不少中小国家往往改换门庭，其主要原因是不满意霸主的盛气凌人和霸主的盘剥与赋役。晋悼公革除了一些外交弊政，使中小国家对霸主的贡赋和朝聘有一定限度和明确规定，即使是小国之君来朝，晋悼公也要到郊外迎接。鲁襄公三年（前570年），晋悼公召集鲁、宋、卫、郑、莒、邾、齐等国和周卿士单顷公在鸡泽（今河北省邯郸市东）会盟，不堪楚国求索的陈国就派大臣赴会，主动请求结盟。晋悼公在位期间，晋曾15次召集诸侯会盟，这也是晋国霸业兴盛的一个标识。

值得一提的是晋悼公听从魏绛建议采取了"和戎"的策略。

鲁襄公四年（前569年），北方戎族的无终（今山西省太原市境）等国见晋强盛，遂派使臣向晋纳贡求和。魏绛分析了采取安抚办法跟戎交好关系的益处：

> 且夫戎、狄荐处，贵货而易土。予之货而获其土，其利一也；边鄙耕农不儆，其利二也；戎、狄事晋，四邻莫不震动，

其利三也。[49]

晋悼公派魏绛和无终等戎族国家结盟，扩大了晋的疆域，稳固了后方，使晋得以专注于争霸事业。晋悼公不忘魏绛的这项功绩，鲁襄公十一年郑服晋时曾贡献两架歌钟和两列女乐，晋悼公分出一半赐给魏绛，以示表彰。晋悼公说："子教寡人和诸戎狄以正诸华，八年之中，九合诸侯，如乐之和，无所不谐。请与子乐之。"[50]意谓，您教我同戎狄和好以整顿华夏诸国，从和戎以后，八年之中九次会合诸侯，使晋国霸业和美协调，所以请您和寡人共同享用歌钟和女乐。

此时，晋悼公霸业的大局已定，因此魏绛借答谢赏赐之机向晋悼公进谏，谓："臣愿君安其乐而思其终也。……《书》曰：'居安思危。'思则有备，有备无患。敢以此规。"[51]在对晋悼公霸业的一片颂扬声中，魏绛的规劝实在难能可贵，"居安思危"和"有备无患"确实是精辟的至理名言。晋悼公以"子之教，敢不承命"来回答魏绛的规劝，表明他对居安思危还是有所认识的。

晋悼公曾以很多精力驾驭各派卿族势力，做到"四军无阙，八卿和睦"[52]，避免了卿族势力对晋国霸权的干扰。这是晋悼公所以能够成功的一项重要原因。然而，正像当年晋景公梦见厉鬼一样，卿族的魔影亦时常在晋悼公眼前闪现。

鲁襄公十五年（前558年），年仅29岁的晋悼公卒。其去世的原因，史乘乏载。晋悼公去世后，晋国形势紧张，国都曾经警戒备敌。晋悼公有复霸的皇皇业绩，最后却谥为"悼"。这些都是耐人寻味的问题。

悼公之卒，或许与卿族专横有关。晋国的霸业由于悼公尚能驾驭卿族而得以延续；然而亦由于卿族势力的活跃和卿族间矛盾的逐渐加剧，而使晋国霸业趋于败落。晋悼公去世的前一年，他曾率诸侯军伐秦。到达棫林（今陕西省泾阳县境）的时候，晋中军主将荀偃命令继续西进，"唯余马首是瞻"，让军队看自己的马头所向行动。下军主将栾黡偏偏不买主帅的账，扬言"余马首欲东"[53]，说自己的马头偏想朝东，便率领下军扬长东归，致使所有军队无功而返。可以说，悼公末年，卿族已不再唯晋君马首是瞻。晋悼公之卒虽然没有为晋国霸业最终画上句号，但此后若欲晋国霸业再次如火如荼般兴盛，那就不啻是水中捞月了。

"无可奈何花落去"，正如当年周王权威衰颓的情况一样，诸侯国君主的权力在春秋中期以后也走上了衰颓之路。鲁襄公十四年（前559年），卫献公被大夫逐出，不得不到齐国寓居。晋悼公问执政大臣荀偃，是否应派兵讨伐卫的乱臣贼子。荀偃主张不要去讨伐，而应该因势利导。晋悼公也就不再提出兵之事。非不欲也，乃不能也。这时候的晋悼公对晋国卿族尚且束手无策，怎么好去管别人的"闲事"呢。

注释：

① 关于"削衭"的解释见陈奇猷《吕氏春秋校释》卷二十，学林出版社1984年版，上海。

②《墨子·公孟》篇"绛衣"，孙诒让《墨子间诂》卷十二引王引之说谓为"缞衣"之误。然王氏之说仅为推测之词，并无版本依据。楚人尚赤，历年楚墓出土衣衾、漆器皆以赤色为主，绝少例外。"绛衣"即赤衣，庄王服之，不仅合乎楚俗，而且亦与庄王之暴烈性格相合。因此，《公孟》篇原作"绛衣"当不误。

③《史记·殷本纪》。

④⑤《史记·楚世家》。

⑥《左传》文公十七年。

⑦《左传》宣公元年。

⑧《左传》宣公五年。

⑨《韩诗外传》卷二。

⑩ 这三条材料依次见《墨子·所染》《吕氏春秋·当染》《新序·杂序》。文献所载沈尹之名，除蒸、竺之外，还有巫、筮、茎等，皆当形近而成的异写。

⑪《韩非子·外储说右上》。

⑫《左传》宣公十一年。

⑬《左传》宣公十二年。

⑭《史记·郑世家》。

⑮《左传》宣公十二年。

⑯《史记·楚世家》。

⑰⑱⑲⑳㉑《左传》宣公十二年。

㉒㉓《左传》宣公十五年。

㉔《左传》成公二年。杜注谓"五伯之霸"的五伯指夏伯昆吾，商伯大彭、豕韦，周伯齐桓、晋文。这种说法应当是正确的。它和战国时人的"五霸"概念自该有所区别。

㉕㉖《史记·楚世家》。

㉗《国语·晋语五》。

㉘㉙《左传》成公二年。

㉚ 三国时期，孙权曾劝曹操称皇帝。《三国志·魏书·武帝纪》注引《魏略》载："孙权上书称臣，称说天命。王以权书示外曰：'是儿欲踞吾着炉火上邪！'"

㉛ 关于晋景公立赵武的时间，史载有不同的说法。今从《史记·赵世家》之说。

㉜《左传》成公十年。

㉝《左传》宣公十五年。

㉞《国语·晋语六》。

㉟《左传》成公十二年。

㊱《左传》成公四年。

㊲《左传》成公十五年。

㊳《左传》成公十六年。

㊴《左传》僖公二十八年。

㊵㊶《左传》成公十六年。

㊷《论语·乡党》。

㊸㊹《左传》成公十六年。

㊺《史记·晋世家》。

㊻㊼㊽《左传》成公十八年。

㊾《国语·晋语七》。

㊿○51《左传》襄公十一年。

○52《左传》襄公八年。

○53《左传》襄公十四年。

# 第六章

# 诸侯争霸的尾声

　　当勾践霸业达到巅峰之时，其主要助手范蠡却毅然轻舟孤帆，乘风远遁，消失在烟波渺茫的水天一色之处。这不仅是一个人对政治舞台的告别，而且是霸权迭兴时代逐渐远离的一个象征。

假若从周平王东迁开始算起，到公元前6世纪中期，诸侯争霸已经进行了两个多世纪之久。从公元前6世纪中期开始的百年左右时间是诸侯争霸的尾声阶段，由于春秋社会的基础正孕育着深刻变化，所以尾声阶段的霸权也表现出了前所未有的特色。

## 弭兵大会前后

第一次弭兵之会发生在鲁成公十二年（前579年），仅晋、楚两国和中介人宋国的华元参加。虽然约定"晋楚无相加戎"，但时过不久双方就又开战。所以这次弭兵并未获得真正的成功。

30多年以后，宋国又发起第二次弭兵。鲁襄公二十七年（前546年），晋楚等14国在宋开会弭兵。和30多年前相比，这次可以称为"弭兵大会"。弭兵大会不是诸侯争霸的结束，而是霸权迭兴的历史进入了一个新阶段。

### 强弩之末的晋平公霸业

晋国霸业自献公时期始兴以来，虽曾起伏跌宕，但在多数时间里，霸主之争要由晋国操执牛耳。晋国君主号令诸侯，主持会盟，率军征讨，跃马扬威，好不威风凛凛。

鲁襄公十六年（前557年），晋平公继位。他虽然也曾得意过一阵子，但毕竟力不从心，晋国霸业到了强弩之末的境地，他的晚年已经是一副破落户主的模样了。

平公继位初年，晋曾经取得一些军事上的胜利。鲁襄公十六年，荀偃和栾黡率晋军伐楚，在湛阪（今河南省平顶山市北）打败楚军，侵入到楚国的方城以外。

由于齐国连年伐鲁，鲁不得已而求救于晋。晋国首席执政大臣荀偃起初推诿迟疑，后来他梦见和晋厉公诉讼，这才决意伐齐救鲁。晋厉公为荀偃弑杀，在梦境中他们打官司，荀偃败诉。晋厉公用戈猛击，将荀偃的脑袋砍落坠地。荀偃跪下把头戴上，双手扶着头奔逃，以免头再次坠落。荀偃把这个梦告诉梗阳（今山西省清徐县境）的神巫，神巫劝他向东方用兵，说这样才可以得志免灾。

鲁襄公十八年（前555年）冬天，晋平公率领鲁、宋、卫、郑、曹、莒、邾、滕、薛、杞、小邾等国军队伐齐。晋军渡黄河的时候，荀偃用朱红丝绳系着两对玉向河神祷告，云：

> 齐环怙其险，负其众庶，弃好背盟，陵虐神主。曾臣彪将率诸侯以讨焉，其官臣偃实先后之。苟捷有功，无作神羞。官臣偃无敢复济，唯尔有神裁之。①

意思是说，齐君靠地形险要，仗着人员众多，便背弃友好结盟，欺凌作为神主的民众。晋君将率领诸侯讨伐齐国，他的臣下荀偃在其前后奔走。若胜利成功，就不会带给神灵耻辱。荀偃决意拼死奋斗，不再渡河返归，请神灵制裁。荀偃祈祷完毕，就将玉沉入河水，然后渡河。

齐灵公率军在平阴（今山东省平阴县东北）抵御。他登上附近的巫山观望敌军情况。晋让军队多树旗帜，广布军阵，让战车拖着木柴奔跑，使尘土飞扬，如大军奔驰。晋中军副将范宣子对齐大夫析文子说："我了解您，所以把实情相告。鲁、莒两国都请求出一千辆战车从他们那里往齐国进攻，我们已经答应。齐国怎么能抵挡得住？你何不早做打算。"析文子把这些告诉了齐灵公，灵公更加心虚害怕，遂只身逃走，齐军也连夜遁逃。诸侯国军队攻入平阴，东侵到潍水，南侵到沂水，并在祝阿（今山东省济南市长清区东北）结盟后才撤兵。

平阴之役大胜以后不久，晋中军主将荀偃病发痈疽而死。死后不闭眼而闭嘴，无法把含玉放到他嘴里。范宣子向荀偃之尸保证要尽力事奉其子荀吴，并抚摸尸体，但尸体仍不闭眼，也不张嘴。直到栾盈说要把伐齐的事业彻底完成，尸体才闭眼张嘴接受了含玉。当时的人都认为荀偃死而有知。关于《左传》所记荀偃死不瞑目之事，东汉时代的大思想家王充曾解释说：

> 荀偃之病卒，苦目出，目出则口噤，口噤则不可含。新死气盛，本病苦目出，宣子抚之早，故目不瞑，口不闠。少久气衰，怀子抚之，故目瞑口受含。此自荀偃之病，非死精神见恨于口目也。②

王充的解释合乎情理。当日的范宣子却无这种认识。他不仅认为荀偃死而有知，而且认为荀偃死后还念念不忘晋国伐齐的大业，自己还以为他是挂念儿子荀吴，连连愧叹："吾浅之为丈夫也！"③谓己小视荀偃，未视之为大丈夫。荀偃死后，范宣子继任为中军主将。卫、晋连次伐齐。齐灵公死，齐国内乱，无力抗拒，只得请求媾和，表示服晋。

鲁襄公二十年（前553年）夏天，晋平公召集鲁、齐、宋、卫、郑、曹、莒、邾、滕、薛、杞、小邾等国诸侯在澶渊（今河南省濮阳市西北）会盟。澶渊之盟是晋平公霸业的顶点。当时附楚的蔡国不堪楚的盘剥亦求投靠晋国，这是晋平公在位第五年的事情。他在位的第六年，晋国发生栾氏之乱，卿族内部矛盾加剧，晋势开始明显衰退。

原先，栾氏的栾黡曾娶范宣子之女为妻，生下栾盈。范宣子的儿子士鞅曾被栾黡逼迫逃往秦国。士鞅返晋以后和栾盈同为公族大夫，但两人关系紧张。栾黡死后，其妻栾祁——即栾盈之母、范宣子之女——和栾氏家臣总管州宾私通。他们怕栾盈讨伐，便恶人先告状，到范宣子那里诬告栾盈谋反，士鞅为他们作证。范宣子驱逐栾盈，并杀掉栾氏的党羽黄渊、羊舌虎等10名晋国大夫。

鲁襄公二十一年（前552年），晋召集诸侯会于商任（今河北省邢台市任泽区东南），第二年又召集沙随（今河南省宁陵县西北）之会，宣示诸侯不许接纳栾氏。然而齐国不买账，仍让栾盈在齐安居。

两年以后，晋嫁女于吴。齐趁向晋赠送媵妾④的机会，用篷车将栾盈及其部下送到曲沃。栾盈率曲沃军队攻入绛（今山西省侯马市）都。当时和栾氏交好的仅魏氏，其他的卿族如赵氏、中行氏、知氏、韩氏等都和范氏关系密切。范宣子打败栾盈，攻入曲沃，杀掉栾盈及其族党。

栾氏之乱虽被平定，但范氏势力遂又炽盛。在各诸侯国中，只有晋国的公族势力从很早就开始被严厉打击和压抑，这是晋国社会发展的一个显著特点。它在一个相当长的时期里保证了晋国君权的强盛和霸业的辉煌。然而，晋国的异姓贵族和公室的旁支贵族却兴盛起来，形成了韩、魏、赵、范、知、中行等卿族。从晋平公时期开始拥有强盛的经济实力和政治权势的卿族，已超过晋国公室。鲁昭公三年（前539年），齐景公派晏婴出使晋国。晏婴曾跟叔向谈到齐国"季世"——衰微之世——的情况，指出齐国贵族陈氏的影响已经超过国君，叔向也跟晏婴谈起晋国的情况：

> 虽吾公室，今亦季世也。戎马不驾，卿无军行，公乘无人，卒列无长。庶民罢（疲）敝，而宫室滋侈。道殣相望，而女富溢尤。民闻公命，如逃寇雠。⑤

叔向说这番话的时候是晋平公在位的第十九个年头。当时，晋国公室军力衰弱，战马不能驾车，卿不率领军队，公室的战车没有御者和戎右武士，士卒没有长官。百姓疲敝，但公室却更加奢侈。道路上饿死的人一个接着一个，然而国君的嬖宠之家却越发富庶。百姓听到国君命令，就像躲避仇敌一样逃开。

卿族势力虽然强盛，但在晋平公及其以后的一段时间里，任何一家卿族势力还不占有绝对优势，还没有可能将对方吞并。这种卿族间势力的相对平衡，使得晋君尚可凌驾其上，成为各派势力的缓冲器。在国际政治舞台上，晋国霸业虽然在平公时期已成强弩之末之势，但晋仍是有相当影响的诸侯大国。

### 齐庄公拊楹而歌

齐国霸业在齐桓公以后趋于疲软。桓公死后，其子四人先后继位，即孝公、昭公、懿公和惠公。齐孝公凭借桓公余威，尚以霸主自居。但到了昭公之时，齐的霸权已丧失殆尽，只能成为霸主晋文公、晋襄公的一名仆伴。

齐惠公的儿子齐顷公在位时，国势稍强，但终究敌不过图谋复霸的晋景公。在鞌之战的时候，齐顷公差一点成为晋军的俘虏。齐国不得不对晋俯首称臣，齐顷公亲赴晋国朝拜，以改善齐、晋关系。齐顷公是一位图谋齐国复兴的君主。他在战后采取正确策略改善齐国内政，注意民生疾苦，发展和各国的关系，所以"百姓附，诸侯不犯"⑥。

齐顷公的儿子齐灵公试图对晋采取强硬态度，但屡受挫折。鲁襄公十八年（前555年）的平阴之役，齐惨败于晋。晋军围攻齐都，焚烧城门，耀武扬威。齐灵公命令驾车，将放弃都城以逃往邮棠（今山东省平度市东南）避难。这时候，太子光和齐大夫郭荣上前牵持驾车之马，不让灵公逃走。有胆有识的太子光说：

> 师速而疾，略也。将退矣，君何惧焉？且社稷之主不可以轻，轻则失众。君必待之！⑦

太子光正确分析入侵齐国的敌军形势，认为他们行走快捷，只是为了掠取财物，并无久战取地之意，所以敌军将退，国君完全不必惧怕，作为社稷之主的国君不应轻举妄动。齐灵公懦弱胆怯，仍然坚持逃跑。太子光抽剑砍断马鞅，这才阻止了国君弃城而逃。

齐灵公不仅怯懦，而且昏庸。他从鲁国娶的妻子颜懿姬没生孩子，其媵生子，被立为太子，即太子光。太子光很有才能，并曾代表齐国多次参加诸侯盟会。齐灵公听从嬖妾谗言，废太子光而改立公子牙，派高厚、夙沙卫分别担任大傅和少傅以辅佐公子牙，并将太子光驱逐到东部边鄙地区。鲁襄公十九年（前554年），齐灵公病重时，大臣崔杼偷偷地将太子光接回都城，复立其为太子。这年五月，齐灵公卒，太子光继位，即齐庄公。

齐庄公尚勇武，嗜杀伐，是一位桀骜不驯的国君，与怯懦的齐灵公截然不同。早在他返回齐都而尚未继位的时候，就杀掉灵公宠妾戎子，并陈尸于朝廷之上。继位后，他杀掉公子牙的大傅高厚，又将公子牙的少傅夙沙卫在军中剁成肉酱。齐庄公虽然参加了晋国为禁锢栾氏而召集的商任之会和沙随之会,但在他眼里,这类盟誓只是徒具虚文。商任之会以后,栾盈及其党羽知起、中行喜、州绰、邢蒯等人都逃往齐国。

史书上载有齐庄公褒奖勇士的事情。相传齐庄公曾在朝廷上设置"勇爵",用金光闪闪的爵斝满醇香美酒奉献给最勇敢的武士。齐庄公曾在朝廷上指着齐国将领殖绰、郭最说道:

"这两位,是寡人之雄也!"春秋时喜以斗鸡博胜负,所以齐庄公以雄鸡喻勇士。

"国君您以其为雄,谁敢以为不雄?"从晋奔齐的州绰应声说道。

"这话怎么讲?"齐庄公询问州绰到底何意。

"臣虽不才,但也忝列为雄,并且在平阴之役中比殖、郭两位要先打鸣!"州绰曾俘获过殖绰、郭最,所以自比于鸡斗胜而先鸣。

齐庄公哈哈大笑,遂将"勇爵"赐给州绰。

为了洗刷齐国在平阴之役的耻辱,齐庄公处心积虑地与晋为敌。鲁襄公二十三年(前550年),齐庄公让栾盈及其党羽返晋,策动晋国内乱。这年秋天,他率大军先讨伐附晋的卫国,又从卫国出发伐晋。在攻占晋国的朝歌(今河南省淇县)以后,齐庄公兵分两路,一路由孟门(今河南省辉县西)西进,扼守险隘;一路登大行(今河南省沁阳市西北),直捣晋国腹心地区。齐庄公指挥大军跃马太行山,好不威风凛凛。太行地区山险路陡,三国时期曹操曾有诗云:

  北上太行山,
  艰哉何巍巍!
  羊肠坂诘屈,

>车轮为之摧。
>树木何萧瑟，
>北风声正悲。
>熊罴对我蹲，
>虎豹夹路啼。

这首《苦寒行》所描写的为曹操率军所经的路途，就是当年齐庄公通过的险路。齐庄公跨越险阻，歼灭大量晋军，曾在距离晋都不远的荧庭（今山西省翼城县东南）和少水（今山西省沁水县境）收集晋军尸体堆积如山，并建表木以铭功，然后才凯旋。齐庄公打败晋国，虽然出了一口恶气，但终究怕晋国报复，便于跃马太行的次年主动和楚联系，寻求楚国援助。这说明他还是有胆有识的。

齐庄公在个人生活上是一个荒淫无耻之徒，并因此和权臣崔杼有隙。齐国棠邑（今山东省平度市东南）大夫棠公之妻棠姜，是崔杼之臣东郭偃的姐姐。棠公死时，东郭偃陪崔杼前往吊唁，崔杼见棠姜天香国色，便娶为妻。齐庄公依仗权势，强和棠姜私通。他屡次到崔杼家中，还把崔杼之冠随意取过赐人。崔杼怒火中烧，便和因受鞭笞而怀恨齐庄公的侍者贾举密谋，寻找刺杀齐庄公的机会。

鲁襄公二十五年（前548年）五月，莒国的国君到齐朝拜，齐庄公设宴招待莒君，崔杼称病不去赴宴。齐庄公遂以探望病情为借口到崔杼家，并径自前往棠姜的住室。棠姜和崔杼一起从住室的侧门出来，并关闭了侧门。侍者贾举让庄公的随从人员都在室外等候，自己进门后，即将门闭上。齐庄公不见棠姜，自己又不得出门，成了瓮中之鳖，知道中了计，遂敲击着室内的柱子引吭而歌。崔杼的甲士们从侧门拥入，剑戟寒光闪闪，直逼庄公。庄公请免于一死，不许；请和崔氏结盟，也不许。庄公遂施缓兵之计，请求让他到宗庙里自杀而死，甲士们说："我们这里和国君的宫室邻近，所以要严加防范。我们只知道奉命巡查，击杀淫者，不知道其他命令。"庄公到底勇武，他乘机夺门而逃，爬上墙头，不料被箭射中，摔了下来，遂被甲士们杀掉。

齐庄公死后，齐国太史在齐国史书上记载道："崔杼弑其君。"太史被崔杼杀掉。太史的两个弟弟仍然这样写，又连续被杀。还有一个弟弟也这样写，崔杼怕激起众怒而不敢再杀。齐国的南史氏闻讯太史秉笔直书而被杀，自己就拿着简册前往，准备继之以死也要秉笔直书，在路上听说太史的弟弟已经如实写上了，这才回去。人们常谓齐鲁大汉豪爽雄肆，不惜出生入死，今观太史氏兄弟，知道那里的莘莘学子亦有侠肠义胆，能够视死如归！

崔杼草葬齐庄公以后，立庄公异母弟为君，即齐景公。此后，崔氏、庆氏当政。不久，崔氏内乱，庆氏垮台，齐国大权归出自齐惠公的栾氏和高氏。鲁昭公十年（前532年），陈氏和鲍氏打败栾氏、高氏。景公之世，大权逐渐落入陈氏手中，姜齐政权逐渐陷于危殆境地。

## 弭兵大会与分享霸权

《春秋经》记载鲁襄公二十七年（前546年）的弭兵大会说：

> 夏，叔孙豹会晋赵武、楚屈建、蔡公孙归生、卫石恶、陈孔奂、郑良霄、许人、曹人于宋。
>
> 秋七月辛巳，豹及诸侯之大夫盟于宋。

《春秋经》是鲁史，所以把参加会盟的鲁国大臣叔孙豹列在首位。

齐、秦两国力量虽不如晋楚，但却在一般诸侯之上，故而不能命令他们向晋、楚双方都纳贡以表示服从，因此齐、秦两国虽都有人赴会，但却没有参加盟誓。邾作为齐的属国，滕作为宋的属国，也都赴会而未盟誓。参加弭兵之会者除《春秋经》所列鲁、晋、楚、蔡、卫、陈、郑、许、曹、宋等以外，尚有齐、秦、邾、滕。

自春秋中期以来，许多诸侯国国君权力下跌，大夫势力上升，时有大夫代表国家参加会盟的事例出现，但像弭兵大会这样重要的会盟，全部由14个诸侯国的大夫参加，却还是首次。可以说这次会议是礼乐征伐"自大夫出"的一个显著标识。

关于弭兵的事情，晋楚双方早就在酝酿。鲁襄公九年（前564年），秦景公曾派使臣请楚出兵助秦伐晋，楚令尹子囊就劝楚共王不要与晋争霸，谓"当是时也，晋不可敌，事之而后可"⑧。鲁襄公二十五年（前548年）赵武担任首席执政大臣的时候，曾谓齐楚两国都在改善同诸侯国的关系，所以晋也须减轻诸侯国对晋的贡纳。他说："自今以往，兵其少弭矣。"⑨公元前6世纪中期，停止战争，实现"弭兵"，已经成为一种社会潮流。晋国的韩宣子对"弭兵"这步棋看得很透彻。他说：

> 兵，民之残也，财用之蠹，小国之大灾也。将或弭之，虽曰不可，必将许之。弗许，楚将许之，以召诸侯，则我失为盟主矣。⑩

韩宣子认为，由于兵戎相见只会残害民众，成为财货的蠹虫、小国的大灾，所以弭兵已成定局，即便不同意，也必定要答应下来。假若我们不许弭兵，那么楚国也会同意，人家就会以弭兵来号召诸侯，我们的盟主地位就会失去。韩宣子强调指出弭兵的最终目的还是为了争夺霸主地位。

关于必须弭兵的理由,齐国的陈文子还有一种见解。他说:"晋、楚许之,我焉得已?且人曰弭兵,而我弗许,则固携吾民矣,将焉用之?"⑪晋、楚两大国都同意了,我们齐国怎么能不答应?陈文子认为人家说弭兵,而我却不许,这就会使百姓跟我离心离德。陈文子透露出这样一个事实,那就是百姓拥护弭兵。宋国的执政大臣向戌"欲弭诸侯之兵以为名"⑫,也说明只有举起弭兵的旗帜,才能顺应潮流并邀功取誉。他利用自己和晋国执政赵文子、楚国执政令尹子木的私交都很好的有利条件,促成了弭兵大会。正是当时国际局势的发展,为向戌的成功提供了政治舞台。

从春秋初期开始,霸主们虽然采取了多种手段以谋取和巩固霸业,但以强盛的武力打败敌手,并以此为契机而"尊王攘夷"、号令诸侯,则是霸主手中最主要的法宝。在震撼中原大地的战鼓声中,天子"赐命",列国折服,贡纳不绝于路,珍宝充溢宫室,霸主们洋洋哉凛凛哉,志得意满,好不威风!弭兵大会前后的大国执政何尝不想效法列祖圣君,挥舞战旗以成就霸业,但形势已经变化,所以也就只好随遇而安,不敢作非分之想了。

当时的晋国外有齐、秦之患,内有卿族钩心斗角之忧,虽然号称泱泱大国,但危机败象早露端倪。关于这些,晋国首席执政大臣赵文子早已心中有数,并始终抱持谨慎的态度。

鲁昭公元年(前541年)赵文子途经雒汭(今河南省巩县西)时,周景王派卿士刘定公前往慰劳。站在洛水岸边,刘定公曾经大发感慨。他对赵文子说:

"美好啊!禹的功绩。假若没有禹,我们大约要变成鱼了吧。您何不发扬光大禹的功绩,创建更强盛的霸业以庇护各国民众呢?"

"老夫我唯恐犯下罪过,哪里能考虑得那么久远?我们这些人苟且偷安尚且朝不虑夕,何能图谋大业?"赵文子谦逊地回答。

在晋国卿族相互间虎视眈眈的时候,赵文子的这番话确实是他的肺腑之言。在嵩山之下、洛水岸边,赵文子的心情是很复杂的。按照常理,弭兵大会的成功,可使战争减少,这位执政大臣的戎马倥偬生涯能够少歇。宋代诗人张耒《初见嵩山》诗中有"年来鞍马困尘埃,赖有青山豁我怀"之句,在青山下解脱鞍马之劳,应当有心胸豁然开朗之感的。然而,赵文子却忧心忡忡,因为他深知"外宁必有内忧",晋国卿族斗争必因"弭兵"而加剧。

弭兵大会前后楚国的情况也不乐观。楚国虽然不像晋国那样有卿族矛盾的威胁,但其后方屡为新兴的吴国困扰,内部公族势力炽盛,所以也不容许它全力对外争霸。

弭兵大会之后的第五年,晋、楚等国的执政大臣在虢(今河南省郑州市北)相会,重申弭兵大会盟约。赴会的楚令尹公子围,其服饰用品、执戈卫士等的规格数量都和楚王相同,已露不臣之端。虢之会以后不久,他就趁探视病情之机,用冠缨将其侄子楚王郏敖勒死,自己继位,即楚灵王。楚灵王虽有复兴之志,但却骄侈,最后迫于强大的公族势力不得已而自缢身亡。楚自共王之后,已无力量像当年楚庄王那样跃马中原、问鼎图霸了。

"晋楚之从交相见"[13],这是弭兵大会的直接结果。楚的盟国朝晋,晋的盟国朝楚,晋、楚两大国分享霸权,这便是弭兵的实质。对于中小国家来说,实际上是用加倍的贡纳换得了征伐之苦的减轻,中小国家的使臣也就不得不风餐露宿,跋涉山川,觐拜于晋楚两国朝廷。对中小国家而言,弭兵并非全为福音。宋国大臣子罕曾经痛斥以弭兵而邀功的向戌是"以诬道蔽诸侯"[14],可谓一针见血的指责。

## 折冲樽俎间，制胜在两楹

这两句诗出自晋朝张景阳所作《杂诗》之七。"冲"指战车。"折冲"的意思是击退敌军。"楹"指厅堂的前柱。诗意谓在厅堂饮宴之间克敌制胜。

春秋中期以后，大国间的战争减少，诸侯争霸固然还离不开武力，但却越来越多地依赖折冲樽俎式的外交斗争。这种情况在弭兵大会前后表现得更为显著，许多外交家在这个时期应运而生。他们是霸权迭兴时代的智慧之星。在群星之中，郑国的子产和齐国的晏婴可以说是最引人注目的两位。

子产的主要活动都在郑简公、定公时期。鲁襄公八年（前565年），子产还很年轻。他的父亲子国率郑军伐蔡，大胜，郑人皆喜，子产却不随声附和。他说：

"小国没有文德而得到武功，只会带来祸害。楚必定为其附属国蔡国而来伐郑，郑抵挡不住便会附楚。这样，晋国必定伐郑。郑国为晋、楚交互讨伐，四五年的时间都不得安宁。"

子产的见解精辟正确，可是子国却说童子无知，把他臭骂一顿。

鲁襄公十九年（前554年），子产为郑卿，开始管理郑国政事。他对郑国内政进行了许多改革。开始时，人们不理解他，曾念诵道：

我有田畴，　　计算我的田产，
而子产赋之。　子产收取赋税。
我有衣冠，　　计算我的衣物，
而子产贮之。　子产向我收费。

孰杀子产？　　谁去杀死子产？
吾其与之！　　我就助他一臂！

过了三年，各项政策均有成效，民众又念诵道：

我有田畴，　　我有田地，
而子产殖之。　子产让它丰收。
我有子弟，　　我有子弟，
而子产诲之。　子产替我教诲。
子产若死，　　子产假若死去，
其使谁嗣之？⑮　谁来继位？

子产善于听取民众的意见，又具有卓越才能，所以受到民众的普遍拥护。

鲁昭公十三年（前529年），晋召集诸侯在平丘（今河南省封丘县东）会盟。盟会上规定了诸侯国对晋贡赋的规格和数量。子产说：

"从前天子确定进贡物品的轻重多寡是根据地位确定的。地位尊贵，贡赋就重。现在郑国是男服等级的诸侯，可是却让我们按照公侯等级的标准来贡纳。恐怕不太合适，谨以此请求。"

"您怕是对这次会盟不满吧？"晋人摆出"霸主"的面孔来教训说。

"诸侯重温旧盟，这是为了使小国得以生存。贡赋没有标准和限制，灭亡就会立即降临。要求按照过去周天子规定的办法纳贡给霸主，这正是尊重会盟的表示。"子产据理力争。

"您这样争论不休，是想让郑国获得罪过吗？"晋人用威胁的口气说。

"小国获罪不在于争竞，而是别有原因的。大国索取的贡赋没有限度，小国无法满足，这便是获罪的根源。"子产毫不退让。

从中午开始讨论，直到晚上，晋人才同意了子产的意见。郑国大臣子太叔擦去额头上的冷汗，说：

"你真大胆，大国如果出兵讨伐，咱们郑国能对付得了吗？"子太叔有些责备子产。

"晋国政出多门，他们不能一心一德，苟且偷安尚且来不及，哪里会讨伐别人？再说，一个国家若不和别国力争，便会遭到欺凌，还成个什么国家？"子产看透了这个时候的晋国已外强中干、色厉内荏，因此敢于和盛气凌人的"霸主"相争，并取得了胜利。能够根据不同情况采取正确策略，这是子产之所以成为著名外交家的一个重要原因。

齐国的晏婴是齐国灵公、庄公、景公的三朝老臣。《史记·管晏列传》说他"身相齐国，名显诸侯"，"以节俭力行重于齐，既相齐，食不重肉，妾不衣帛"，是一位很有政绩的人物。在外交方面，晏婴以机智诙谐著称于世。《晏子春秋·杂下》篇载有晏婴使楚之事：

> 晏子使楚，以晏子短，楚人为小门于大门之侧而延晏子。晏子不入，曰："使狗国者，从狗门入；今臣使楚，不当从此门入。"傧者更道从大门入，见楚王。王曰："齐无人耶？"晏子对曰："临淄三百闾，张袂成阴，挥汗成雨，比肩继踵而在，何为无人？"王曰："然则子何为使乎？"晏子对曰："齐命使，各有所主，其贤者使使贤王，不肖者使使不肖王。婴最不肖，故直使楚矣。"

楚人利用晏婴身材短小的缺陷，故意设置小门让晏婴进入。如果晏婴顺服，这无形中就丢了面子；如果晏婴翻脸斥责楚人无礼，这就会闹成僵局,显得使臣笨拙无能;如果仅仅不入小门,却讲不出什么道理,这也不足以反击对方,也不能化被动为主动。楚人的无礼举动虽说是带有阴谋的恶作剧,但毕竟具有玩笑性质,所以必须以开玩笑的方式反击。晏婴谓出使狗国才入狗门,明明是骂楚为狗国,但还留有余地,说自己使楚不应当从这个门进去,这就轻松地把楚与狗国区别开来。楚人明明挨了骂,却又抓不住对方的把柄,只能是自讨没趣。楚王接待晏婴很不友好,开头就说齐国没有人才,但言外之意即贬低晏婴的话还没有说出来,所以晏婴就事论事,把齐都的浩大声势夸耀一番,以长齐国威风,先不理会楚王的恶毒攻击,直到楚王说出了贬低晏婴的本意,晏婴才以妙辞反击,使楚王有口难辩,哭笑不得。

另一则关于晏子使楚的著名事例,也见于《晏子春秋·杂下》篇:

> 楚王赐晏子酒。酒酣,吏二缚一人诣王。王曰:"缚者曷为者也?"对曰:"齐人也,坐盗。"王视晏子曰:"齐人固善盗乎?"晏子避席对曰:"婴闻之,橘生淮南则为橘,生于淮北则为枳,叶徒相似,其实味不同。所以然者何?水土异也。今民生长于齐不盗,入楚则盗,得无楚之水土使民善盗耶?"王笑曰:"圣人非所与熙也,寡人反取病焉。"

楚人精心策划的这个恶作剧很容易让齐使陷于尴尬境地,因为在那个场合下偷盗者为齐人是一个不容置辩的"事实"。承认这个"事实"必然有损齐使和齐国威信;不承认它又不行。晏婴临危不苟,应付裕如。他巧妙地举出了和齐人为盗这个"事实"相关的另一个"事实",那就是齐人在齐不盗,入楚则盗,并引橘、枳之别为证,说明楚才是使民善盗的国度。

相传,"晏子长不过三尺,面貌恶"⑯。就是这样一位其貌不扬的人物,使得骄横无礼的楚王拱手折服,连称"寡人反取病焉",知道自己在这位满身灵气的智者面前自讨了没趣,不得不认输服软。据说孔子曾赞扬晏婴,谓:

> 夫不出于樽俎之间,而折冲千里之外,其晏子之谓也,可谓知(智)矣。⑰

这种折冲樽俎式的外交斗争不仅为霸权迭兴的历史增添了幽默色彩,而且为后人久久回味,津津乐道。孔子说:"言之无文,行而不远。"⑱子产、晏婴等杰出人物的言论,文辞优美,妙语连篇,处处闪烁着智慧之光,后世为之击节叹赏,拍案称绝,应当说是很自然的事情。

## 吴越霸业的兴衰

正当中原诸国霸业消沉的时候,东南地区诸侯争霸的鼙鼓却动地而来。犹如火山迸发,吴、越的霸业尽管"其兴也勃焉","其亡也忽焉",但却是震撼春秋中期的重大事件。当东南地区的狼烟廓清的时候,春秋时代的历史也就趋于终结了。

### 鱼腹中的短剑

吴国历史悠久,相传是周文王之子太伯和仲雍所建立的国家,立都于梅里(今江苏省无锡市东南)。春秋中期,吴君寿梦开始称王,其子诸樊、余祭、余眜相继为王。诸樊将吴都迁至吴(今江苏省苏州市)。从寿梦时开始,吴接受晋的帮助,发展武装,骚扰楚国后方。

吴王余昧原立公子光为太子[19],后将其废掉。余昧死后,其庶兄僚继位[20],即吴王僚。鲁昭公十七年(前525年),王僚命吴军伐楚,在长岸(今安徽省当涂县西南)被打败。过去吴王所乘的名为"余皇"的船被楚掳去,公子光设计谋夺回"余皇",并乘乱打败楚军。

鲁昭公二十年(前522年),楚平王听信佞臣费无极的谗言,逼走太子建,杀贤臣伍奢。伍奢之子伍子胥逃奔吴国。伍子胥"其状伟,长一丈,腰十围,眉间一尺"[21],是一位有智谋的勇士。他到吴国以后曾劝王僚伐楚,公子光说伍子胥欲借吴力而报私仇,王僚遂不伐楚。伍子胥分析吴国形势,知公子光有谋取王位之志,就求得勇士专诸,荐举给公子光。专诸认为欲谋弑君,须知君之嗜好,才可因其嗜好而接近国君以举大事。公子光知王僚特别喜欢吃烤炙的鱼,便让专诸到太湖去学炙鱼,专诸遂成为远近闻名的炙鱼名手。

鲁昭公二十七年(前515年),吴王僚趁楚办理楚平王丧事的机会,派弟弟公子掩余、公子烛庸率军伐楚,在潜(今安徽省霍山县东北)被困,进退两难。这时候,著名的吴国公子季札正在中原诸国聘问未归。公子光认为吴军在外,季札未归,正是弑杀王僚的好时机。

"中原诸国有谚语道:'不去寻找,哪里能够得到?'我本是王位的合法继承人,就要为得到王位而努力。事情如果成功,季札即使回来,也不会废掉我。"公子光对专诸说。

"我可以去杀掉王僚,只是担心母亲年老,儿子又小——"公子光不待专诸说完就应声说道:

"光之身，子之身也！"他让专诸放心，自己一定会像专诸一样照顾其母、子。

这年四月，公子光设享礼招待王僚。王僚想品尝美味的炙鱼，却又担心有诈，便命令甲士守卫在道路两旁，一直到公子光的家门口。王僚到达的时候，公子光的大门、台阶、里门、座席都布满了吴王的亲兵，王僚的左右都有手持短剑的亲兵护卫。为了保证安全，端菜的人在门外要先脱光衣服，再换穿别的衣服。端菜的人必须膝行而入，被短剑夹着把菜送给上菜的人。公子光早有准备，他在殿堂下的窟室里埋伏了甲士。王僚到达之后，公子光假装脚疼，趁人不注意而下到窟室以指挥甲士。专诸把锋利的短剑放在炙鱼腹中进殿堂送菜，靠近王僚时，突然抽出短剑把王僚刺死。几乎是在同时，王僚亲兵的短剑也刺进了专诸的胸膛。公子光指挥甲士冲出，尽杀王僚徒党。

公子光继位，即吴王阖庐。他命专诸的儿子为上卿，以表彰其父的功劳，又命伍子胥为"行人"以参与国事。伍子胥荐举著名军事家孙武。孙武献其所著兵法十三篇，很受阖庐赏识，被任命为将军，统领吴国军队。伍子胥又荐举从楚逃奔吴国的伯嚭为吴国大夫。阖庐手下，一时人才济济。

### 会飞的吴钩

阖庐时期吴地多产名剑，尤以"干将莫耶"最为著名。吴地人名叫干将者以善铸剑闻名遐迩。阖庐命其作剑，干将不敢怠慢，便"采五山之铁精、六合之金英"[22]，择吉日良辰开炉冶炼，但金铁之精英不熔于炉。其妻莫耶说：

"您以善于作剑闻名于王，现在却历时三月而不能成功，是何缘故？"

"我不知其中道理。"干将有些懵懂。

"我听说神物之化须人而成,您作剑怕没有想到这些吧?"莫耶猜测地说。

"对呀——"干将以手加额,恍然大悟,"从前我的老师铸剑时,曾经遇到过这种情况,为了铸出稀世名剑,他们夫妻二人纵身入炉,舍出性命,这才成功。"

"您的老师烁身以成宝物,如今我们知晓了这个道理也就不难了。"莫耶胸有成竹。

关于他们铸剑的情况,史载:

> 于是干将妻乃断发剪爪,投于炉中。使童女童男三百人鼓橐装炭,金铁刀濡,遂以成剑。阳曰"干将",阴曰"莫耶"。㉓

干将把"莫耶"剑献给阖庐,成为吴国之宝。

比这两柄宝剑更神奇的是阖庐所得的"吴钩"。

作为兵器的"钩",形似剑而弯曲。相传阖庐得"莫耶"剑以后,号令国中以百金征求金钩。有人献两柄钩请百金之赏。

"献钩的人很多,你的钩有何特异之处值得夸耀而得赏呢?"阖庐问这位献钩者。

"实不相瞒——"献钩者满面凄惨地说,"我为贪图君王您的重赏,杀掉两个儿子,以其血涂钩,使钩有了精灵之气。"

这人所献的钩和许多钩混在一起,形体类似,不知何为其所献,阖庐问:

"何者是也?"

"吴鸿,扈稽,我在于此!"献钩者泪流潸潸地呼唤两个孩子的名字。

喊声未绝于口,只见两柄金钩飞出,附着在献钩者胸前,似孩儿恋父之状。

阖庐感慨万千,遂赏百金,并将这两柄金钩时常佩带于身。

历年考古发掘,多有吴越之剑出土,如山西省原平市峙峪的吴王光剑、湖北省襄阳蔡坡楚墓和河南省辉县琉璃阁魏墓出土的吴王夫差剑、湖北省江陵县望山的越王勾践剑等。这些埋藏地下两千多年的吴越之剑,出土时光彩熠熠,明洁如新,锋刃锐利,实在令人惊异。剑身的错金鸟书铭文和各种图案的隐形花纹,更令人有巧夺天工之感。精美的宝剑可以视为吴越文化的象征。它虽然不像中原诸侯国兵器那样笃实敦厚,能发出千钧之力,但却峻峭犀利,在霸权迭兴的时代大有刺破青天的气势。我们用超群绝伦的吴越之剑来喻指阖庐、夫差、勾践等植根于吴越文化的一代霸主,该是十分贴切的。

阖庐用专诸刺杀王僚以后,当时正伐楚的吴国公子掩余逃奔徐国,公子烛庸逃奔钟吾(今江苏省宿迁市东北)。鲁昭公三十年(前512年)冬天,吴执捕钟吾国君并灭掉徐国。阖庐向伍子胥询问对付楚国的战略。伍子胥说:

> 楚执政众而乖,莫适任患。若为三师以肄(肆)焉,一师至,彼必皆出。彼出则归,彼归则出,楚必道敝。亟肄(肆)以罢(疲)之,多方以误之。既罢(疲)而后以三军继之,必大克之。㉔

后世有所谓"游击战"的战法,伍子胥所言实开"游击战"之先河。吴军组织起三支部队轮番袭击楚国,政出多门的楚国无人敢独自承担责任,只得倾巢而出以对付袭击,结果只能是疲于奔命。阖庐采纳伍子胥的妙计，终于拖垮了强楚，赢得了破楚入郢的重大胜利。

**阖庐被越将斩断脚趾**

阖庐霸业的鼎盛是鲁定公四年（前506年）吴军攻占楚国郢都。

这年三月，晋在周王朝卿士刘文公的参加下召集18个诸侯国在召陵（今河南省漯河市郾城区东）会盟，共谋伐楚。四月，不堪忍受楚国勒索的蔡国灭掉不参加召陵之盟的沈（今安徽省阜阳市西北）国，蔡侯又将自己的儿子和蔡国执政大夫的儿子送到吴国为人质，表示联吴伐楚的决心。这年秋天，楚借口沈国被灭出兵围攻蔡国。

吴王阖庐于这年冬天，联合蔡、唐（今湖北省随县西北）两国力量伐楚。吴军先乘舟沿淮水上溯到蔡地登陆，把船只停放在淮水湾处。吴军和楚军夹汉水对峙。楚左司马沈尹戌建议令尹子常率楚军原地不动以牵制吴军，他自己率军控制方城以外，摧毁吴军船只，封锁汉水以东的隘口，最后再两面夹攻。这个建议是很高明的，足以克敌制胜，然而昏庸无能的子常只想独占功劳，便轻率地率军渡过汉水和吴军交战，三次战斗皆不幸败北。

这年十一月，吴、楚两军在柏举（今湖北省麻城市东北）对阵。阖庐的弟弟夫概带领自己统属的五千士卒冲击子常的部队，吴军掩杀过去，楚军大败，子常逃奔郑国。吴军长距离追击楚军。阖庐选拔五百名大力士和善于快速奔走的三千士卒为前阵，使楚军无喘息机会，五战五胜，到达郢都。这年十一月底，楚昭王只带了妹妹仓皇出逃，吴军进入郢都。

这时候，挺身而出挽救楚国的是楚臣申包胥。他原是伍子胥的朋友。当年伍子胥曾发誓要颠覆楚国以报父仇，申包胥对他说："勉之！子能覆之，我必能兴之。"㉕申包胥以复兴楚国为己任。吴军破楚入郢之后，他奔往秦国告急求救，对秦哀公说：

"吴国像封豕长蛇一样吞食上国，寡君失守社稷，逃奔在草莽之中，使下臣报告急难，请求以君主您的福佑镇抚楚国。"

"寡人闻命矣！请您姑且到宾馆安歇，容我们计议后再告诉您。"秦哀公态度暧昧。

秦哀公话音刚落，只听传来痛哭之声。"寡君远在杂草丛林之中，还没有得到安身之处，下臣哪敢到安逸的地方去？"申包胥声泪俱下。

为了感动秦人，申包胥靠墙而立，日夜号哭不止，七天不喝一勺水。秦哀公对臣下说：

"楚虽无道，但有申包胥这样忠心耿耿的下臣，难道国家会灭亡吗？"

秦哀公怜悯申包胥之志，大发感慨，遂作诗表明自己的态度。这首诗就是《诗经·无衣》篇㉖。原诗三章，其首章云：

  岂曰无衣？  难道说没有衣服？
  与子同袍。  我和你同穿战袍。
  王于兴师，  楚王命令起兵，
  修我戈矛，  我即修好戈矛，
  与子同仇！  和你敌忾同仇！

闻听秦有发兵之意，申包胥向秦哀公行九次顿首的大礼以表示感谢。这时候，申包胥才感到天旋地转，站立不稳。他终于以拳拳之忱赢得了秦对楚的支援。

鲁定公五年（前505年），秦派子蒲、子虎率五百辆战车随申包胥往援楚国。秦楚联军在沂（今河南省正阳县境）打败阖庐弟弟夫概率领的军队，但吴军也在柏举（今湖北省麻城市东北）俘获楚大夫蘧射。这年九月，夫概返吴，自立为王。阖庐久留楚国，原来是为了寻求和捕获楚昭王，现在没有找到楚昭王，又知夫概叛乱，遂率吴军离楚返归，将夫概打败，稳定了吴国局势。

第二年，阖庐派终累率水军打败楚国舟师，俘获楚将潘子臣、小惟子和七名楚国大夫，又在繁扬（今河南省新蔡县北）打败子期率领的楚国陆军。楚国人心惶惶，令尹子西主持楚国迁都，从郢（今湖北省江陵县北）迁往鄀（今湖北省宜城市东南），以避吴锋，直到吴势衰败才迁回郢都。

阖庐破楚入郢之战历时十个多月，吴、楚双方都动员了数万兵力，不仅有步兵，而且有舟师水军，还有象队参加战斗，这些在春秋战争史上都是罕见的。曾经问鼎中原而称雄一时的强楚被吴军打得狼狈不堪。"当是时，吴以伍子胥、孙武之谋，西破强楚，北威齐晋，南服越人"[27]，阖庐实有称霸之势。

打败楚国以后的八九年间，阖庐踌躇满志，好不春风得意。据《越绝书》记载，"阖庐之时，大霸，筑吴城，城中有小城二"。阖庐所建吴国都城周围47里，有八座陆地城门和八座水上城门，雄伟壮观。《吴越春秋》说："阖闾（庐）出入游卧，秋冬治于城中，春夏治于城外。治姑苏之台，旦食鲩山，昼游苏台，射于鸥陂，驰于游台，兴乐石城，走犬长洲，斯止阖闾（庐）之霸时。"然而，乐极生悲，阖庐竟也有困顿竭蹶之时。

鲁定公十四年（前496年），趁越王允常死、勾践刚刚继位的机会，阖庐伐越，和勾践率领的越军在槜李（今浙江省嘉兴市南对阵。勾践派敢死队冲击吴阵，吴军阵脚不动。对方军阵的严整使勾践十分担心，他便施用计谋，把罪犯排成三行，列在阵前。这些罪犯把剑放在脖子上致辞说："两位国君出兵作战，下臣触犯军令，不敢逃避刑罚，谨自裁而死！"说完便都大喊一声，自刎身亡。吴军将士看着这一幕，个个目瞪口呆，勾践乘机下令攻击，大败吴军。越国大夫灵姑浮用戈猛击，斩断阖庐脚趾，阖庐的一只鞋也掉在地上。吴军急忙撤退，在距离槜李7里地的陉，阖庐死去。

阖庐的称雄及其结局，可以说是吴国霸业的缩影，或者说是预兆。"千里之行，始于足下"，既然其脚趾被越国斩断，那么其纵横驰骋的霸业还会有多大进展吗？

## 夫差孜孜于霸业

夫差继阖庐之位以后，决意报仇雪恨。他派人站在庭院中，让这个人在自己出入时高喊："夫差！你忘掉是越王杀死你父亲的吗？"夫差即应声而答："不敢忘！"夫差命令大夫伯嚭（音匹）为太宰，统兵习战，图谋伐越。

鲁哀公元年（前494年），吴王夫差率军在夫椒（今浙江省绍兴市北）打败越军，攻入越国。勾践率领五千名披甲持盾的士卒退守在会稽山，并派大夫文种卑辞厚礼向夫差请求媾和。太宰嚭收取越国贿赂，建议夫差答应越国请求。伍子胥谏诤，认为千万不能媾和，他说：

> 夫吴之与越也，仇雠敌战之国也。三江环之，民无所移，有吴则无越，有越则无吴，将不可改于是矣。员闻之，陆人居陆，水人居水。夫上党之国，我攻而胜之，吾不能居其地，不

> 能乘其车。夫越国，吾攻而胜之，吾能居其地，吾能乘其舟。此其利也，不可失也已，君必灭之。失其利也，虽悔之，必无及已。㉘

关于吴、越两国不可并存这一点，伍子胥的分析十分透彻。假若夫差听信其言而灭掉越国，那么春秋晚期强大的吴国将会持久地崛起于东南，那个时代的历史面貌就将是另一个模样。春秋后期，社会上流行着"一言兴邦""一言丧邦"㉙的说法，观伍子胥的言论，可知其说确属不谬。

夫差听太宰嚭建议，和越媾和。此后，专力进攻中原，夫差在克越以后不久就进攻陈国，次年又攻入蔡国。鲁哀公七年（前488年），夫差和鲁哀公在鄫（今山东省枣庄市东）相会，向鲁征取百牢贡品。次年，吴助邾伐鲁。齐悼公曾请求吴国帮助他伐鲁，后来却又私自与鲁和好，并辞退吴军。鲁哀公九年（前486年），夫差修筑邗（今江苏省扬州市北）城，并开凿沟通江、淮的邗沟，为北伐齐国做准备。次年，勾践联合鲁、邾、郯等国进攻齐国南部地区，齐人弑杀齐悼公以取悦于吴。鲁哀公十一年（前484年），夫差联合鲁军伐齐，在艾陵（今山东省泰安市南）大败齐军。夫差将艾陵之战所缴获的八百辆战车和三千名甲士悉数给了鲁国，以显示大国风度。

对于好大喜功的夫差孜孜于北进中原能够保持清醒头脑的仍然是伍子胥。他说：

> 越之在吴也，犹人之有腹心之疾也。夫越王之不忘败吴，于其心也惄然，服士以伺吾间。今王非越是图，而齐、鲁以为忧。夫齐、鲁譬诸疾，疥癣也，岂能涉江、淮而与我争此地哉？将必越实有吴土！㉚

夫差厌烦伍子胥谏诤絮聒,便在伐齐前派他出使齐国。伍子胥担心吴国危亡,遂将其子托付给齐国鲍氏照料。太宰嚭进谗言,谓伍子胥对吴有贰心。夫差将名为"属镂"的剑赐给伍子胥,让他自裁。伍子胥悲愤地嘱咐说:"抉吾眼县(悬)吴东门之上,以观越寇之入灭吴也。"③¹夫差闻之大怒,将伍子胥的尸首装在"鸱夷"——一种像鸱鸟形的革囊——中,投之于江,谓即使伍子胥预言实现,也不让他见到。

耐人寻味的问题是,伍子胥所言吴、越两国间的利害关系为势所必然、常人皆可知晓的道理,何以夫差竟昏庸如此之甚而丝毫听不进去呢?即令有太宰嚭的谗言所迷惑,但夫差将其父阖庐为越所害的深仇大恨竟然全都抛到九霄云外了吗?夫差听信太宰嚭的谗言,固然是伍子胥"鸱夷浮江"的直接原因,但其悲剧命运是否有更深层次的原因在起主导作用呢?

问题的答案应该到传统观念和当时的社会舆论中去寻找。春秋霸主多标榜"尊王攘夷",以取得众多诸侯的拥戴为最高荣誉。霸主实际上是那个时代的"国际警察"。尽管他们自己往往吞并小国,欺凌一般的中等国家,但口头上却总是冠冕堂皇,以中小国家的保卫者自居。鲁襄公二十五年(前548年)郑伐陈取胜,向霸主晋平公献捷,以求认可,晋人就以"何故侵小"③²进行诘问。霸主攻入敌国之后,往往是对方国君负荆请罪就可以化干戈为玉帛。《论语·尧曰》篇谓:

兴灭国,继绝世,举逸民,天下之民归心焉。

可见春秋时期社会舆论所赞许的是兴灭继绝,而不是攻城略地以剿灭敌国。夫差在继位以前就以"信以爱人,端于守节,敦于礼义"③³著称。他继位之后虽不忘父仇,但其主要目标则是称霸诸侯。

他攻入越国以后曾对吴国的大夫们说：

>　　孤将有大志于齐。吾将许越成，而无拂吾虑。若越既改，吾又何求？若其不改，反行，吾振旅焉。㉞

在夫差看来，楚国已是吴的手下败将，越只要服吴，也就足够了。其"大志"在于先制服齐鲁，然后是晋国，最终成为霸主。他不听伍子胥的谏劝，固然有太宰嚭所进谗言的因素，但根本原因还在霸权迭兴时代传统观念的影响。

### 黄池之会

杀掉伍子胥以后，夫差积极推进其争霸中原诸侯的计划。鲁哀公十二年（前483年）夏天，夫差和鲁哀公在橐皋（今安徽省巢湖市西北）会见。这年秋天，夫差和卫出公、宋大夫皇瑗在郧（今山东省莒县南）相会。第二年，吴国农业歉收，为了称霸诸侯以转移民众视线，夫差率军从邗沟北上，经沂水，转济水，在黄池（今河南省封丘县南）和晋定公、鲁哀公以及周王朝卿士单平公会盟。

依照诸侯会盟的通例，先歃血者为盟主。黄池之会时，夫差特别看重这一点，力争盟主之位。吴人认为吴当为盟主，理由是"于周室，我为长"㉟。吴的开国之君太伯是古公亶父的长子、周文王的大伯父，所以吴以"老大"自居。晋人则说"于姬姓，我为伯（霸）"㊱，谓在姬姓诸侯中晋历来都是霸主。夫差见争执不下，遂秣马厉兵，让三万名甲士在晋国军营外排列成战阵，钟鼓齐鸣，喧哗高喊，声动天地。晋人惊骇恐惧，派人询问何故，夫差说：

> 天子有命，周室卑约，贡献莫入，上帝鬼神而不可以告。无姬姓之振也，徒遽来告。孤日夜相继，匍匐就君。君今非王室不平安是忧……今会日薄矣，恐事之不集，以为诸侯笑。孤之事君在今日，不得事君亦在今日。㊲

显而易见，夫差和晋争霸的主要舆论武器，还是"尊王攘夷"。尽管吴国和周王室关系疏远，但"天子""周室""王室"等词语却熟稔地被他使用在外交语言中，他很想捞到一顶"勤王"功臣的桂冠。

就尊王、勤王而言，晋人毕竟是斫轮老手，要比夫差老练些。晋人回答夫差的责问时，相当准确地抓住了吴的要害之处：

> 今君掩王东海，以淫名闻于天子。君有短垣，而自踰之，况蛮、荆则何有于周室？夫命圭有命，固曰吴伯，不曰吴王，诸侯是以敢辞。夫诸侯无二君，而周无二王，君若无卑天子，以干其不祥，而曰吴公，孤敢不顺从君命长弟！㊳

吴君以"王"自称，实是"诸侯无二君，而周无二王"时代对天子的大不敬。夫差无言以对，只得答应不用"王"称，晋人也做了妥协，答应让吴先歃血、做盟主。㊴黄池之会以后，夫差派吴国大夫王孙苟向周敬王报告会盟的成功和表达对王室的敬意。周敬王对吴国的效忠自然是感激不尽。

黄池之会是夫差霸业的顶峰，然而这"顶峰"却处在阴霾密布的气氛之中。越王勾践趁黄池之会的机会，兵分两路伐吴，大败吴军，俘获太子友，攻入吴国都城。吴派人奔赴黄池报告失败的消息。当时正值吴、晋争为盟主的时候，为了不使败讯外传以贻笑于诸侯，夫差便亲手在帐幕中将知情者七人杀死。夫差争当诸侯霸主的急切心情于此可见一斑。

在黄池之会后的归途中，夫差想顺路讨伐不赴黄池之会的宋国，以显示霸主威风，但自家后院正在着火，不容久在宋国鏖兵，所以只得快速返归，派人携带厚重礼物向越求和。勾践自度不能马上灭吴，遂答应吴国关于媾和的请求。吴越双方在此后的几年间处于暂时的平衡状态。

## 吴国后面的"黄雀"

吴王夫差决意北上争霸的时候，曾下令国中，谓"敢谏者死"。清晨，太子友拿着弹弓从后园来见，夫差见他衣服和鞋子都被水沾湿，就诧异地询问原因。太子友说：

> 适游后园，闻秋蝉之声，往而观之。夫秋蝉登高树，饮清露，随风扬挠，长吟悲鸣，自以为安，不知螳螂超枝缘条，曳腰耸距，而稷其形。夫螳螂翕心而进，志在有利，不知黄雀缘绿林，徘徊枝阴，踟蹰微进欲啄螳螂。夫黄雀但知伺螳螂之有味，不知臣挟弹危掷蹭蹬飞丸而集其背。今臣但虚心，志在黄雀，不知空坎其旁，暗忽坨中，陷于深井，臣故袷体濡履，几为大王取笑。[40]

这就是著名的"螳螂捕蝉，黄雀在后"的故事。那潜伏在吴国这只"螳螂"之后的"黄雀"，就是差不多和吴同时崛起的越国。

相传越国始祖是夏朝少康的庶子——无余。越国封于会稽（今浙江省绍兴市），开始的时候，"人民山居，虽有鸟田之利，租贡才给宗庙祭祀之费，乃复随陵陆而耕种，或逐禽鹿而给食"[41]，是个规模不大的国家。无余之后20余世传至允常。鲁定公五年（前505年），趁吴军破楚入郢之机，允常曾率军攻入吴国。鲁定公十四年（前 496 年）允常死，越王勾践继位。勾践任用文种、范蠡为主要助手，"种躬正内，蠡出治外。内不烦浊，外无不得。臣主同心，遂霸越邦"㊷。

## 卧薪尝胆

鲁哀公元年（前 494 年）夫差伐越，大胜，勾践派文种卑辞求得媾和。此后，勾践和夫人以及文种入吴为臣妾。据《吴越春秋》的记载，在离开故国时，勾践夫人曾仰天悲歌：

| 仰飞鸟兮乌鸢， | 仰望飞鸟啊看那乌鸢， |
| 凌玄虚兮翩翩。 | 它在苍穹遨游翩翩。 |
| …… | …… |
| 妾无罪兮负地， | 我没有负心于地的罪过， |
| 有何辜兮谴天！ | 没有罪过啊只怨苍天！ |
| 驷驷独兮西往， | 驱马孤独地离国西去 |
| 孰知返兮何年！ | 谁知返归在哪一年！ |

勾践在吴驾车养马，夫人打扫宫室，秽衣恶食，极尽屈辱，历时三年才被赦免归国。为了激励自己不忘兴复越国以报大仇，勾践常年睡在薪草之上，并且"愁心苦志，悬胆于户，出入尝之，不绝于口"㊸。

在"卧薪尝胆"精神激励下，越国君臣和民众积极发展生产，富国强兵。针对越国当时人口稀少的情况，勾践采取奖励繁息人口的政策：

令壮者无取老妇，令老者无取壮妻。女子十七不嫁，其父母有罪，丈夫二十不娶，其父母有罪。将免（娩）者以告，

> 公令医守之。生丈夫，二壶酒，一犬；生女子，二壶酒，一豚。生三人，公与之母；生二人，公与之饩。㊹

勾践还广招贤才，征聚兵员，利剑强弩，训练称为"习流"的水军，很快具有了与吴抗衡的力量。

鲁哀公十三年（前482年），趁夫差赴黄池会盟诸侯以称霸的机会，勾践率领"习流"两千人、经过训练的士卒四万人、私卒和军官七千人，分两路伐吴，迫使夫差急归而卑辞求和。鲁哀公二十年（前475年），越复伐吴，围攻吴都。晋虽欲援吴，但鞭长莫及，且力不从心，只能派使臣前往慰问夫差。第二年，勾践遣使臣到鲁聘问。复明年，邾国的国君邾隐公逃奔越国求助。这些都说明勾践势力已达齐鲁地区。

鲁哀公二十二年（前473年），在围攻吴国三年之久以后，勾践指挥越军猛攻，打进都城。夫差率人逃往姑苏台上，派大夫公孙雄去见勾践，肉袒膝行而前，代表吴王致辞说：

"孤臣夫差谨敢向大王您表白心腹之言。过去在会稽山，我曾答应和您媾和，如今您来吴诛讨孤臣，我只有唯命是听，想请您和当年会稽山那样，也赦免孤臣之罪！"

勾践想起当年自己卑辞求和的情景，顿生恻隐之心，欲答应吴国的请求。范蠡见状忙说：

"当年会稽之事，是天以越赐吴，吴却不许。如今天以吴赐越，越岂可逆天意？君王您劳心苦志，奋斗二十年之久，还不是为了灭掉吴国吗？天与弗取，反受其咎。千万不可错过时机。"这番劝告是很能打动人心的。

"吾欲听从您的劝告，只是不忍心拒绝那可怜的吴国使臣。"勾践迟疑地说。

范蠡当机立断，命人击鼓进兵，并对公孙雄说："越王已将政事嘱托给执事大臣,现在我已经发令进兵,请您速速离去,以免被俘而得罪!"范蠡严辞厉色,令人生畏。

公孙雄涕泣涟涟,辞别勾践而退出。勾践心中十分不忍,遂派使臣对夫差说:

"请您到甬东(今浙江省舟山市定海区东)居住,我将命三百家为您服役。唯王所安,以享天年。"

"天降下灾祸给吴国,当我之身而陨落吴国的宗庙社稷。如今吴国的土地人民已归越国所有,我还有何面目见天下之人!"夫差悲愤地说。作为霸主,他首先想到的是自己的"面子"。

"吾将厚待于您!"勾践诚恳地说。

"我老啦!不能事奉君王您了。"夫差拒绝了勾践所给予的怜悯和恩赐。临死之前,夫差想到当年为进谏忠言含怨而死的伍子胥,羞愧难耐,以手掩面,痛心疾首地说:

"假若死者无知,也就算了;如果死者有知,那么我有何面目去见伍子胥呢?"

夫差自缢身亡以后,勾践把他埋葬在太湖岸边,令越军士卒每人一抔土为其堆坟,以表示对这位风云人物的哀悼。

吞并吴国以后,越国势力大增,其霸业逐渐兴盛,勾践成为春秋末年政坛上显赫一时的风云人物。

### 横行江淮间的越国霸业

春秋末年最有影响的是晋、齐、楚、越四个大国。从公元前5世纪初期以来,晋国六卿间的矛盾日益尖锐化;齐国田氏的强大势力正虎视眈眈地要攫取政权;楚国则遇到"白公之乱"的麻烦。由于国内政局不稳,所以,晋、齐、楚这三个老牌大国已无暇争夺诸侯霸权。在这种形势下崛起于东南一隅的越国就理所当然地登上了霸主宝座。关于勾践霸业,《史记·越王勾践世家》曾经有这样的概括:

> 勾践已平吴,乃以兵北渡淮,与齐、晋诸侯会于徐州,致贡于周。周元王使人赐勾践胙,命为伯。勾践已去,渡淮南,以淮上地与楚,归吴所侵宋地于宋,与鲁泗东方百里。当是时,越兵横行于江淮东,诸侯毕贺,号称霸王。

从勾践会盟诸侯以后"致贡于周",周天子对他赐胙,命为"伯"的情况看,勾践和春秋时代"尊王"旗帜下的许多霸主并无多少区别。值得人们重视的是勾践"号称霸王"。

勾践是一位有两面性的人物:一方面,他循规蹈矩于"尊王"旗帜下,安抚楚、宋、鲁等国,以显示"霸主"的气魄和风度;另一方面,他又不甘心于只为周天子所任命的诸侯之"伯",而要进一步称为"霸王"。传世有春秋晚期越国的一件钟,其铭文谓"惟越十有九年王曰"㊺,论者或谓钟铭的"王"即越王勾践。可见,当时勾践确曾以王自称。若把勾践和以后的列国之君相比较,在他身上已经有了"战国七雄"的某些影子。

吞并吴国以后,勾践积极参与中原各国事务,在诸侯间颇有影响。越灭吴以后,鲁就派大夫叔青出使越国聘问,越派大夫诸鞅到鲁报聘。鲁哀公二十四年(前471年),鲁哀公到越国访问,和勾践的太子适郢关系很好,越准备嫁女给鲁哀公而且多给土地。鲁国权臣季孙害怕鲁哀公联合越国势力以剪除三桓,便通过在越任职的太宰嚭㊻的门路送贿赂给越,才中止了这件事情。

次年,在众怒难犯的情况下,卫出公逃亡,认为晋、齐、鲁等国皆不可靠,最后逃奔到城鉏(今河南省滑县东)暂居,以便和越国联系，请求勾践援助。第二年，勾践派越大夫皋如、舌庸联合宋、鲁两国军队伐卫，大败卫军，卫送大量财物和城鉏给越。

鲁哀公二十七年（前468年），勾践派舌庸聘问鲁国。鲁曾侵夺邾国土地，越以霸主身份派舌庸处理鲁、邾土地纠纷，协定以骀上（今山东省滕州市东南）为鲁、邾土地分界处。鲁哀公不甘心受三桓控制，于这年八月逃往邾国，随后又到了越国，请求勾践的援助。这个时候，"宋、郑、鲁、卫、陈、蔡执玉之君皆入朝"[47]，勾践确曾风光得意了好几年。

春秋晚期的人认为，楚、越、齐、晋四国开始立国时都不大，仅有方圆数百里的土地，后来通过兼并发展，形成了"四分天下而有之"[48]的局面，春秋战国之际的著名思想家墨子也曾说楚、越、齐、晋"四国独立"[49]。这些都表明越国在春秋末年人们的心目中已经不是偏居东南一隅的蛮夷小国，而是可以"四分天下"的泱泱大邦。古代文献里有勾践迁都于琅邪（今山东省诸城市境）的说法。《水经·潍水注》谓："琅邪，山名也，越王勾践之故国也。勾践并吴，欲霸中国，徙都琅邪。"可见迁徙越都的目的完全是为了称霸于诸侯。越都琅邪在勾践之后历经三世，直到越王翳三十三年（前379年）才迁到吴（今江苏省苏州市）[50]。在以琅邪为都城的90多年间，越国专制东方，横行江淮之间，是其势力强盛的时期。

勾践在位32年[51]，于公元前465年去世。这时，距三家分晋、战国时期开始仅有十余年的时间。相传勾践去世前曾对太子说：

> 吾自禹之后，承允常之德，蒙天灵之佑、神祇之福，从穷越之地，籍楚之前锋以摧吴王之干戈，跨江涉淮，从晋、齐之地，功德巍巍，自致于斯，其可不诫乎！夫霸者之后难以久

立，其慎之哉！[52]

从这番言语看，勾践既为自己的辉煌霸业而意得志满，又为后世能否继承和巩固越国霸权而担忧，整个看来，其头脑还算是清醒的。

### 激流勇退的贤才

虽然有卧薪尝胆以复兴越国这样的卓著业绩，但作为一位霸主而言，勾践还是气量狭小了些。他缺乏齐桓、晋文那样的恢宏大度。对于勾践的这个弱点，其主要助手范蠡早有觉察，他认为"勾践为人可与同患，难与处安"[53]，所以在越军灭吴返归途中到五湖（今太湖）的时候，便向勾践辞别，说道：

"请君王您好自为之，臣就不返越了。"

"您这是何意思？"勾践感到奇怪。

"今日越国已雪会稽之耻，该是臣辞别的时候了。"范蠡寻找借口回答说。

"你必定要听我的话，返归后，我将和你平分越国。不然的话，我就不仅杀掉你，而且要诛戮你的妻儿老小！"勾践威胁地说。

"臣知道君王的意思了。自古以来，君可专制，臣也能选择个人志向。"

范蠡不顾勾践阻拦，还是乘轻舟浮于五湖。据说，他后来从海上到达齐国，定居于陶（今山东省菏泽市定陶区），靠经商致富，有巨万资财，天下称其为"陶朱公"。据《国语·越语》记载，勾践曾命良工巧匠铸造了范蠡的铜像，让越国大夫和群臣朝拜，以表示对范蠡的敬重。然而这只不过是勾践沽名钓誉的一种手段，一尊偶像是不会使勾践感到威胁的。对于没有离越而去却又使勾践担心的文种，勾践就是另外一种态度了。

在齐国的时候，范蠡曾经写信给文种，劝他早做打算。信中说："蜚（飞）鸟尽，良弓藏；狡兔死，走狗烹。越王为人长颈鸟喙，可与共患难，不可与共乐。子何不去？"[54]文种见信，将信将疑，没有像范蠡那样果断地离开越国，而是称病不朝。有人在勾践面前进谗言，说文种要造反作乱，勾践就派人赐剑给文种，并且说："您过去教寡人伐吴七策，我用三策就灭掉了吴国，还有四策在您那里。请您到越国先王那里去试用这四策吧！"文种感慨万千，伏剑身亡。

范蠡、文种的结局不禁令人想起古人关于任用贤才的一段议论：

> 非成业难，得贤难；非得贤难，用之难；非用之难，任之难。[55]

所谓"任之难"，即指对贤才的信任是很难做到的。在历史上，有经纬万端、治国安邦才能的贤才并不少见，但像范蠡那样有远见卓识并激流勇退的贤才却属凤毛麟角。从文种献伐吴七策以及助勾践完成霸业的情况看，其才能并不在范蠡之下，但由于他在关键时刻优柔寡断，所以导致了个人生活的悲剧。对于勾践的霸业而言，范蠡、文种的隐退和身亡，实在是不可弥补的损失。入战国以后，越国并没有多少辉煌业绩可供称道，与此是有关系的。

## 从春秋霸主到战国七雄

当越国吞灭强吴、勾践霸业达到巅峰之时，范蠡毅然轻舟孤帆,乘风远去,消失在烟波渺茫的水天一色之处。这不仅是一个人对政治舞台的告别,而且是霸权迭兴时代逐渐远离的一个象征。

春秋霸主们在谢幕告别,战国七雄正在幕后匆忙化妆。他们将以新的装束、新的脸谱去表现社会历史的新场面。

## 齐景公的大国梦

"旧瓶装新酒",旧的躯壳被注入新的内容,这是历史上屡见不鲜的现象。春秋战国之际的"田氏代齐"可以说是这方面的一个典型事例。在齐国易主为田氏之前,姜姓齐君的著名君主——齐景公曾经进行过复兴齐国霸业的努力,无奈他没有回天之力以挽救姜齐政权的颓败,最后只得眼睁睁地看着大权旁落。

齐景公在位58年,是春秋时期在位最久的国君。他对齐桓公的霸业十分仰慕,曾经和晏子商量,让晏子辅佐他"彰先君之功烈,而继管子之业"[56],使齐国复兴霸业。齐景公曾经到桓公葬地——齐国都城以南的牛山——游玩。在山巅上,齐景公眺望烟笼雾罩的繁华都城,感慨齐国霸业跌落,涕泪涟涟地喟然长叹。

"为何年华似流水,总要辞别人间?"齐景公为复兴霸业而焦虑,愧疚自己的碌碌无为。

随从的佞臣艾孔、梁丘据抽抽搭搭地哭了起来,装模作样地和景公一起悲痛。晏子见状却哈哈大笑。景公抹了一把眼泪,问道:

"随臣皆从寡人泣涕,独有您大笑,何故?"

"假若贤者长生而据有国家,那么太公、桓公现在还是齐君;假若勇者长生而有国家,那么庄公、灵公现在还是齐君。如果是这样的话,那么还轮得到君主您在位吗?"晏子回答说。

"这样说来,固然值不得悲泣。然而您何故大笑?"景公追问原因。

"我笑今日见到一位不明智的国君,更笑能见到两位谄谀之臣。"

齐景公破涕为笑,不由得不服晏子说得在理。

无独有偶,和《晏子春秋》记载的这件事情类似,《左传》记载了这样一件事情。齐景公酒酣耳热时曾说:"假若自古以来没有死这一说,我们会一直酣畅淋漓地饮宴,那将是多么快乐的事呀!"晏子说:"从古以来如果没有死,那么快乐将是古人的快乐,就不会轮到君主您了。齐国这块地方最初是爽鸠氏的住地,快乐将属于爽鸠氏,这可不是君主您所希望的啊!"在春秋末期社会政治迅速变革的时期,齐景公要长久地保持姜齐政权的稳固,这只能是一种奢望和空想。

从《左传》《晏子春秋》等古代文献记载的情况看,晏子对当时齐国的形势有清醒认识,然而齐景公未能如此。他还时常做着复兴霸业的大国梦。鲁昭公十二年(前530年),齐景公到晋国祝贺晋昭公继位,在投壶礼上他致辞谓:

有酒如渑,　　有酒像渑水,
有肉如陵。　　有肉像山陵。
寡人中此,　　寡人若投中,
与君代兴![57]　代君再兴盛!

"渑"是齐都城外的一条河流。晋昭公先投壶时,晋人曾谓"有酒如淮,有肉如坻",齐景公谓"有酒如渑,有肉如陵",暗指齐国并不比晋逊色。"与君代兴"表明齐景公实有意代晋为中原诸侯霸主。

景公时期,齐国尚有一定实力。鲁昭公十六年(前526年),

齐景公伐徐，徐献鼎求和。鲁昭公二十二年（前520年），齐大夫北郭启伐莒被打败，齐景公怒而亲率大军攻莒，获胜。鲁定公七年（前503年），齐景公先后与郑献公、卫灵公结盟，取得郑、卫两国支持。鲁国不服，齐景公便两次伐鲁，并迫使鲁定公在夹谷（今山东省莱芜市境）和自己会盟。齐景公极力笼络鲁、郑、卫、徐、莒等国，目的是要和中原诸侯的老牌霸主晋国分庭抗礼。

### 田氏代齐

齐景公虽然图谋复霸，但却成绩不大，关键性的原因在于姜齐政权的腐朽。景公时期的齐国"公聚朽蠹而三老冻馁，国之诸市，屦贱踊贵，民人痛疾而或燠休之"[58]，在民众的哀怨声中，恐怕是如何精悍的君主也不会成就霸业的。齐景公晚年昏聩，嬖爱宠姜所生幼子荼。他曾自己衔绳装作牛，让荼牵着走，触地而齿折。这种甘为孺子牛的做法固然无可厚非，但因此而影响到国家大事，就不能算是明智之举了。齐景公病重的时候，立荼为太子，把其他的公子都赶到莱（今山东省龙口市东南）邑居住。鲁哀公五年（前490年）秋天，齐景公死，群公子逃往卫、鲁两国，孺子荼在国氏、高氏支持下继君位。

田氏的势力在齐景公死后迅速发展。早在齐景公在位初期，田氏就于鲁昭公十年（前532年）联合鲍氏除掉了擅权的齐国公族栾氏和高氏。田氏采取厚施于民的办法争取百姓归附。鲁哀公六年（前489年），田乞联合鲍氏及齐国大夫的力量，率士卒攻入公宫，在国人支持下打败了国氏、高氏、晏氏等旧贵族的军队，派人从鲁国迎公子阳生返齐继位（即齐悼公），并杀掉孺子荼。此后，田乞为相，执掌齐国政权。鲁哀公十年（前485年），田常弑杀悼公[59]，立悼公子，即齐简公。

田常又称田成子，他为齐简公的左相，监止为右相。田常采取田氏历来的手段，靠以大斗出贷、以小斗收的办法争取民众拥护，并取得很大成绩。齐人的歌谣说：

> 妪乎采芑，　　　就连采芑菜的老妪，
> 归乎田成子！[60]　都拥戴主田成子！

鲁哀公十四年（前481年），田常杀监止，并在舒州（今山东滕州市南）将逃跑的齐简公抓获并杀掉。孔子曾分析当时齐国的形势说：田常"弑其君，民之不与者半"[61]。这说明姜齐政权尚有一定影响，所以田常迫于形势，又立简公之弟为君，即齐平公。关于平公时期田氏的势力，《史记·田敬仲完世家》概括说：

> 齐国之政皆归田常。田常于是尽诛鲍、晏、监止及公族之强者，而割齐自安平以东至琅邪，自为封邑。封邑大于平公之所食。

从田常弑齐简公开始，"齐自是称田氏"[62]，姜齐政权名存实亡，齐国政权已易主为田氏所有。田常的儿子田襄子在位的时候，田氏兄弟宗人尽为齐国都邑的大夫。周安王十六年（前386年），田襄子的孙子——太公和被册命为齐侯，姜齐政权的最后一位君主齐康公被迁居海滨。又过了7年，齐康公才去世，姜齐政权的遗存才最终消失。

对于姜姓诸侯及其子孙来说，"田氏代齐"确实是一件悲哀的事情，然而正是这件事情给齐国政权注入了活力，使齐国获得了新生。齐国之所以在后来能够成为战国七雄中之佼佼者，与"田氏代齐"可以说是有直接关系的。

### 孙武的预言

早在三家分晋半个世纪以前,晋国还在号称中原诸侯霸主的时候,《孙子兵法》的作者、大军事家孙武就曾对晋国形势发展作过相当准确的预言。

1972 年在山东省临沂银雀山一号汉墓中曾出土《孙子兵法》及其佚文,在《吴问》篇中记载了吴王阖庐和孙武关于晋国形势的讨论。为了北上争霸,阖庐对晋国六卿的情况十分关心。他问孙武:

"现在,晋国之地由六卿分守。这六卿,谁先亡?谁能够强盛起来?"

"六卿中,范氏和中行氏先亡。"孙武说。

"谁为其次?"阖庐再问。

"知氏为其次,韩、魏在知氏以后,晋国将归于赵。"孙武排列了次序。

"这个次序的根据何在?"阖庐在刨根问底。

孙武胸有成竹地答道:"在六卿之中,以范氏、中行氏亩制最小,以百六十步为一亩,因此民众地少而穷困,但养兵设官很多,因此说他们先亡。知氏以百八十步为亩,韩氏、魏氏以二百步为亩,所以他们的情况比范氏、中行氏好一些。只有赵氏以二百四十步为亩,亩大,却仍收原来的税,所以民众富庶,而其养兵设官最少,因此晋国将归赵氏。"

"善哉!"阖庐十分赞赏孙武的见识,"这正是厚爱其民,才可以成就一番事业的道理。"

孙武不仅相当准确地预见范氏、中行氏、知氏灭亡的次序,而且正确地分析了六卿兴亡的根源在于土地制度和民心向背。

"三家分晋"是春秋末期社会人们普遍关心的问题。差不多和孙武作出预言的同时，孔子就曾预料"晋其亡乎！失其度矣"[63]，晋大夫蔡墨也曾认为"范氏、中行氏其亡乎"[64]。早在孙武预言的30多年前，吴国公子季札聘问晋国时就曾对赵文子、韩宣子、魏献子说："晋国其萃于三族乎！"[65]认为晋国之政将集于赵、韩、魏三家。孙武的预言不仅比前人精确，指出了六卿中范氏、中行氏、知氏灭亡的次序，而且能从经济方面分析六卿兴亡的深层次原因，不能不说是慧眼独具。

## 三家分晋

晋国六卿间的兼并斗争是从鲁定公十三年（前497年）开始的。这一年，以晋阳（今山西省太原市西南）为大本营的赵氏首领赵鞅讨伐赵氏支系——邯郸氏，邯郸氏以邯郸（今河北省邯郸市）为据点叛乱，并联合有亲戚关系的范氏、中行氏围攻晋阳。范氏、中行氏趁机进攻晋国的国君晋定公，由于得不到国人支持而失败，并逃往朝歌（今河南省淇县）。韩氏、魏氏得晋定公许可，从晋阳召回赵鞅，让他重新执政。

从鲁定公十四年（前496年）开始，赵鞅组织兵力围攻朝歌，范氏、中行氏在齐、鲁、卫、郑等国支持下顽抗。鲁哀公二年（前493年），齐送粮给朝歌，由郑军护送。赵鞅率军在铁（今河南省濮阳市西北）打败郑军，获齐粟千车。鲁哀公五年（前490年），范氏、中行氏彻底失败，其首领范吉射、中行寅逃奔齐国。中行寅逃亡之前曾经责备为其掌管祭祀的太祝，认为是太祝用于祭祀的牺牲不肥大光润、斋戒时不严肃认真，这才导致了中行氏的失败。名叫"简"的太祝回答说：

> 昔日吾先君中行密（穆）子有车十乘，不忧其薄也，忧德义之不足也。今主君有革车百乘，不忧德义之薄也，唯患车之不足也。夫船车饬则赋敛厚，赋敛厚则民谤诅。君苟以祝为有益于国乎？诅亦将为亡矣。一人祝之，一国诅之，一祝不胜万诅，国亡，不亦宜乎？祝其何罪！[66]

"中行穆子"是中行寅的父亲，太祝简认为他能行德义，而中行寅却只考虑加重对民众的赋敛，从而招致一国之人的诅咒，一个人的祝祷怎能抵得一国人的诅咒呢？太祝简的说法和孙武指出的范氏、中行氏亩小税重的情况完全一致，这表明范氏、中行氏灭亡的根本原因在于他们失去了民众的拥护。

赵氏的情况则与此相反，其不仅亩大税轻，而且尽力争取各阶层的支持。铁之战以前，赵鞅曾颁布赏格："克敌者，上大夫受县，下大夫受郡，士田十万，庶人工商遂，人臣隶圉免。"[67]跟随赵鞅的各级贵族可以得到赏地，庶人工商可因战功而进入仕途，人臣隶圉可以免除奴隶身份。赵氏得到各阶层拥护，其胜利乃势所必然。

据《史记·赵世家》说，晋出公十七年（前458年）赵鞅死，其子继立，是为赵襄子。《史记·晋世家》说，此年执晋政的知瑶和赵、韩、魏共分范氏、中行氏的领地和采邑。晋出公怒，欲联合齐、鲁势力讨伐知、赵、韩、魏四卿。四卿合力攻击晋出公，出公逃奔齐国，死在途中。知瑶立晋昭公的曾孙为君，即晋哀公。知瑶刚愎自用，十分骄横，向赵、韩、魏三家勒索土地，独赵襄子不给，知瑶率韩氏、魏氏攻赵氏。赵襄子退走晋阳，三家围攻晋阳。

晋出公二十二年（前453年），知瑶率军引汾河水淹晋阳城，大水几乎漫上城墙,"城中悬釜而炊,易子而食,群臣皆有外心"⑱。赵襄子在十分严峻的形势之下,派人出城,联合韩氏、魏氏。这年三月,赵、韩、魏三家灭掉知氏,共分其地。此后,晋国公室仅保有绛和曲沃两地,其余晋地皆归赵、韩、魏三家,晋国君主"反朝韩、赵、魏之君"⑲。晋在出公以后,尚有哀公、幽公、烈公、孝公、静公等君。晋静公二年,三家灭晋而分其地,迁静公为庶人。据《史记·六国年表》说,这是周安王二十六年(前376年)的事情。

赵、魏、韩三家虽然在周威烈王二十三年(前403年)才被周天子承认为诸侯,但在此50年以前三家灭掉知氏的时候,就已经奠定了三家分晋的基本格局,并且在周承认之前三家早已是实际上的诸侯。在周代的历史上,如果说平王东迁是一个分水岭的话,那么三家分晋就是另一个分水岭。平王东迁是西周与东周的界标;三家分晋则是春秋与战国的界标。

## 历史舞台的新场面

公元前5世纪中期,社会政治形势发生了很大变化,历史舞台出现了新场面。"田氏代齐"使东方的泱泱大国——齐国政权易主;"三家分晋"使历史悠久的中原诸侯霸主——晋国寿终正寝,并衍化出生机勃勃的赵、魏、韩三强国。中原地区的形势由此而发生巨变。

这个重大变化的根源在于诸侯和卿大夫势力的消长。

天下的礼乐征伐权力的归属是社会政治面貌的决定因素。这权力在西周时期是归属于周天子的;在春秋时期是归属于诸侯霸主的;在战国时期是归属于"大夫"的。这里所谓的大夫,指其家世渊源原为诸侯国大夫,到了战国时期他们并不以"大夫"的身份和面貌出现,而是专制一国大权的雄主。他们先称公、侯,后来干脆加冕王冠,以"王"为称了。

就拿齐国的田氏来说,其先祖田完本来是陈国大夫,在陈国贵族内部斗争中失利后逃奔齐国,被齐桓公任命为齐国的"工正"之官。到齐景公时期,田氏势力坐大,以卿大夫的身份执掌齐政。

分晋的"三家"情况与齐国田氏类似,也是卿大夫势力膨胀的结果。赵氏的先祖赵夙是晋献公时期的大夫,其子赵衰为追随公子重耳流亡的勋臣。晋景公时期,赵氏受诛而中衰。后来,赵氏遗孤赵武得程婴等救助复为晋国大夫。魏氏的先祖毕万也是晋献公时期的大夫,因受封魏地而为魏氏。韩氏的先祖韩厥是曲沃桓叔韩万的玄孙,在晋景公时期曾任司马之职,后为晋国六卿之一。韩厥的儿子韩起曾任中军将,鲁昭公五年(前537年)他出使楚国,楚人说"韩赋七邑,皆成县也"⑦,可见其采邑已达七县。

这些跃居为诸侯以至登上王位宝座的昔日的"大夫",其经历和气质自和原先的诸侯大不相同。他们并不以争当霸主为意,而是有了新的目标、新的追求。这些雄主旗号下的政治局势自然和霸权迭兴时代迥乎不同。

在三家分晋前后,我们所见到的诸侯列国大致有这样四种类型。

首先是齐国和晋国这样有影响的诸侯大国,它们经历"脱胎换骨"般的衍变,使新政权代替了旧政权。经过新陈代谢后的齐、赵、韩、魏等国充满了生机与活力。

其次是吴、越这样后起的国家。它们在霸权迭兴的舞台上虽然姗姗来迟,但却后来居上,一时间超过老牌霸主,在春秋末年的政治舞台上很是耀武扬威了一阵子。然而它们毕竟没有走出一条新路，而只是在诸侯争霸的那条老路上迅跑。所以只能是来也匆匆、去也匆匆，无法推迟和遏制诸侯争霸历史的终结。

再次是秦、楚、燕这样处于偏远地区的国家。它们虽不乏秦穆公称霸西戎、楚庄王一鸣惊人等辉煌业绩，但从整体发展情况看，尚落后于中原诸侯国。这些国家由于卿大夫势力没有充分发展，所以其君权相对来说比较强大。这些国家的发展具有很大潜力，吴起变法、商鞅变法之后，楚秦两国出现的飞跃就是明证。

复次是鲁、郑、宋、卫这样的二等诸侯国。它们地处中原，文化发展水平较高，但传统的包袱沉重，国内政治和经济缺乏变革，所以在春秋战国之际日趋贫弱。这些国家的卿大夫势力有相当程度的发展，例如鲁国，"三桓胜，鲁如小侯，卑于三桓之家"[71]，可是这些卿族却缺乏魄力，很少建树，只是在内部争权夺利的斗争中趋于衰微。在战国时期，这些诸侯国都在惴惴不安中打发日子，等待末日临近。

三家分晋之后，赵、魏、韩、齐、楚、秦、燕七国雄主渐次登上社会政治舞台。从春秋霸主到战国七雄的变化给社会带来了重大影响。明清之际的著名思想家顾炎武曾经有一段高论：

> 春秋时犹尊礼重信，而七国则绝不言礼与信矣。春秋时犹宗周王，而七国则绝不言王矣。春秋时犹严祭祀、重聘享，而七国则无一言及之矣。春秋时犹宴会赋诗，而七国则不闻矣。春秋时犹有赴告策书，而七国则无有矣。[72]

春秋战国社会风俗变迁的荦荦大端确如顾氏所论。这种变迁反映了战国雄主的思想面貌已经和春秋霸主大相径庭。

春秋霸主的尊礼尊王、重信重祭，具有鲜明的时代特色。当周王朝东迁，其实力大为削弱，不再可能继续做各诸侯国联系和交往的枢纽的时候，霸主应运而生。霸主们的文治武功、聘问宴享使许多诸侯国在"尊王攘夷"的旗帜下联合起来，适应了华夏族内部凝聚力加强的时代潮流。

战国时期的雄主，已经不屑于以"尊王攘夷"为号召。他们虽然还在表面上尊敬周天子，但却自己加冕王冠而和周天子平起平坐。战国七雄当中，除了楚国早已称王之外，其余诸国从公元前4世纪中期开始也陆续称王。王号成为战国雄主炫耀威严和进行外交斗争的工具。周显王二十五年（前344年），秦孝公派卫鞅到魏国去尊魏君为王，于是魏惠王"乘夏车，称夏王"[73]，并召集宋、卫、邹、鲁、秦等国在逢泽（今河南省开封市南）相会以后去朝见周显王。周显王三十五年（前334年），魏惠王到齐国的徐州（今山东省滕州市东南）尊齐君为王，齐威王也承认魏惠王为王。周显王四十六年（前323年），魏、韩、赵、燕、中山"五国相与王"[74]，五国之君皆称王。

除了战国七雄以外，像中山、宋这样的二等国家之君也曾自称为王[75]，可见国君称王已是战国中期的社会潮流。到了后来，王号也不新鲜和尊贵了，于是秦、齐两大国的国君便于周赧王二十七年（前288年）分别以"西帝""东帝"相称。他们把上帝的神圣称号拿来，这就比周天子高出一头。这些情况在春秋时期霸权迭兴的时代都是不可想象的。

春秋霸主只是诸侯之长，他们并不是也不想是诸侯之君，兴灭继绝和扶助兄弟之国是霸主美德的一种表现。到了战国时期，各国雄主就不再以称霸为满足，其目标不是成为诸侯之长，甚至也不是要做诸侯之君，而实际上是要灭掉诸侯之国，使自己统一天下。据《孟子·梁惠王上》篇记载，齐宣王曾向孟子说自己有"大欲"，孟子询问其详，齐宣王却笑而不答，孟子就替他讲明了这"大欲",那就是"欲辟土地、朝秦楚、莅中国而抚四夷也"。列国雄主以"王"号相称,并不只是名义上的简单的称号问题,它还标志着雄主们的渴望与追求。战国后期的大思想家荀子说:"天下归之之谓王。"㊆可见雄主们称王的目的就是要使天下归己。这个目标最终是由秦始皇完成的。这位一代英主,"振长策而御宇内,吞二周而亡诸侯,履至尊而制六合,执棰拊以鞭笞天下,威振四海"㊆,成就了统一中国的大业,可谓列国争雄的点睛之笔。

比之于诸侯争霸,后来列国争雄的战鼓擂得更响,其战争规模之大,是春秋时期无法望其项背的。战国时期,"争地以战,杀人盈野;争城以战,杀人盈城"㊆,楚国春申君黄歇说秦攻韩、魏时,"刳腹折颐,首身分离,暴骨草泽,头颅僵仆,相望于境;父子老弱系虏,相随于路"㊆,战争的残酷性于此可见一斑。春秋诸侯的争霸战争和战国七雄间动辄几十万军队的长期鏖战比起来,真算是小巫见大巫了。

注释:

① 《左传》襄公十八年。祷词中的"环""彪""偃"依次为齐灵公、晋平公、荀偃之名。祷告时称名是对神灵虔敬的一种表示。

② 《论衡·死伪》。

③ 《左传》襄公十九年。

④ 《公羊传》庄公十九年:"媵者何?诸侯娶一国,则二国往媵之。"诸侯女儿出嫁,关系密切的诸侯国赠送的陪嫁之女,称为媵妾。

⑤ 《左传》昭公三年。

⑥ 《史记·齐世家》。

⑦ 《左传》襄公十八年。

⑧ 《左传》襄公九年。

⑨ 《左传》襄公二十五年。

⑩⑪⑫⑬⑭《左传》襄公二十七年。

⑮ 见《吕氏春秋·乐成》，字句和《左传》襄公三十年所载略有不同，但意思是一致的。这里的"贮"，《左传》作"褚"，两字音同而通。"贮"由贮藏之义可引申为买卖、商贾、价钱等义。这里的"贮"，指实物税。

⑯《孔丛子·对魏王》。

⑰《晏子春秋·杂上》。原文作："夫不出于尊俎之间，而知千里之外，其晏子之谓也。可谓折冲矣！"吴则虞先生谓"知"与"折冲"易位，"因而致讹"（《晏子春秋集释》下册第332页，中华书局1962年版，北京）。今据吴说改正原文。

⑱《左传》襄公二十五年。

⑲《史记·吴世家》谓公子光为诸樊子，误。《世本》和《左传》昭公二十七年孔疏引服虔说均谓公子光为余昧子。鲁襄公三十一年（前542年），申公巫臣之子聘晋时曾谓吴王余昧之子孙将终有吴国君位，可证公子光当为余昧之子。

⑳《史记·吴世家》谓吴王僚为吴王余昧子，误。《公羊传》襄公二十九年谓"僚者，长庶也"，故王僚当为余昧的庶兄。

㉑《吴越春秋·王僚使公子光传》。

㉒㉓《吴越春秋·阖庐内传》。

㉔《左传》昭公三十年。

㉕《左传》定公四年。

㉖《诗经》毛传谓《无衣》诗为"秦人刺其君好攻战"之作，但与诗作内容毫不相合。《左传》《吴越春秋》皆谓秦哀公为申包胥赋《无衣》之诗，且诗作内容合乎申包胥乞师于秦史事，所以毛传之说并不可信。论者或谓《无衣》为秦哀公所作，并非吟诵古诗。是说可信。

㉗《史记·伍子胥传》。

㉘《国语·越语上》。

㉙《论语·子路》。

㉚《国语·吴语》。

㉛《史记·伍子胥传》。

㉜《左传》襄公二十五年。

㉝《吴越春秋·阖庐内传》。

㉞《国语·吴语》。

㉟㊱《左传》哀公十三年。

㊲㊳《国语·吴语》。

㊴ 关于黄池之会时谁为盟主之事，《国语·吴语》、《公羊传》、《史记》的《晋世家》《赵世家》谓吴为盟主；《左传》和《史记·吴世家》则谓晋为盟主。从吴、晋两国情况看，前说似乎更可靠些。

㊵《吴越春秋·夫差内传》。

㊶《吴越春秋·越王无余外传》。

㊷《越绝书·外传纪策考》。

㊸《吴越春秋·勾践归国外传》。

㊹《国语·越语上》。

㊺ 这件钟铭著录于罗振玉先生《三代吉金文存》卷一第39—42页。关于这件钟铭的考释见郭沫若先生《两周金文辞大系图录考释》和陈梦家先生《六国纪年》第101页（学习生活出版社1955年版）。

㊻《史记》和《吴越春秋》谓勾践灭吴时诛杀太宰嚭以惩戒佞臣。但《左传》则言太宰嚭在吴亡之后用事于越。两说相较，似以时代较早的《左传》之说为长。

㊼《国语·吴语》。

㊽㊾《墨子·非攻下》。

㊿ 见《史记·越世家》索隐引《纪年》。

(51)《吴越春秋·勾践伐吴外传》谓勾践在位27年，《通鉴外纪》谓33年，《史记·越世家》索隐引《纪年》谓“晋出公十年十一月，于粤子勾践卒”。今从《纪年》说。

(52)《吴越春秋·勾践伐吴外传》。

(53)(54)《史记·越世家》。

(55)《三国志·吴志·锺离牧传》注引《会稽典录》。

(56)《晏子春秋·问上》。

(57)《左传》昭公十二年。

(58)《左传》昭公三年。

(59)《左传》哀公十年谓“齐人弑悼公”，《史记》谓鲍氏弑悼公。《晏子春秋·谏上》谓田氏"杀阳生"。今从《晏子春秋》之说。

㉖ 《史记·田敬仲完世家》。

㉑ 《左传》哀公十四年。

㉒ 《史记·十二诸侯年表》。

㉓㉔ 《左传》昭公二十九年。

㉕ 《左传》襄公二十九年。

㉖ 《论衡·解除》。

㉗ 《左传》哀公二年。

㉘ 《史记·赵世家》。

㉙ 《史记·晋世家》。

⑦ 《左传》昭公五年。

⑦ 《史记·鲁世家》。

⑦ 《日知录》卷十三,"周末风俗"。

⑦ 《战国策·秦策四》。

⑦ 《战国策·中山策》。

⑦ 《史记·宋世家》:宋"君偃十一年,自立为王",时当公元前318年。

⑦ 《荀子·王霸》。

⑦ 贾谊《过秦论》。

⑦ 《孟子·离娄上》。

⑦ 《战国策·秦策四》。

# 结　语

　　历史帷幕上上下下，起起落落。"四海迭兴，更为霸主"的蔚为大观的一幕给历代人们留下了景仰之情和无限沉思。

我们聆听优美的古典乐曲，时常会有这种激动人心的情况：嘹亮的声响迂曲婉转而渐至低沉，低沉之极便戛然而绝，恰如万籁无声、大地死寂一般。可曾几何时，响遏飞云的高昂之音却从天而降，突破寂静，使乐曲到达新境界，似峰回路转而豁然开朗。如果可以比喻的话，那么，由春秋五霸到达战国七雄的历史进程就是这种情况。

在春秋霸主中的最后一位——越王勾践于鲁哀公二十二年（前473年）灭掉吴国以后，诸侯国之间规模较大的战争几成绝响。三家分晋前后，各诸侯国忙于内部事务，所以，国际政坛十分消沉。战国初始的三四十年间，诸强国相安无事，虽然不是"鸡犬之声相闻，民至老死不相往来"（《老子》第八十章），但却没有连年鏖兵的恶战。直到周威烈王十七年（前409年），首先强盛起来的魏国大举伐秦，全部攻占秦国的河西地区，这才燃起了七雄之间连绵不断的战火，奏响了震撼人心的战争进行曲，真正把"战国"的字样书写在时代的旗帜上。

战国末年的大思想家韩非子曾经试图对于历史发展进行规律性的探索。他在《韩非子·五蠹》篇中说：

上古竞于道德，中世逐于智谋，当今争于气力。

所谓"上古"，当指春秋以前的时代；"中世"指春秋时期；"当今"即战国之世。韩非子的这个说法合乎历史实际。战国时并非不讲"智谋",而是更看重争战与强权。作为"中世"的春秋时期,并非不讲"气力",而是不标榜杀伐攻战。霸权迭兴时期多有盛大隆重的聘享盟会、典雅雍容的饮宴赋诗、辞情殷殷的赴告策书、恭敬虔诚的吉凶卜筮、庄严肃穆的祭神祀鬼,霸主们往往运筹帷幄,使臣们常常折冲樽俎,"智谋"的使用在这个时期显得比"上古"和"当今"更为重要。

如果说"邦无定交、士无定主"(顾炎武《日知录》卷十三)是战国社会特征的话,那么,霸权迭兴时期则是"邦有定交、士有定主"的。春秋列国虽不乏背信弃义的现象,但霸主周围总有一些固定的伙伴,形成较为长期的联盟关系。这种联盟关系常常靠道义维持。例如,地处晋、楚两大国之间的郑是在外交上最为见风使舵的国家,但有时候却也很讲义气。鲁成公十六年(前575年)楚为救郑而与晋战于鄢陵(今河南省鄢陵县北),吃了败仗,楚共王被射伤眼睛。郑成公为此感激涕零。鲁襄公二年(前571年)郑成公病重,郑国执政大臣请求离楚服晋,以免除对楚国的沉重负担。郑成公说:"楚君以郑故,亲集矢于其目,非异人任,寡人也。若背之,是弃力与言,其谁昵我?"(《左传》襄公二年)他认为楚君既然为救自己而伤目,那么,自己就不能背叛他。如果背信弃义,那谁还敢来亲近自己。终成公之世,郑国所以一直服楚,与郑成公的义气是有关系的。鲁国执政大臣季文子曾说:"大国制义,以为盟主,是以诸侯怀德畏讨,无有贰心。"(《左传》成公二年)可见德、义对于霸主而言颇为重要。顾炎武说"春秋时犹尊礼重信"(《日知录》卷十三),信哉斯言!

除了"邦有定交"以外,春秋时期作为低级贵族的士都维系在一定的宗族组织里,所以说"士有定主"也是霸权迭兴进程中的一个特点。"士"有执干戈以卫社稷的义务,他们是诸侯争霸最基本的武装力量，所以荀子曾有"霸者富士"（《荀子·王制》）的说法。鲁成公十六年鄢陵之战时，晋、楚双方都把"国士"部署在国君周围作为中坚力量。春秋时期"士"的地位在大夫以下、庶人以上，所以晋国的师服曾说"天子建国，诸侯立家，卿置侧室，大夫有贰宗，士有隶子弟，庶人工商各有分亲"（《左传》桓公二年），天子、诸侯、卿大夫、士、庶人形成了宗法系统的层叠关系。诸侯和卿大夫往往以拥有"士"的多寡而显示其实力。越王勾践曾经"以其私卒君子六千人为中军"（《国语·吴语》），所谓"私卒君子"即相当于晋、楚的"国士"。晋国大臣郤克因恼怒齐顷公母亲的嘲笑，便"请以其私属"伐齐（见《左传》宣公十七年），"私属"即直接隶属他自己的甲士徒众，其力量可与强齐对抗，可见相当强大。晋国大夫栾盈因为"多士"，即有很多的士，所以致使执政大臣感到害怕（见《左传》襄公二十一年）。由于"士"的地位十分重要，所以春秋时期许多诸侯和卿大夫都努力巩固宗族关系，加强对"士"的控制，春秋末年的铁之战前，赵鞅所悬赏格里就有"士田十万"（《左传》哀公二年）一项，保证以十万亩土地的厚赏奖励立有战功的"士"。春秋列国争强斗胜的时候，在猎猎作响的霸主战旗下鏖战拼杀的基本力量就是"士"。入战国以后，士的身份发生变化，武士多蜕化为文士，在战国雄主间这批士人纵横捭阖，或可坐取公卿之位。朝秦暮楚为习见之事，不复有固定之主，与春秋时代已经大不相同。

诸侯争霸的时候，还有一件富有时代特色的事情，那就是春秋列国缺乏边防概念，一般只是于国都才设防卫，别处并不设防。鲁僖公三十三年（前627年）秦人袭郑，东出函谷关（今河南省灵宝市东北），行千余里，经晋、周之地，直到滑（今河南省偃师市境）才被郑国商人弦高发觉。鲁襄公二十三年（前550年）齐庄公伐晋，跃马太行，直到距离晋都不远处。鲁成公二年（前589年）晋打败齐国之后，所提出的媾和条件之一是让齐"尽东其亩"（《左传》成公二年），使垄亩方向都为东西走向，可见齐国边境并无防卫边塞，影响晋军兵车驱驰的只是垄亩方向。清代学问家顾栋高说："春秋时列国用兵相斗争，天下骚然，然是时禁防疏阔，凡一切关隘陇塞之处多不遣兵设守，敌国之兵往来如入空虚之境。"（《春秋大事表》卷九"春秋列国不守关塞论"）战国时期，情况大变，各国不仅在重要关塞驻军防守，而且在边境地区修筑长城，各国的疆域观念愈益明确。

春秋战国之际关于疆域边防观念的演变是社会结构深刻变革的一种反映。

分封制度在春秋时期虽然已经今非昔比而趋于松动瓦解，但它毕竟还是最主要的社会结构形式。诸侯虽为一国之主，但他并不直接统治全国，其权力和影响是通过对于卿大夫的发号施令而实现的。这种情况是和周天子虽为天下共主但并不直接统治天下一样的。战国时期，随着宗法组织的进一步解体，各国普遍设立县、郡组织，国君可以直接任免县、郡长官。国君的权力可以直接控制地方。各国守关塞、筑长城乃是国君权力的体现。

我们由此可以考虑到这样一个问题，那就是春秋霸主之所以兴灭继绝、之所以不以吞并其他诸侯国为战略目标、之所以常常出现只要敌国屈服就化干戈为玉帛的现象，归根到底是由分封制居于社会结构主导地位这种情况决定的。对于霸主来说，灭掉对方，使其变成自己手下的卿大夫的封地采邑，与敌国屈服、俯首称臣，这两者之间并没有太大的区别。荀子认为，"霸夺之与"，"夺之与者友诸侯"，"友诸侯者霸"。（《荀子·王制》）他指出霸主只是争夺与国，即友邻国家，霸主和一般诸侯只是友邻关系。战国雄主不再提友诸侯之类的话,他们对于诸侯国是要灭其国而兼其地,把土地视为自己的,而不是卿大夫或臣下的财产,于是,增强守卫国土疆域的观念,也就成了情理中事。

霸权迭兴的时代,"尊王"是很时髦的号召,不仅齐桓、晋文等中原诸侯霸主把这个号召喊得震天价响,就连吴、越霸主也有不少尊王的表现,甚至有问鼎之志的楚庄王也不敢对周天子造次非礼。然而,周天子的地位并没有由于霸主们"尊王"的号召而变得尊贵,周王室也没有靠着这个号召而富庶起来。恰恰相反,在一片"尊王"的聒噪声中,周天子却如日薄西山而沉沦,周王室也似寒风中的秋叶而趋于凋零。关于这个时期的政治局势,大史学家司马迁曾经加以概述。他指出春秋时期的霸主主要有齐、晋、秦、楚等国,他们"挟王室之义,以讨伐为会盟主",形成了"四海迭兴,更为伯(霸)主"(《史记·十二诸侯年表序》)的局面,致使周王所褒封的大国不得不归服。

历史的帷幕上上下下,起起落落。"四海迭兴,更为伯主"的历史在春秋战国之际宣告终结。这霸权迭兴、蔚为大观的一幕给历代人们留下了无限沉思。

# 主要参考文献

《春秋经传集解》，晋杜预集解，四部丛刊本。

《春秋公羊传注疏》，汉何休解诂，唐徐彦疏，阮刻十三经注疏本。

《春秋穀梁传注疏》，晋范宁集解，唐杨士勋疏，阮刻十三经注疏本。

《论语注疏》，魏何晏注，宋邢昺疏，阮刻十三经注疏本。

孙星衍《尚书今古文注疏》，平津馆丛书。

《毛诗注疏》，汉毛亨传，郑玄笺，唐孔颖达疏，阮刻十三经注疏本。

孙诒让《周礼正义》，中华书局1987年版，北京。

《礼记注疏》，汉郑玄注，唐孔颖达疏，阮刻十三经注疏本。

吴则虞《晏子春秋集释》，诸子集成本。

《国语》，吴韦昭注，四部备要本。

《战国策》，汉高诱注，士礼居黄氏丛书本。

方诗铭、王修龄《古本竹书纪年辑证》，上海古籍出版社1981年版。

孙诒让《墨子间诂》，诸子集成本。

《孟子注疏》，汉赵岐注，宋孙奭疏，阮刻十三经注疏本。

陈奇猷《韩非子集释》，中华书局1958年版，北京。

《史记》，中华书局本，北京。
《论衡注释》，中华书局 1979 年版，北京。
《韩诗外传集释》，中华书局 1980 年版，北京。
陈奇猷《吕氏春秋校释》，学林出版社 1984 年版，上海。
《说苑》，汉魏丛书本。
银雀山汉墓竹简《孙子兵法》，文物出版社 1976 年版，北京。
《吴越春秋》，丛书集成初编本。
《越绝书》，丛书集成初编本。
《管子》，四部备要本。
高亨《周易大传今注》，齐鲁书社 1979 年版，济南。
董说《七国考》，吴兴丛书本。
王先谦《诗三家义集疏》，中华书局 1987 年版，北京。

# 原版自序

当我写完这本小书的时候，正值乍暖还寒的早春时节。肃杀的冬日虽已过去，但春寒料峭，冷峻的风依然不时呼啸而过，冰层仍旧覆盖着水面。尽管如此，人们却能看见小鱼儿已到靠近岸边的冰水中嬉游，柳梢也隐隐现出绿色。春天的来临是没有什么力量可以阻挡的。不管严寒如何凛冽刺骨、荡涤一切，一到春天，该生长的都会生长。大自然到底比人类社会更旺盛些，更潇洒些。

本书所叙述的内容属于中国上古时代的一段春寒料峭时期。从两周之际开始，传统的宗法制虽然已经松动，但它还在社会上发挥着巨大影响；绵延数百年之久的王权虽然失去了往日的尊严，但"溥天之下，莫非王土"之类的观念尚为人们普遍悦服；普通人虽然已经开始接触学术与文化，但"学在官府"的局面并没有多少改变；新的政治格局虽然已露端倪，但却只能战战兢兢地在夹缝中寻求发展。然而，这段乍暖还寒的时期在历史演进系列中实在是不可或缺的。如果没有春秋时期的霸权迭兴，也就没有战国七雄，也就没有百家争鸣。这大概就是所谓的历史连续性的一种表现。

春秋时期霸权迭兴的情况，已经被厚厚的历史尘土所掩盖。要想写出一部真实可信而又令人喜读的春秋霸权史，殊非易事。在开始写的时候，我就给自己定下一条原则，那就是不虚构演义，不穿凿附会，所述内容皆当有据。为了使行文尽可能流畅些，史料分析和考证研究大都没有写进正文，只是酌加注释，以便为关心这些问题的朋友们提供进一步了解的线索。

然而，仔细想来，问题并没有真正解决。言必有据的"据"难道就那么可靠吗？我们所说的"据"，实际上只是古人所记载的历史，而不是那"历史"本身。这些记载是主观的、经过筛选和过滤的产物，无不渗透着时代氛围、文化背景、社会观念、个人阅历与好恶等因素的影响。从这个意义上说，后人只能尽量地缀合历史、接近历史，但却永远不可能复原历史、重演历史。所谓"还历史以本来面目"云云，严格说起来，只能是人们的一种善良愿望。

直面这个现实，未免使关心和喜好历史研究的朋友们产生悲凉、怅惘之感。其实，历史不能复原和重演并不意味着它不能被人们所认识，而只是强调人们不应当自以为是地断定自己穷尽了历史研究。既然人们需要从历史的发展来深刻地了解现在，从历史中汲取智慧和力量，以创造美好的未来，那么也就能够以现在的认识水平来揭示历史的某些场景和进展情况。就某一个历史时期而言，当时和稍后些的人们所作的直接记载，总比后人依据间接材料所作的叙述更可信些。对于古人所记载的历史应做分析研究，信其所当信，疑其所当疑，取其信而存其疑。总之，在叙述和研究中尽量采用较早的、可靠的史料，总是慎重之举。言必有据总比游移无根的孟浪之谈要好些，因为这毕竟是我们可以做到的最佳选择。古往今来，许多历史家、学问家在这方面不是已经做出了辉煌成绩而足可为我辈之楷模了吗？

想到这些，我手里的滞重的笔似乎才畅快了些。上古时代杞国的位置，据说是在我的故乡，我原先的那些顾虑大概算是"忧天"遗风的表现吧！但愿如此。

最后，还想说一点关于文化沟通的问题。这个沟通，不仅指东西方文化之间以及世界范围内各种文化之间的沟通，而且指古人与今人在文化方面的沟通。据说不懂古董的人曾有将汉罐当尿罐者，被内行戏谓一泡热尿就与汉文化沟通了。我们所说的当然不是这种沟通，而是指了解和掌握古代文化精髓，发扬我中华文化的凛然正气和聪明才智。如果真要这种沟通，那就不能只作空泛之论，在那里浮光掠影般地眺望一下，或者是走马观花，匆匆而过，而是需要下得马来，细细鉴赏，深深体味，庶几才能有所收获。这本小书若能成为古今文化通衢上的一块铺路石子，那将是作者最为欣慰的。

一九九一年二月二十四日序于<br>北京师范大学教工十五楼寓所

# 跋

记得那年（大概是 1991 年）春节刚过去的一天，接到时任三联出版社编辑的潘振平兄的电话，说他春节的那几天没有出门，就躺在床上恹恹地看我送去的题为"春秋霸主论"的书稿。那时候他们正策划和台北一家著名的出版公司联合出版一套弘扬中华民族历史的名为《中华文库》的丛书。我有幸被邀参加，写了书稿呈上。潘兄告诉我看了书稿还算满意，只是提出书名还要再推敲一下。我的头脑不灵光，请他想一个，他就我原先的"春秋霸主论"为副标题，在前面加一个正标题"霸权迭兴"。这使我不禁拍案叫绝。"迭兴"二字出自《史记·十二诸侯年表序》。司马迁讲齐、晋、秦、楚几个诸侯大国的霸权的兴起，说道："四国迭兴，更为伯（霸）主。"① 潘兄取其意而将书名建议为《霸权迭兴——春秋霸主论》。使我不禁感叹，大名鼎鼎的潘兄水平高，就是高。书出来后，潘兄说在这套书中这本拔了头筹。我的头脑还算清醒，知道不是书写得多好，只是因为书中所写内容的时代靠前，所以丛书排

---

① 《十二诸侯年表序》说："是后或力政，强乘弱，兴师不请天子。然挟王室之义，以讨伐为会盟主，政由五伯，诸侯恣行，淫侈不轨，贼臣篡子滋起矣。齐、晋、秦、楚其在成周微甚，封或百里或五十里。晋阻三河，齐负东海，楚介江淮，秦因雍州之固，四海迭兴，更为伯主，文武所褒大封，皆威而服焉。"从口气看，司马迁对春秋霸主存在微词。但太史公勾勒出霸主从小到大的发展轨迹与威服诸侯的力量，可谓卓识。

序时列在了前面。这些年来,春秋霸主的身影不时在我头脑里浮现,推动我考虑一些相关的问题。主要如下:

## 先来谈谈历史的真实性问题

历史类书籍的撰写,当然要追求历史的真实。然而真实的历史是不可重演的,它犹如绝对真理一样,可望而不可即。人们只能靠近它,但永远不可能走入历史之中。人们的兴趣却往往与此不同,总想着到历史实际中去看看。① 有一位著名的史学家给年青学生作讲座,讲到人们对于历史的兴趣。说是有几个女学生边走边聊,突然间咕咚一声,掉到一个深洞里,这几个女学生发现洞底有一个宽绰的隧道,她们沿着隧道走去。隧道里寂静得很,有人建议就讲讲世上有谁走得最快吧。有人说孙悟空,一个筋斗就十万八千里。有人说不对,还有人比孙悟空快,谁?曹操啊,常言"说曹操,曹操到",不用翻筋斗,一说就到。有人说你们那是瞎扯,真正走得快的人是梁山好汉戴宗,他腿上绑上四个称为"甲马"的神物,可以日行八百里。说着说着,这几个女生就感觉自己成了女戴宗,在隧道里飞速前行。在她们眼里,隧道洞壁上的画也快速往她们身后飞去,有人喊,看,好漂亮的大观园,晴雯正在那里撕扇子玩。又有人喊,看哪,有人打架。细细看去,原来是悟空追打白骨精。再来的画面就是鲁智深把一个胖

---

① 人们了解历史实际,可能是出于提升精神境界的目的,比如《易·大畜》说:"君子以多识前言往行,以畜其德。"司马迁《报任安书》说:"综其终始,稽其成败兴坏之纪。"但更多是出于人们的好奇心,比如屈原《天问》说:"遂古之初,谁传道之?上下未形,何由考之?"往往好奇心和消遣等非功利目的是大多数人了解历史的动因。

屠户按在地上痛打。突然,又闪过一片桃园,有三位英雄正在那里结拜叩头。几个女生高兴叫道,咱们最想去哪里?去大明宫!果然,"说曹操,曹操到"。她们一下就到了唐代的大明宫。几个女生在长安城里畅游几日,又顺原路回到学校,只见同班的室友早已毕业,有的已经成家立业。正是,"洞中方几日,世上已数年"。几个女生说,咱们是不是坐上了传说中的时光机?讲座的专家说,这当然是一个穿越剧的段子,人通过时光隧道之类的办法,回到了遥远的古代。这当然是不可能的事情。这个段子说的主旨是,人们,特别是年轻人了解历史的渴望十分强烈。讲座结束时有几个女学生过来问,为啥是几个女学生掉到洞里,而不是几个男的。专家回答得很好,说自己没有考虑过,这问题得问编剧。①

中华传统文化的特点之一就是尊重历史。宋代的理学家曾经设想通过制度建设让"人人知道来处"。一个国家、一个民族也是一样,也应当知道"来处"。② 历史研究应当讲清楚"来处"的问题。对于"来处"的问题,一般讲讲没有多大问题,但要讲清楚就难了。而人们偏

---

① 当下的穿越剧,从史学的角度看未免荒谬,然而它一定程度实现了古代文学家的"神思"。刘勰《文心雕龙·神思》有一段著名的话:"文之思也,其神远矣。故寂然凝虑,思接千载;悄然动容,视通万里。吟咏之间,吐纳珠玉之声;眉睫之前,卷舒风云之色。其思理之致乎。故思理为妙,神与物游。"历史研究不得不处理大批资料碎片,如何能使它们串联起来,并且和当代人产生联系,是个不好处理的问题;然而文学作品自有其手段,可以"接千载""通万里""疏卷风云""神与物游",反映了大众的一些愿望。《论语·述而》中孔子说:"甚矣吾衰也!久矣吾不复梦见周公。"则孔子年轻时曾常梦周公,一心想到周公的时代看看,大有今日"追星族"之意味,所谓"日有所思夜有所梦"是也。这样的愿望,古人只好通过梦来实现。

② 《礼记·中庸》说:"上焉者,虽善无征,无征不信,不信民弗从。"谓在上位之人即便行为不错,但其所作所为,如果没有古代验证,就不能使人信服,老百姓不会听。说到根子上,这不仅是学者的严谨,也和中国重视经验与传统的文化氛围相关。

偏就喜欢清楚，那几个冒着危险穿越到唐代长安城的女学生就是例子。小孩子会问自己是从哪里来的。家长有时会骗小孩说他是从后山上捡来的，小孩子小时候会信，大一点就不信了。小孩子问这个问题，说明他关心自己的"来处"，没有耐心的家长是不会给孩子讲清楚的。一般的历史学著作，也不注重讲"清楚"来处的问题。

当然，历史学著作所讲的历史，大体上是清楚的。比如说，西周王朝的都城在称为"丰""镐"（在今陕西西安一带）的地方，这是正确而准确的。不能说是不清楚，但"丰""镐"城具体是个什么样子，其中的宫殿建筑、道路、民居是什么样子，就说不大清楚了。可以说历史著作所讲的"来处"，多半是大体清楚，而小处、细部则是朦胧的，不清楚。历史类的著作该不该把这些历史的具体的细部讲清楚呢？在现代是一个问题。但在上古时代的史官以及左丘明、司马迁等史学泰斗那里倒不是什么问题。因为他们那里"文史不分家"。

可以说说一个例子。《春秋》是鲁国的史官记录，非常真实可靠，但过于简略。如写春秋初年郑国的一件大事，只写了"五月，郑伯克段于鄢"这八个字。时间、地点、人物、事件，这些倒是都齐备了，很合乎史官记事准确的要求，但具体过程如何，则难以得知。左丘明以如椽大笔在《左传》写此事却娓娓道来，① 甚至写了郑庄公和他母亲在隧道内赋诗和好的情景，此事左丘明不可能据眼见所书，吾友W君是研究《左传》的专家，他说这里所写的生动内容，"取自郑

---

① 正如汉代学者桓谭《新论》所说："《左氏传》于《经》，犹衣之表里，相待而成；《经》无《传》，使圣人闭门思之，十年不能知也。"《左传》与《春秋经》有怎样的关系，古今学者争论不休。但没有《左传》，读懂《春秋经》或者了解春秋史，不可想象。至于《左传》作者是谁，左丘明和《左传》有没有关系，也是争讼不决的学案。但《十二诸侯年表》中司马迁说"鲁君子左丘明惧弟子人人异端，各安其意，失其真，故因孔子史记具论其语，成《左氏春秋》"，《汉书·艺文志》也大体如是观，恐也有一定渊源。

史官个人记事笔记",是很正确的。然而郑国史官亦不大可能写出眼见之事,谓之史官揣测之词,可能近是。写这事的左丘明,算是史学家,还是文学家?若查史学史,有左丘明;查文学史,也有左丘明。就当说他既是史学家,又是文学家。本来就是一家。①

再举一个例子。

晋国霸业在晋献公时已开启端倪,然而献公宠幸骊姬,误杀太子申生,造成晋国政局混乱,影响霸业进程。《国语》(有人说也是左丘明所撰)写骊姬夜半于枕边哭诉构陷申生之事,这也是左丘明抑或是晋国史官不可能亲见亲闻之事,亦当为史官揣测之词。史官的这类揣测之词,符合人物性格和事情的必然进程,可以视为史官或史家补充的历史细节,其真实性无人怀疑。再如《三国志》写三顾茅庐请诸葛亮出山之事,只用了五个字,"凡三往乃见"。到罗贯中笔下就铺衍出许多文字,尽写三顾之情景,刘备的求贤若渴、关羽的大度周全、张飞的急躁火暴,让人历历在目。因为写得得体,向来无人说罗贯中歪曲史实。倒是人们认为三顾茅庐之事应当就是这个样子。现在把写《三国志》的陈寿归为史学家,把写《三国演义》的罗贯中算成文学家,可见原来的"文史"一家,渐渐分开成为两家。②

---

① 先秦史学带有一定的非历史色彩。春秋战国时期古史编撰蔚然成风,不仅有对于远古历史的追忆,人们也会在现有材料的基础上增补情节,丰富内容,落实事件的时间、地点、人物、经过等,已经完备了述史记事的体例,将史影变为言之确凿的叙事。当时,古史编撰是采用改铸的方法进行的,熔古今史影于一炉,编纂出当时人心目中的古史。

② 魏晋时期思想活跃,被许多学者称为艺术的自觉时代,人们思考艺术何以成为艺术的规律性问题,诞生一批艺术理论著作与艺术巨匠,这样的自觉会带来"文史"分途,艺术的因素归艺术,史学的因素归史学。

吾友 W 君，曾经下乡到陕北接受贫下中农再教育。忠厚潇洒，虽有书卷气，但干起活来却是一把好手。劳累一天之后，人们大多去打扑克、捉野兔，或者倒头睡了过去。只有 W 君，到一位老木匠家里读书。老木匠原本世家，到他这辈衰败下来，但还存有许多线装书，四书五经齐备，他很喜欢北京来的爱读书的 W 君。让他在自己家里挑灯夜读。W 君后来回忆这段难忘岁月，说自己读累时到窑洞外，望着黑黝黝的远山，思绪万千之状。此事在史家笔下，不过是"W 君某年在陕北某地某人家夜读经书"几个字的简单叙述，乏味至极。于是有好文学者建议改写此事，塑造出"木匠女儿"这一人物形象。她高挑漂亮，善良妩媚。又有副好嗓子，几乎所有样板戏的唱段都会唱。W 君挑灯夜读时她常常送来一杯冒着热气的香茶，默默轻轻地放在书旁，W 君回头道谢时常与她四目相对，W 君在窑洞外，眼望黝黝远山时，她就胳膊上搭着一件衣服站在旁边，随时准备夜风吹来时给 W 君披上。……她和 W 君的再次重逢已是在改革开放以后的事情，说来就话长了。此事对 W 君来说，虽然纯属子虚，但对于万千陕北的北京知青来说，却又是情理之中的可能发生的事情。北京知青，爱读书的、潇洒的 W 君得到一位陕北姑娘的垂青喜欢，完全在情理之中。有些北京知青在陕北扎根落户，就是一个证明。若写 W 君与"木匠女儿"的爱情，那就是文学创作，细细写来必定引人入胜。听了大家的建议，W 君却很不以为然，从不说脏字的他，居然用"扯淡"两个字，对此事下了定论。

但是在私下里说起来，W 君还是希望在那个艰苦岁月里有那么一位"木匠女儿"来共度时光，也非常欣慰与"木匠女儿"在北京重逢。他还说，司马迁笔下的那位虞姬果真有其人吗？也可能是司马迁创造出的一个衬托英雄的人物。大家为 W 君的精论所折服。W 君精研历史理论多年，有很高的理论素养。他以下面的妙论，为历史的真实性问题作了总结。他说：自古文、史不分家，原因何在？就是两者都离不开真实的历史。"文"若离开它就是走向虚假；"史"若离开它就会走向朦胧。在一片拍案叫好声中，W 君露出欣慰的笑容。

细查起来，古人早就谈论过此事。唐朝的孔颖达（他是一位很有学问的大学者，是孔子的第 31 世孙）看到《左传》写春秋时期的史事有详有略。他曾考虑其中的原委。他在给《左传》作疏解时说："人心不同，属辞必异自然。史官有文有质，致使其辞有详有略。史有文、质。史文则辞华；史质则辞直。华则多详；直则多略。"史的文、质之别原因有二，一是"属辞"者，亦即写作者的水平和写作旨向不同，不管如何写出来的东西必定与真实的历史实际有距离（"必异自然"）；二是属文抑或是写史，写作的目的、需要不同。文学创作需要丰富的想象，以求接近复原历史场景；叙述史事，则需要准确记载时空、人物等因素，以求历史场景的框架符合历史的真实。对于一般读者来说，执文史不分之理念，读过一本书能够了解或认识真实的历史，不仅增长见识，而且使情感得以升华，这可以说是一种完美的境界了。①

---

① 西方史学理论家柯林伍德提出"一切历史都是思想史"之后，指出："历史学家怎样识别他所努力要去发现的那些思想呢？只有一种方法可以做到，那就是在他自己的心灵中重新思想它们。一个阅读柏拉图的哲学史家是在试图了解，当柏拉图用某些字句来表达他自己时，柏拉图想的是什么。"见柯林伍德著，何兆武译：《历史的观念》，商务印书馆 1997 年版，第 303 页。既然思想史是在历史学家的心中，借助断烂朝报重演过去，那么文史的界限就不会泾渭分明。探讨史学中的文学性，后现代西方史学理论家有很多论述。

### 再来说关于春秋霸主的新的考古材料

近年涌现出来面世的简帛材料比较多，但关于历史史事、人物等方面的材料相对较少，特别是关于春秋霸主的材料更为少见，这方面的材料集中见于清华简第二册的《系年》，这批材料中出现了齐桓、晋文、楚庄、宋襄、阖庐等的一些记载，但都没有超出传世文献记载的范围，只有清华简第六册的首篇《郑武夫人规孺子》一篇展现了作为春秋小霸的郑国的一些史实。此篇简文披露了郑武公曾经被迫居于卫国三年的史实，是为传世文献所不见的重要材料。简文说："吾君陷于大难之中，居于卫三年，不见其邦，亦不见其室"。陷于卫国三年的这位郑国君主，是作为春秋小霸典型的郑庄公的父亲郑武公。和郑武公同一时代的伟人，就是曾经执掌周王朝大权的卫武公（即共伯和）。卫武公是一位叱咤风云的历史伟人，古本《竹书纪年》说他入周王朝主政12年之久，史称"共和行政"。后来他将政权移交周宣王之后，复归卫国，力图使卫国成为雄踞中原腹地的大国，而郑武公在豫西之地，急于开拓疆土，势必与卫武公狭路相逢而明争暗斗，很有可能的是郑武公不知因为何事被卫软禁于卫三年，直到卫武公去世，他才寻机逃回卫国。一国之君，有国不能回，有家不能归，所以简文说他"陷于大难之中"。这一定是个十分曲折复杂的斗争过程。这段尘封已久的历史今得清华简才透露出一点难得的信息，使人可以窥见关于这段历史的一点苗头。

新发现的关于春秋霸主的战国竹简资料还有清华简第七册的《越公其事》篇，此篇记载越王勾践被吴国打败以后，卧薪尝胆，图谋复国的过程中的一些事情。与现有文献记载有所不同的是，越王勾践在失败归国之后,并不是马上就图谋复兴,振作建设,而是有一个在实践中逐渐摸索的过程。一开始,勾践只是因袭常规,不去检讨战争失败的教训,对于战争的失职者不戮不罚,表现出"懒政"之态。过了三年之后,民众有了怨恨情绪,勾践这才励精图治,提出简文所称的"五政",即五项改革措施。简文记载,除了大力发展农业之外,勾践还派人到"成(城)市、边还(县)、小大远迩之勾(聚)落"寻访"达士"(即人才)。这些记载提醒我们认识到,一个伟大的历史人物,即令如勾践这样的霸主之才,也会有其时代的或个人的局限,其所作所为,也不会如神灵一般,绝对正确、完全正确。勾践所出现的短时间的"懒政",就是一个证明。然而有缺点的伟人还是伟人,春秋霸主的每一位可以说皆非"完人",但其缺点或者失误并不能掩盖他们历史功绩的光辉。他们坚韧顽强的意志、勇于开拓进取的精神、审时度势的历史智慧,是我国优秀传统文化中的宝贵财富。

最后谈谈时势造英雄的问题

关于英雄与时代的关系,早在战国时期孟子就曾讲到过。孟子游齐,未被重用。离开齐国的时候,他的学生问他是否有些不愉快,孟子说,才不会。他说:"五百年必有王者兴,其间必有名世者。……夫天未欲平治天下也。如欲平治天下,当今之世,舍我其谁也?吾何为不豫哉!"孟子所说的"名世"者,跟后来赵翼所说的"才人"意思相近,皆指英雄、圣贤一类的杰出人才。这种人才,不是年年有、时时有,而是"代有",即"一个时代"才会有若干突出的人才,才会有真正的英雄出现。依孟子所说这个时代的周期是五百年。春秋时代虽然群星璀璨,但最为杰出的"才人"、英雄，当数春秋霸主。他们是时代的伟人，是可以影响历史进程的英雄。然而，春秋霸主只能属于他们所在的那个时代，其前不行，其后也不行。为什么？这就是时代的决定性因素。

　　用长时段的眼光看，祖国的文明史上有两个千年未有的大变局的时期。头一个就是春秋战国。这个时期，夏商西周三代相传的王权渐次跌落，霸权兴起，用司马迁的话来说便是"四海迭兴，更为伯（霸）主"，虽然周天子仍是"天下共主"而为人所景仰，但实际影响却退居于历史舞台的边缘。居于历史舞台中央的先是春秋五霸，然后是战国七雄。战国七雄纷争的结果是秦王朝横空出世，傲然屹立。这种政治演变的根本原因在于经济基础的深刻变革。最为主要的就是氏族宗法制度趋于解体，井田制在战国时期被以国家为主导的授田制所代替。① 再一个千年未有的大变局就是辛亥革命推翻帝制以后一直延续至今的巨大社会变革。在这两个大变局的时代，可歌可泣的英雄人物、文化巨人比之于其他时期更为集中地涌现。这是时代的需要，也是时代造就的结果。

　　清代学问家赵翼在他的《瓯北集》里有题为"论诗"的四首诗，其中第二首是：

> 李杜诗篇万口传，
> 至今已觉不新鲜。
> 江山代有才人出，

---

① 战国授田制度是政府将国有土地直接授予农民耕种的制度，以户口登记为前提，计户授田，每户百亩，农民按受田数量向基层官府交纳赋税、提供徭役。授田制度下农民所受田地要纳入国家田地的总体管理，其封疆受国家保护，并依一定年限"换土易居"，国家则依据授田情况和年成好坏向农民征收赋税。商鞅变法时的"开阡陌"，也并非废弃阡陌，而是按照授田制的要求重新规划和整治阡陌。

各领风骚数百年。

这首脍炙人口的小诗,特别为人称道的是它的后两句。这两句讲的中心意思是各个时代都会有自己的英雄,会有独树一帜的杰出人物。赵翼所说的"风骚",不限于个别的人,而是指一个时代的气象,一个时代的最高成就。真正的杰出人物,会引领时代风尚,能够影响一个时代的社会历史进程。这种人物于春秋时代,非霸主莫属。春秋霸主的天空云蒸霞蔚,万千气象灿烂而绚丽,预示着时代风云的变幻。这本小书取名《各领风骚:春秋霸主的天空》,用意就在于通过叙述春秋霸主的史事,试图让读者接近那个时代的历史真实,望见引领那个时代前进的历史伟人的身影。在这里,由衷感谢久负盛名的人民文学出版社相关领导,尤其铭感刘伟主任以及各位编辑先生为此书的出版付出的大量劳动;也感谢北京师范大学历史学院教师李凯同志联络人民文学出版社,玉成好事。当与不当,请读者多多指教。

　　谨识于北京师范大学历史学院,时当公元 2020 年 9 月。